陕西师范大学中国语言文学一流学科建设成果

U0679833

基于**学习任务群**的
高中语文教学探索

吕 洋 主编

陕西师范大学出版总社

图书代号　JY23N1126

图书在版编目(CIP)数据

基于学习任务群的高中语文教学探索／吕洋主编. —西安：陕西师范大学出版总社有限公司，2023.10
ISBN 978-7-5695-3732-1

Ⅰ.①基… Ⅱ.①吕… Ⅲ.①中学语文课—教学研究—高中 Ⅳ.①G633.302

中国国家版本馆 CIP 数据核字(2023)第 123507 号

基于学习任务群的高中语文教学探索
JIYU XUEXI RENWUQUN DE GAOZHONG YUWEN JIAOXUE TANSUO

吕　洋　主编

责任编辑	邱水鱼
责任校对	于盼盼
封面设计	鼎新设计
出版发行	陕西师范大学出版总社
	(西安市长安南路 199 号　邮编 710062)
网　　址	http://www.snupg.com
印　　刷	陕西隆昌印刷有限公司
开　　本	720 mm×1020 mm　1/16
印　　张	18.75
字　　数	390 千
版　　次	2023 年 10 月第 1 版
印　　次	2023 年 10 月第 1 次印刷
书　　号	ISBN 978-7-5695-3732-1
定　　价	75.00 元

读者购书、书店添货或发现印刷装订问题,请与本社高等教育出版中心联系。
电　话:(029)85307864　85303622(传真)

目　录

第一章　学习任务群:语文核心素养发展的载体 ·················· 1

第一节　语文学习任务群的内涵及特点 ·················· 1

第二节　语文学习任务群的结构体系和内容要素 ·················· 7

第三节　语文学习任务群的教材编制 ·················· 19

第四节　语文学习任务群的教学导向 ·················· 26

第二章　语文学习任务群的学理探寻 ·················· 35

第一节　学理来源之一:任务型语言教学法 ·················· 36

第二节　学理来源之二:项目化学习 ·················· 39

第三节　学理来源之三:建构主义和多元智能教育理论 ·················· 43

第四节　整合:语文学习任务群的实践取向 ·················· 46

第三章　基于语文学习任务群的专题教学 ·················· 50

第一节　学习任务群与专题教学 ·················· 50

第二节　基于学习任务群的专题教学开发原则与实践导向 ·················· 61

第三节　基于学习任务群的专题教学实施策略 ·················· 69

第四章　基于语文学习任务群的群文阅读教学 ·················· 80

第一节　群文阅读教学目标的整体设定 ·················· 83

第二节　群文阅读议题的设计与文本的组合 ·················· 86

第三节　群文阅读课堂教学的具体实施 ·················· 90

第五章　基于语文学习任务群的语文项目学习 ·················· 101

第一节　语文学习任务群与语文项目学习的关系 ·················· 101

第二节　学习项目的种类和基本构架模型 ·················· 106

　　第三节　语文项目学习双平台课堂的设想与实施 ·············· 113

　　第四节　基于语文学习任务群的语文项目学习案例 ·············· 115

第六章　基于语文学习任务群的情境教学 ·············· 150

　　第一节　情境内涵与任务驱动 ·············· 151

　　第二节　情境导向与命题评价 ·············· 158

　　第三节　情境教学与学习任务群实践 ·············· 168

第七章　基于语文学习任务群的主题阅读教学 ·············· 175

　　第一节　主题阅读的概念界定与价值 ·············· 175

　　第二节　主题阅读的教学组织与策略 ·············· 181

　　第三节　主题阅读的教学设计与实施 ·············· 189

第八章　基于语文学习任务群的比较阅读教学 ·············· 202

　　第一节　比较阅读的理论依据 ·············· 202

　　第二节　比较阅读的设计策略及实施原则 ·············· 207

　　第三节　比较阅读典型案例分析 ·············· 226

第九章　基于学习任务群的高中真实文体写作 ·············· 236

　　第一节　基于学习任务群的高中真实文体写作"为何教" ·············· 237

　　第二节　基于学习任务群的高中真实文体写作"教什么" ·············· 250

　　第三节　基于学习任务群的高中真实文体写作"怎么教" ·············· 263

参考文献 ·············· 287

后记 ·············· 294

第一章 学习任务群：
语文核心素养发展的载体

　　《普通高中语文课程标准(2017 年版)》基于语文学科核心素养,创造性地提出了"语文学习任务群"这一新的概念,并精心设计了 18 个学习任务群。在语文教育的发展历程中,这是首次以"学习任务群"这样的大概念来建构语文课程内容。2020 年,教育部又对《普通高中语文课程标准(2017 年版)》进行修订,颁布了《普通高中语文课程标准(2017 年版 2020 年修订)》(以下简称"新课标")。自两版课标颁布以来,语文学习任务群引起了语文教育工作者的广泛关注和讨论。语文核心素养的课程目标体系,需要以"学习任务群"作为课程内容组织形式。学习任务群在内容上不断整合、在功能上不断提升、在目标上不断聚合,构成指向语文核心素养培养的课程内容的整体框架。教师要明确学习任务群的定位和功能,准确理解每个学习任务群的学习内容和教学提示。在此基础上,综合考虑教材内容和学生情况,设计不同类型的学习任务,安排连贯的语文实践活动,力图使学习活动任务化、学习任务结构化。

第一节 语文学习任务群的内涵及特点

　　回顾 20 余年的课程改革探索,我们已清醒地认识到高中语文课程存在课程内容缺失的局限。2001 年,我国基础教育领域开始实施新课程改革。2001年颁布的全日制义务教育课程标准、2003 年颁布的普通高中课程标准,除语文外,其余各科均包括前言、课程目标、内容标准、实施建议四个部分,唯独语文课程标准只有前言、课程目标、实施建议三个部分,没有反映语文学科知识体系的课程内容标准。2011 年教育部对义务教育课程标准进行了修订,除语文外,其他各科的"内容标准"改为"课程内容",其中英语、日语、俄语三科改为"分级标准"。而修订后的语文课程标准将原来的第二部分"课程目标"替换为"课程目标与内容",并且将其中的"总目标""阶段目标"替换为"总体目标与内容""学段目标与内容",但在对"课程目标与内容"进行具体阐释时,仍然只是列举"目标",并没有对"内容"进行阐释。可以说,2011 年修订后的语文课程标准在"课程内容"部分仍然是缺失的。

语文课程内容的确定,直接关系到语文教材的编写和语文教学的实践。反映学科知识体系的课程内容标准在语文课程标准中的缺失,表明 2011 年修订后的语文课程标准仍有待完善。2017 年底,教育部颁布和印发了《普通高中语文课程标准(2017 年版)》,终于解决了语文课程内容缺失这一问题。在新课标的第四部分增加了"课程内容",并在这一部分中第一次出现了"学习任务群"这一表述。"学习任务群"是对高中语文课程内容形态的全新规划与结构体系的全新构建,是 2017 年版新课标的一个核心概念。《普通高中语文课程标准(2017 年版 2020 年修订)》在"课程内容"板块延续着"学习任务群"的理念。

一、语文学习任务群的内涵

学习任务群,顾名思义,是由若干学习任务组成的集合体。语文学习任务群是为了落实新课标理念,提高学生语文核心素养而诞生的概念。可以说,语文学习任务群是培养学生语文核心素养的凭借,培养学生的语文核心素养是语文学习任务群教学的目的。

"'语文学习任务群'以任务为导向,以学习项目为载体,整合学习情境、学习内容、学习方法和学习资源,引导学生在运用语言的过程中提升语文素养。"①从新课标的阐释来看,"学习任务群"由"任务导向下的若干个学习项目"组成,是整合了学习所需的情境、内容、方法和资源,追求语文核心素养的发展与提升的一种学习载体。从概念的词素构成来看,这句话中隐含着"任务""项目""整合""语言"四个关键词。其中的"任务"是语文学习的目标与方向,"学习任务群"重在对"学生学习任务"的强调,重在对"任务驱动"的考量,语文学习任务群的任务导向,要求师生要明确每一个学习项目的学习任务。"项目"是将学习的情境、内容、方法、资源等进行整合后形成的学习载体,每个项目的学习内容

---

① 中华人民共和国教育部.普通高中语文课程标准(2017 年版 2020 年修订)[S].北京:人民教育出版社,2020:8.

既独立又相关,教师在教学时既要注意统筹安排各项目,重在对课程内容的设计,又要突出各项目的学习重点。"整合"是指处理 18 个学习任务群的方式和手段。"学习任务群"是一种指向语文核心素养,基于特定情境,整合诸多语文要素,以学生语言实践活动为中心的学习组织形式。"语言"运用则是语文学习的密码,具有唯一性与不可替代性,是语文学习的核心内容,也是达成语文核心素养目标的基本工具。

新课标修订组负责人王宁教授认为:"所谓'学习任务群',是在真实情境下,确定与语文核心素养生成、发展、提升相关的人文主题,组织学习资源,设计多样的学习任务,让学生通过阅读与鉴赏、表达与交流、梳理与探究的自主活动,自己去体验环境,完成任务,发展个性,增长思维能力,形成理解、应用系统。这种有人文主题的学习任务群,是在学校课程总体设计和实施的环境下由学校和教师组织并有计划地引导完成的。它与过去的教学模式有内在的区别——课程中有文本,但不以文本为纲;有知识,但不求知识的系统与完备;有训练,但不把训练当作纯技巧进行分解训练。教师是组织者,学生是主体,师生互动。"① 统编版语文教材总主编温儒敏教授认为:"'学习任务群'是高中语文课程标准提出的一个新术语,代表了一种全新的学习理念,也是贯彻到新教材的最重要的理念。""'学习任务群'是一种新的教学方式,但它还是以课堂教学为主,还是要教听说读写,以前我们熟悉的教学经验经过调整和改革,也还派得上用场。"② 王宁教授和温儒敏教授的观点,全面概括了语文学习任务群的内涵,语文学习任务群作为一种任务集合体,正是通过承载语文课程内容,构建语文教材的呈现方式,创新语文教学的方式方法,体现全新的学习理念等途径,强化学生应具备的正确价值观念、必备品格和关键能力,最终实现提升学生语文核心素养的目标。

二、语文学习任务群的特点

语文学习任务群既包括具体的学习内容,也包括语言实践活动以及与之适切的学习方式,整合学习情境、学习内容、学习方法和学习资源,重新建构语文

---

① 王宁.走进新时代的语文课程改革:访普通高中语文课程标准修订组负责人王宁[J].基础教育课程,2018(1):24.

② 温儒敏.统编高中语文教材的特色与使用建议[J].课程·教材·教法,2019(10):6.

课程的内容系统。它超越以往单篇课文的教学模式,以学习任务为导向,整合相关的学习资源,强调语文学习的任务性、整合性、情境性和实践活动的多样性等特点。

(一)语文学习任务群是指向学生核心素养的学习任务的集合体

核心素养和学习任务群是高中语文课程标准最为突出的两个词。课标在提出"语文核心素养"概念的同时,就将其作为语文课程目标的主要体现与核心诉求。因此,现在及未来的语文教学必然要走一条指向学科核心素养的路。无论是目标的确定,还是内容的选择,抑或是教学的实施与评价,都须以"语文核心素养"为纲来设计。语文学习任务群是对语文课程内容的全新规划,是由培养学生语文核心素养需要的承载语文课程内容、构建语文教材单元、创新语文教学模式的若干语文学习任务组成的集合体,最终目标仍然指向语文核心素养。

语文学习任务群由若干个学习项目组成,每个或每几个学习项目都有明确的学习任务,不是盲目地进行教学。就其内涵来看,学习任务群是学生学习任务的组合。就其外延来看,18个学习任务群共同承载了培养学生语文核心素养的课程目标或课程期待。不仅每一个学习任务群本身自成一个任务集合体,而且18个学习任务群之间还可以形成一个或者若干个大的任务集合体。另外,在教学实践中,教师还可以根据某一课程目标或学习目标进行进一步的发掘,发现那些隐含在各学习任务群之中的、可以勾连在一起并具有一定逻辑关系的小的学习任务集合体,进行自主设计。"这些学习任务群追求语言、知识、技能和思想情感、文化修养等多方面、多层次目标发展的综合效应,而不是学科知识逐'点'解析、学科技能逐项训练的简单线性排列和连接。学习任务群的设计,旨在引领高中语文教学的改革,力求改变教师大量讲解分析的教学模式。"①因此,教师需充分研究每一个学习任务群的特点,依据各学习任务群的重点内容,按照相应的逻辑关系,有目的、有针对性地对18个语文学习任务群进行可操作的整合、归类、融通与重组。

---

① 中华人民共和国教育部.普通高中语文课程标准(2017年版2020年修订)[S].北京:人民教育出版社,2020:8-9.

（二）语文学习任务群是一种整合诸多语文要素的教学方式

普通高中语文课程标准修订组负责人王宁教授认为，18 个学习任务群的设置"与过去的教学模式有内在的区别——课程中有文本，但不以文本为纲；有知识，但不求知识的系统与完备；有训练，但不把训练当作纯技巧进行分解训练"①。语文学习任务群强调语文学习内容的整合性，基于单篇课文的语文教学无法满足语文核心素养的培养需求。此处的"学习内容"不再局限于教材中的单元文本与运用范例，还可以引入其他与学习主题相关的知识素材或者资源；也不再囿于已有的类似语体或文体的单元组织形式，而是追求不同语篇类型的组合与融汇；更不会固守陈述性、概念性知识的线性安排，而是希冀形成一种跨媒介、跨学科、跨文化的学习样态。另外，每一个学习任务群都有明确的目标和重点，无疑能让学习内容变得更加聚焦、有指向性，教学过程自然也会变得更加清晰、有针对性。

整合是语文学习任务群最基本的特征之一，各种语文学习要素在"学习任务群"中不再彼此封闭、相互脱节，而是共生共融、契合统一的关系，"语文核心素养"的四个主要方面"语言、思维、审美、文化"也在语文学习任务群的学习中得以发展与提升。

（三）语文学习任务群是一种基于特定语言运用情境的学习活动

所谓情境，是直接影响人的心理与行为的具体环境，包括人活动于其中的具体的自然环境和社会环境。情境学习理论认为，知识是蕴含于情境之中的，离开了特定的境域，就不存在任何的学习主体与学习行为。

《普通高中语文课程标准（2017 年版 2020 年修订）》要求培养学生"在积极的语言实践活动中积累与建构起来，并在真实的语言运用情境中表现出来的语言能力及其品质"。在课程性质部分明确指出："语文课程应引导学生在真实的语言运用情境中，通过自主的语言实践活动，积累言语经验，把握祖国语言文字的特点和运用规律，加深对祖国语言文字的理解与热爱。"在课程目标中指出："能凭借语感和对语言运用规律的把握，根据具体的语言情境和不

---

① 王宁.走进新时代的语文课程改革：访普通高中语文课程标准修订组负责人王宁[J].基础教育课程，2018（1）：24.

同的对象,运用口头和书面语言文明得体地进行表达与交流。"在实施建议中指出:"创设综合性学习情境,积极开展自主、合作、探究学习","根据学生的发展需求,围绕学习任务群创设能够引导学生广泛、深度参与的学习情境"。同时,在评价建议部分也指出:"语文学科核心素养需要在真实的语文学习任务情境中综合考查。"可以看出,新课标非常重视教学情境的价值。"学习语言文字运用"需要以特定的学习情境为依托,而综合性和实践性也只有在特定的学习情境中才能完全体现。因此,建构什么样的学习情境成为实施语文学习任务群的首要问题。

在语文教学中,培养学生的"语言能力及其品质"的主要途径是阅读与鉴赏、表达与交流、梳理与探究等"语言实践活动"。所有"语言实践活动"都是在特定的、具体的"语言运用情境"中展开的。语文教学总是在特定的、具体的"语言运用情境"中的教学。这个特定的、具体的"语言运用情境",既可以是真实的,也可以是根据教学需要创设的虚拟情境。也就是说,语文教学情境并非都是"学生在真实的生活世界中需要面对的情境",可以是根据教学的需要人为预设的情境。但无论是真实的情境还是虚拟的情境,都需要让学生在教学情境中体会到一种真实感。

以语文学科核心素养为纲的高中语文课程体系给学习者呈现的是 18 个学习任务群,每个学习任务群都整合了学习情境、学习内容、学习方法、学习资源,以学生的语文活动为主线,主要通过阅读与鉴赏、表达与交流、梳理与探究等具体学习活动完成项目任务。基于情境的任务群学习主张围绕一个个具体的任务情境,凭借一系列的言语实践活动学得知识、习得技能,并能在反复体验与问题解决中将其凝结成素养。

(四)语文学习任务群是一种以学生语文实践为中心的多样化学习

语文课程是一门综合性、实践性课程。新课标明确强调:"语文课程作为一门实践性课程,应着力在语文实践中培养学生的语言文字运用能力。学习运用祖国语言文字的资源和实践机会无处不在,应增强学生学语文、用语文的自觉意识,积极利用信息技术以及身边的各种资源和机会,通过阅读与鉴赏、表达与交流、梳理与探究等语文实践,积累言语经验,把握语文运用的规律,学会语文运用的方法,有效地提高语文能力,并在学习语言文字运用的过程中促进方法、习惯及情感、态度与价值观的综合发展。"①如果说"学习任务群"是语文核心素养落地生根的主要载体，那么完全可以将"语文实践活动"作为语文核心素养开花结果的重要途径。而"语文核心素养"的综合性和"学习任务群"的整合性直接决定了"语文实践活动"的多样性，这也是新课标明确提出"阅读与鉴赏、表达与交流、梳理与探究"三种基本学习活动类型的原因所在。

语文学习任务群力求改变教师围绕单篇课文机械讲解和分析的教学模式，运用特定学习任务调动学生参与语文实践、发展自身的语文学科核心素养，体现了语文课程从"教"向"学"转变的变革趋势。王宁教授也认为："实际上，学习任务群就是一种课堂教学，不过是转变了一下内在的主体，把以教为主变成了以学为主。"②所以，语文学习任务群必然是多种实践交织互动的学习，不仅有传统的阅读与鉴赏、表达与交流，还有新提出的梳理与探究，最大程度地彰显了语文学习形式的多样性，同时也反映了语文学习内容的丰富性。另外，这三种语文实践并非彼此孤立、毫无关系，相反，它们之间有着密切的联系。有阅读就会有表达，而有阅读和表达后，自然就会有梳理；同理，有鉴赏就会有交流，而有鉴赏和交流后，自然就会有探究。梳理与探究离不开阅读与鉴赏、表达与交流，反之亦然。因此，教师要结合学生生活，根据学生的发展需求，开展具有开放性、典型性的多种多样的实践活动，如项目学习、主题式阅读、研究性阅读、思辨性阅读、群文阅读、专题学习等，以打破学科间的壁垒，连接语文与生活，融汇听说读写，提升学生语文素养。

第二节　语文学习任务群的结构体系和内容要素

新课标提出了很多概念，如"语文核心素养""学习任务群""语文实践活动""学业质量水平"等。其中，"学习任务群"作为《普通高中语文课程标准（2017 年版）》中的一个新内容，虽首次被提出，但在课程标准中出现 60 多次，足以看出其重要性。因此，对"学习任务群"进行解析，明确语文学习任务群的布局与学分，分析语文学习任务群的内容与领域，研究语文学习任务群的设计

---

① 中华人民共和国教育部.普通高中语文课程标准（2017 年版 2020 年修订）[S].北京：人民教育出版社，2020:3.

② 王宁.语文学习任务群的"是"与"非"[J].语文建设，2019（1）:5.

与实施,对于解决当前语文教学的困境,引领语文课程改革走进新时代很有
必要。

一、语文学习任务群的结构体系

新课标从语文课程本体特性和高中生学习规律出发,精心设计了 18 个学
习任务群。这些语文学习任务群以语文学科核心素养为纲,以学生的语文实践
为主线,着眼于高中三年整体设计、统筹安排。它们贯串于必修、选择性必修和
选修三类课程,建构了全新的语文课程内容形态和结构体系。普通高中语文课
程由必修、选择性必修、选修三类课程构成。三类课程分别安排 7—9 个学习任
务群。其中必修课程 8 学分,选择性必修课程 6 学分,选修课程 12 学分,供学生
自由选择。高中语文学习任务群的比重按学分计,具体安排如表 1 - 1 所示①:

表 1 - 1　高中语文学习任务群的比重分布表

必修(8 学分)	选择性必修(6 学分)	选修(任选)
整本书阅读与研讨 (1 学分)	(整本书阅读与研讨、当代文化参与、跨媒介阅读与交流在选择性必修和选修阶段不设学分,穿插在其他学习任务群中)	
当代文化参与 (0.5 学分)		
跨媒介阅读与交流 (0.5 学分)		
语言积累、梳理与探究 (1 学分)	语言积累、梳理与探究 (1 学分)	汉字汉语专题研讨 (2 学分)
文学阅读与写作 (2.5 学分)	中华传统文化经典研习 (2 学分)	中华传统文化专题研讨 (2 学分)
思辨性阅读与表达 (1.5 学分)	中国革命传统作品研习 (0.5 学分)	中国革命传统作品专题研讨 (2 学分)

---

① 中华人民共和国教育部.普通高中语文课程标准(2017 年版 2020 年修订)[S].北京:
人民教育出版社,2020:10.

必修(8学分)	选择性必修(6学分)	选修(任选)
思辨性阅读与表达 (1.5学分)	中国现当代作家作品研习 (0.5学分)	中国现当代作家作品专题研讨 (2学分)
实用性阅读与交流 (1学分)	外国作家作品研习 (1学分)	跨文化专题研讨 (2学分)
	科学与文化论著研习 (1学分)	学术论著专题研讨 (2学分)

从新课标对语文学习任务群的具体布局及相应学分设置可以看出:

第一,必修课程旨在强化语文基础性学习,面向全体学生,为其后续选择性必修和选修课程学习夯实根基。

必修课程的 7 个学习任务群构成了普通高中语文课程内容的基本框架,设置了高中阶段针对每个学生的基本的、共同的路径及策略的课程内容。其中,"整本书阅读与研讨""当代文化参与""跨媒介阅读与交流"是现代社会所需要的思想品质、精神面貌和行为方式,是适应语文课程变化的基本学习方式;"语言积累、梳理与探究"是专属于"语文"、最传统、最基本、最有效的学习方法、学习工具;"文学阅读与写作""思辨性阅读与表达""实用性阅读与交流"是对《普通高中语文课程标准(实验稿)》中"文学类""论述类""实用类"三大体裁的升级表达,用"写作""表达""交流"三个词语揭示了阅读三类文本的不同学习指向。

选择性必修课程旨在满足学生个体需求与升学考试要求,与必修课程相比,学习内容开始聚焦,学习难度有所提升。"整本书阅读与研讨""当代文化参与""跨媒介阅读与交流""语言积累、梳理与探究""中华传统文化经典研习""中国革命传统作品研习""中国现当代作家作品研习""外国作家作品研习""科学与文化论著研习"等 9 个学习任务群,在满足学生个性化学习需求的前提下,拓宽了高中语文学习的内容。

选修课程旨在为学生个性化的深入学习提供空间保障,以满足不同学生对不同发展方向、不同发展水平语文素养的追求。相较于选择性必修课程,选修课程的学习内容开始由"面"的广度转向"点"的深度。新课标在选修课程内设置了 9 个学习任务群。其中,"中华传统文化专题研讨""中国革命传统作品专题研讨""中国现当代作家作品专题研讨"3个学习任务群是在选择性必修课程基础上的纵向提高，是一种专业兴趣的深度学习；"汉字汉语专题研讨""跨文化专题研讨""学术论著专题研讨"侧重于学术思维、学术规范和学术语言的初步建立。在必修、选择性必修课程的基础上，学生可依据自己的未来发展意愿、兴趣爱好和学业状况，在教师有针对性的指导下自选3个或3个以上的学习任务群，进行自我挑战的培优学习，使学有余力的学生能够获得更好的发展方向和空间。另外，根据新课标"学业质量"部分的表述，必修课程对应高中学业水平考试，选择性必修课程对应高校招生录取考试，选修课程属于拓展延伸内容，不在考核评价范围之内。

第二，必修、选择性必修及选修三类课程所承担的"学习任务群"有所区别。

必修课程安排7个学习任务群，这7个学习任务群从学习方式、学习方法和学习载体等方面构成了普通高中语文课程目标、内容的基本框架，体现了高中阶段对每个学生基本的、共同的语文素养要求。选择性必修课程和选修课程各安排9个学习任务群，其中"整本书阅读与研讨""当代文化参与""跨媒介阅读与交流"3个学习任务群为三类课程所共有，但只在必修课程部分设置学分，专门进行学习，在选择性必修课程和选修课程部分主要穿插在其他学习任务群中。如果说必修课程是基础，选择性必修课程是拓宽，那么选修课程就是横向联系基础上的纵向提升。因此，同一学习任务群出现于不同课程中应有所区别，如必修课程和选择性必修课程中的"语言积累、梳理与探究"，在学习目标与学习要求方面，后者较前者应有所提高和深化。另外，选修课程所设置的学习任务群凸显了语文学习的专业性，强调了自主、合作、探究的学习方式，凸显了学生学习语文的基本途径。总之，每个学习任务群都有其独担之任，因此要根据不同学习任务群的不同功能定位和目标内容，创造性地设计教学。

第三，必修、选择性必修及选修三类课程所设学分与匹配课时截然不同。

三类课程一共安排了26个学分，其中必修课程8个学分、选择性必修课程6个学分、选修课程12个学分（不需要全部修习，可自由选择），每0.5个学分对应9个课时成为1个单元。18个学习任务群组成一个横向联系、纵向递进的课程系统，并且测算了各学习任务群所占课时的比例。在三类课程体系中，必修课程中的"文学阅读与写作"学习任务群占比最大，达2.5个学分，需要45课时来完成，其重要性可见一斑。占比较小的是"当代文化参与""跨媒介阅读与交流""中国革命传统作品研习""中国现当代作家作品研习"学习任务群，都是

0.5 个学分,分别需要 9 个课时完成。总之,新课标中的 18 个学习任务群在布局上有严密的结构体系;在课程规划方面,既照顾到了学习内容的层次性与差异性,又体现了学习内容深度与广度的有机结合。只有真正明白"学习任务群"的设计意图与结构体系,才能更好地基于"学习任务群"使用教材和实施教学。因此,在教学实践中,既要把握好不同课程专属学习任务群的区别与联系,又要处理好不同课程共有学习任务群的衔接与统整。

二、语文学习任务群的内容要素

新课标在"课程结构"下的"设计依据"中指出,语文课程要"从祖国语言的特点和高中生学习语文的规律出发,以语文学科核心素养为纲,以学生的语文实践为主线,设计'语文学习任务群'"。一共包括"整本书阅读与研讨""当代文化参与""跨媒介阅读与交流""语言积累、梳理与探究""文学阅读与写作""思辨性阅读与表达""实用性阅读与交流"等 18 个学习任务群。这些学习任务群不是杂乱无章地堆砌,而是整体设计、统筹安排于必修、选择性必修、选修三类课程之中。这 18 个学习任务群的设计,可以说搭建起了普通高中语文课程内容形态与结构体系的基本框架。

新课标对 18 个语文学习任务群的具体内容和教学提示都做了详细的阐释,具体如表 1-2 所示①:

表 1-2　18 个语文学习任务群的具体内容和教学提示

学习任务群名称	主要内容和教学提示
学习任务群 1 整本书阅读与研讨	本任务群旨在引导学生通过阅读整本书,拓展阅读视野,建构阅读整本书的经验,形成适合自己的读书方法,提升阅读鉴赏能力,养成良好的阅读习惯,促进学生对中华优秀传统文化、革命文化、社会主义先进文化的深入学习和思考,形成正确的世界观、人生观和价值观。本任务群的学习贯串必修、选择性必修和选修三个阶段。本任务群在必修阶段安排 1 学分,18 课时

---

① 中华人民共和国教育部.普通高中语文课程标准(2017 年版 2020 年修订)[S].北京:人民教育出版社,2020:11-32.

续表

学习任务群名称	主要内容和教学提示
学习任务群2 当代文化参与	本任务群旨在引导学生关注和参与当代文化生活,学习剖析、评价文化现象,积极参与中国特色社会主义先进文化的传播和交流,增强文化自信。本任务群的学习贯串必修、选择性必修和选修三个阶段。本任务群在必修阶段安排0.5学分,9课时
学习任务群3 跨媒介阅读 与交流	本任务群旨在引导学生学习跨媒介的信息获取、呈现与表达,观察、思考不同媒介语言文字运用的现象,梳理、探究其特点和规律,提高跨媒介分享与交流的能力,提高理解、辨析、评判媒介传播内容的水平,以正确的价值观审视信息的思想内涵,培养求真求实的态度。本任务群的学习贯串必修、选择性必修和选修三个阶段。本任务群在必修阶段安排0.5学分,9课时
学习任务群4 语言积累、梳理 与探究	本任务群旨在培养学生丰富语言积累、梳理语言现象的习惯,在观察、探索语言文字现象,发现语言文字运用问题的过程中,自主积累语文知识,探究语言文字运用规律,增强语言文字运用的敏感性,提高探究、发现的能力,感受祖国语言文字的独特魅力,增强热爱祖国语言文字的感情。本任务群的学习贯串必修、选择性必修两个阶段。本任务群贯串整个高中阶段,既有课内活动,也应有课外任务。必修和选择性必修阶段,均安排1个学分,选修阶段不安排学分
学习任务群5 文学阅读与写作	本任务群旨在引导学生阅读古今中外诗歌、散文、小说、剧本等不同体裁的优秀文学作品,使学生在感受形象、品味语言、体验情感的过程中提升文学欣赏能力,并尝试文学写作,撰写文学评论,借以提高审美鉴赏能力和表达交流能力。课内阅读篇目中中国古代优秀作品应占1/2。本任务群为2.5学分,45课时。写作次数不少于8次(不含读书笔记和提要)

学习任务群名称	主要内容和教学提示
学习任务群6 思辨性阅读 与表达	本任务群旨在引导学生学习思辨性阅读和表达,发展实证、推理、批判与发现的能力,增强思维的逻辑性和深刻性,认清事物的本质,辨别是非、善恶、美丑,提高理性思维水平。课内阅读篇目中中国古代优秀作品不少于1/2。本任务群为1.5学分,27课时。写作3篇以上,专题讨论与辩论不少于3次
学习任务群7 实用性阅读 与交流	本任务群旨在引导学生学习当代社会生活中的实用性语文,包括实用性文本的独立阅读与理解,日常社会生活需要的口头与书面的表达交流。通过本任务群的学习,丰富学生的生活经历和情感体验,提高阅读与表达交流的水平,增强适应社会、服务社会的能力。本任务群为1学分,18课时
学习任务群8 中华传统文化 经典研习	本任务群旨在引导学生通过阅读中华传统文化经典作品,积累文言阅读经验,培养民族审美趣味,增进对中华优秀传统文化的理解,提升对中华民族文化的认同感、自豪感,增强文化自信,更好地继承和弘扬中华优秀传统文化。本任务群为2学分,36课时
学习任务群9 中国革命传统 作品研习	本任务群旨在阅读和研讨语言典范、论辩深刻、时代精神突出的革命传统作品,深入体会革命志士以及广大群众为民族解放事业英勇奋斗、百折不挠的革命精神和革命人格;学习在社会主义革命、建设、改革过程中涌现的英雄模范事迹,感受其无私无畏的爱国精神,体认为社会主义建设无私奉献、辛勤劳动、不断创造的高尚品质;进一步发展语言运用能力、思维能力和审美鉴赏能力;陶冶性情,坚定志向,形成正确的世界观、人生观和价值观。本任务群的学习内容贯串必修、选择性必修和选修三个阶段。本任务群为0.5学分,9课时

学习任务群名称	主要内容和教学提示
学习任务群 10 中国现当代 作家作品研习	本任务群研习中国现当代代表性作家作品,包括反映改革开放以来的社会主义先进文化的作品,旨在大体了解现当代作家作品概貌,培养阅读现当代文学作品的兴趣,以正确的价值观鉴赏文学作品,进一步提高文学阅读和写作能力,把握中国现当代文学作品思想性、艺术性、观赏性有机统一的价值取向。本任务群为 0.5 学分,9 课时
学习任务群 11 外国作家作品 研习	本任务群旨在引导学生研习外国文学名著名篇,了解若干国家和民族不同时期的社会文化面貌,感受人类精神世界的丰富,培养阅读外国经典作品的兴趣和开放的文化心态。本任务群为 1 学分,18 课时
学习任务群 12 科学与文化 论著研习	本任务群研习自然科学和社会科学论文、著作,旨在引导学生体会和把握科学与文化论著表达的特点,提高阅读、理解科学与文化论著的能力,开阔视野,培养求真求实的科学态度和勇于探索创新的精神。本任务群为 1 学分,18 课时
学习任务群 13 汉字汉语专题 研讨	本任务群是在必修和选择性必修"语言积累、梳理与探究"的基础上,就汉字或汉语的某一问题,加以归纳、梳理,训练学生从应用中观察语言文字现象的能力和总结规律的综合、分析能力,旨在加深学生对汉字、汉语的理性认识。本任务群为 2 学分,36 课时。建议设置 4—6 个专题,每个专题 6—9 课时
学习任务群 14 中华传统文化 专题研讨	本任务群是在"中华传统文化经典研习"的基础上,选择中华优秀传统文化的内容组成专题进行深入探讨,旨在加深对传统文化的认识和理解,增强传承、弘扬中华优秀传统文化的自信心、责任感。本任务群为 2 学分,36 课时。建议设置 3—4 个专题,每个专题 9—12 课时
学习任务群 15 中国革命传统 作品专题研讨	本任务群在"中国革命传统作品研习"的基础上,选择反映中国革命传统的代表性作品,设置相关研究专题进行深入学习,旨在进一步认识中国革命、建设和改革的历程,加深对中国革命传统的认识和理解,激发热爱中国共产党、热爱社会主义祖国的情感,进一步提升研究性学习的能力。本任务群为 2 学分,36 课时。建议设置 3—4 个专题,每个专题 9—12 课时

学习任务群名称	主要内容和教学提示
学习任务群16 中国现当代作家 作品专题研讨	本任务群在"中国现当代作家作品研习"的基础上,就我国现当代作家作品的若干专题深入研讨,进一步培养理性思维与探究能力,提高学生对现当代文学的理解和认识,提升鉴赏品位,把握时代精神和时代走向。本任务群为2学分,36课时。建议设置3—4个专题,每个专题9—12课时
学习任务群17 跨文化专题研讨	本任务群是在"外国作家作品研习"的基础上,深入研讨外国文学名著和文化经典的若干专题,旨在引导学生思考丰富多样的人类文化,汲取人类思想精华,培养开放的文化心态,发展批判性思维,增强文化理解力。本任务群为2学分,36课时。建议设置4—6个专题,每个专题6—9课时
学习任务群18 学术论著专题 研讨	本任务群旨在引导有这方面追求的学生阅读学术论著,体验学者发现问题、探索解决问题的路径,以及陈述学术见解的思维过程和表述方式,尝试写作小论文。本任务群为2学分,36课时。建议学术著作选读为22课时,学术专题研讨为8课时,学术性小论文写作为6课时

如上表所示,"整本书阅读与研讨""当代文化参与""跨媒介阅读与交流""语言积累、梳理与探究""文学阅读与写作""思辨性阅读与表达""实用性阅读与交流"等7个学习任务群是必修课程需要完成的;"整本书阅读与研讨""当代文化参与""跨媒介阅读与交流""语言积累、梳理与探究""中华传统文化经典研习""中国革命传统作品研习""中国现当代作家作品研习""外国作家作品研习""科学与文化论著研习"等9个学习任务群是选择性必修课程需要完成的;"整本书阅读与研讨""当代文化参与""跨媒介阅读与交流""汉字汉语专题研讨""中华传统文化专题研讨""中国革命传统作品专题研讨""中国现当代作家作品专题研讨""跨文化专题研讨""学术论著专题研讨"等9个学习任务群是选修课程需要完成的。可以说,18个学习任务群的排列看似无序,实则有机组成一个横向联系、纵向递进的课程系统,有的独立于某一类课程中,有的则贯串必修、选择性必修、选修课程;有的必须单独成为一个专题,有的则可以以同一

主题拼合相关内容。①

从整体上看,18个学习任务群的内容安排呈现出以下特点:

(一)跨越学段,持续关注

从上表中不难看出,18个学习任务群中有3个学习任务群在不同课程类别中需要持续关注,即"整本书阅读与研讨""当代文化参与""跨媒介阅读与交流"。这3个学习任务群贯串了必修、选择性必修和选修三个学段的学习内容。"整本书阅读与研讨"旨在引导学生通过阅读整本书,拓展阅读视野,建构阅读整本书的经验,形成适合自己的读书方法,提升阅读鉴赏能力,养成良好的阅读习惯,促进学生对中华优秀传统文化、革命文化、社会主义先进文化的深入学习和思考,形成正确的世界观、人生观和价值观。"当代文化参与"旨在引导学生关注和参与当代文化生活,学习剖析、评价文化现象,积极参与中国特色社会主义先进文化的传播和交流,增强文化自信。"跨媒介阅读与交流"旨在引导学生学习跨媒介的信息获取、呈现与表达,观察、思考不同媒介语言文字运用的现象,梳理、探究其特点和规律,提高利用多种媒介进行分享与交流的能力,提高理解、辨析、评判媒介传播内容的水平,以正确的价值观审视信息的思想内涵。

上述3个学习任务群的共同特点为:拓展语文学习的领域和外延;满足学生学习的需要和适应未来社会生活的需要;落实立德树人的根本任务。可以说,这3个学习任务群的学习内容影响着高中生未来人生的价值取向,决定着高中生价值观念的形成、文化自信的树立,以及用正确的价值观念和文化信念接收、传递当代社会各类信息的能力。贯串三个学段,让学生持续关注这些学习内容,学会持续学习,形成学习习惯,进而实现自觉推进、自主发展的课程目标。必修阶段是学会学习的过程,学生在这3个学习任务群的学习过程中,在教师的指导下选定学习内容,体验学习过程,提炼学习成果,积累学习经验。在选择性必修和选修阶段,这3个学习任务群要求学生自主完成。

(二)重复出现,循序渐进

不同学习任务群的内容之间有比较清晰的联结路径,在整体上形成重复出现、循序渐进的特点。

---

① 王宁.引领语文课程改革走进新时代[N].中国教育报,2018－03－07(9).

1. 不同学习任务群在学习目标与内容上的重复

"思辨性阅读与表达"和"实用性阅读与交流"在学习目标和内容的安排上体现出较明显的重复性。对比上述两个学习任务群的学习目标和内容,重复出现的内容可以概括为三个关键词:社会生活、讲究逻辑和表达交流。两个学习任务群集中指向"课程目标"中的 5 和 6 两条:"发展逻辑思维。能够辨识、分析、比较、归纳和概括基本的语言现象和文学现象,并能有理有据地表达自己的观点和阐述自己的发现;运用基本的语言规律和逻辑规则,判别语言运用的正误,准确、生动、有逻辑地表达自己的认识;运用批判性思维审视语言文字作品,探究和发现语言现象和文学现象,形成自己对语言和文学的认识。""提升思维品质。自觉分析和反思自己的语文实践活动经验,提高语言运用的能力,增强思维的深刻性、敏捷性、灵活性、批判性和独创性。"思维能力的提高、思维品质的提升都不能一蹴而就,需要在学习过程中反复强调,逐步落实。学习目标和内容上的重复意在提示师生关注课程目标的分解与达成,统整相关学习内容,展现思维发展与提升的历程。

2. 相近学习任务群在学习目标和内容上的升级

"中华传统文化经典研习"与"中华传统文化专题研讨"两个任务群在学习内容上比较相近,但在目标要求上重复中有提高。上述两个学习任务群的学习目标和内容在四个方面体现出"升级":从广泛了解到专题研究,从认识精神内涵到了解当代价值,从记录阅读感受到提炼探究成果,从积累文言词句到提高文言文阅读能力。在 2000 年的《全日制普通高级中学课程计划(实验修订稿)》中,研究性学习是一门超越学科的、以探究为学习方式的、独立的综合课程,课程目标定位为:"通过亲身实践获取直接经验,养成科学精神和科学态度,掌握基本的科学方法,提高综合运用所学知识解决实际问题的能力。"研究性学习在研究内容上向学生整体的生活世界开放,挖掘学生本人、社会生活和自然界中的研究课题,强调对所学知识、技能的实际运用,注重学习的过程和学生的实践与体验。新课标发展了 2000 年课程计划的理念,从"经典研习"到"专题研讨"即为学生体验学习、提炼学习成果的过程,"经典研习"是"专题研讨"的基础,"专题"是特定的、需要专门研究或讨论的问题,能帮助学生将个人经验的总结上升到对一般规律的探究,实现合作探究、任务导向的学习方式的变革。需要说明的是,新课标没有单列研究性学习的相关要求,而是将其相关理念和策略的要求融入各个学习任务群的要求之中。重复或升级相关学习目标和内容,符合高中生学习的一般规律——先掌握学习某个内容领域的方法,然后再进入相近或同一内容领域,运用先前的经验开展学习实践,在此过程中完善学习方法,形成更为成熟的学习经验。

(三)相互照应,综合发展

学习任务群是统整情境、内容、方法和资源的语文课程内容系统,18个学习任务群在内容方法上表现出相互照应、综合发展的特点。"整本书阅读与研讨"是第一个学习任务群,要求学生探索门径、积累经验,在指定范围内阅读一部长篇小说、一部学术著作,利用书中的目录、序跋和注释等,学习检索作者信息、作品背景和相关评价等资料,深入研读作家作品;联系个人经验,深入理解作品,享受读书的愉悦,用自己的语言撰写全书梗概或提要、读书笔记和作品评介等。在其他学习任务群中,多次出现与上述学习目标和内容照应的要求。其中,"跨媒介阅读与交流"提出"教师可引导学生自主选择有关跨媒介的普及性著作进行研习";"实用性阅读与交流"要求学生"自主选择一部介绍最新科技成果的科普作品或流行的社会科学通俗作品阅读研习";"汉字汉语专题研讨"要求学生"结合汉字、汉语普及读物的阅读"完成专题研讨任务;"中国革命传统作品专题研讨"要求"精读一部老一辈无产阶级革命家的诗文专集""精读一部反映党领导人民进行革命、建设、改革伟大历程的长篇文学作品";"跨文化专题研讨"要求"选读一本外国文学理论名著,了解世界文学批评中某一流派的基本主张和文学解读方法;或者选读一本研究中外文学或文化比较的著作,尝试运用其中的观点研读以前读过的作品"。以上学习任务群的阅读内容既涉及长篇小说,又涉及学术著作,是对"整本书阅读与研讨"在学习目标和内容上的呼应。此外,"文学阅读与写作"要求学生在学习过程中"养成写读书提要和笔记的习惯";"中国革命传统作品研习"提出要"重视对作品有关背景的深入了解,可通过实地考察、人物访谈等课外活动,获取真实资料,撰写读书笔记,整理采访记录,撰写学习体会和感想";"中国现当代作家作品研习"要求学生"养成撰写读书笔记的习惯,阅读作品应写出内容提要和阅读感受。选择喜欢的作品,从不同角度撰写作品评论,发表自己的见解"。提出类似要求的还有"外国作家作品研习""科学与文化论著研习""中华传统文化专题研讨""中国革命传统作品专题研讨""中国现当代作家作品专题研讨"。这8个学习任务群在检索信息,联系背景,撰写内容提要、读书笔记和作品评论等方面的要求与"整本书阅读与研讨"在学习方法上形成呼应。在学习资源的配置与照应上,各个学习任务群之间也有内在联系,如"当代文化参与"可与其他学习任务群组合,设计一些课内外相结合的学习活动;"学术论著专题研讨"提出学术著作选读应在"科学与文化论著研习"的基础上,结合"整本书阅读与研讨"进行。研读课标,可以看到18个学习任务群在时间上的延展,在学习目标和内容上的交叉,在学习方式上的重复;可以看到不同学习任务群的横向联系和纵向递进。在此基础上,建立学习任务群之间的联结点,关注不同学习任务群从语感到语理、从文学到文化、从感悟到哲思的变化,明确内容领域相近的学习任务群之间的关系——在能力发展上的衔接递进,在学习内容上的拓展深入。

普通高中语文课程设计了18个学习任务群,每个学习任务群都有各自的学习目标与内容,彼此之间又渗透融合、衔接延伸。教师可根据学习任务群的特点、学生的学习程度,结合自身的专业优势、教学风格,有规划、创造性地实施教学。教学中应该统筹考虑各个学习任务群的特点,要明确不同学习任务群的定位和功能,妥善处理各个学习任务群之间的关系,避免遗漏缺失,要关注共同学习任务群在必修、选择性必修、选修课程中学习重点、呈现方式和深度广度的差异,避免简单重复。

第三节 语文学习任务群的教材编制

教材是课程知识的载体,是联系课程设计与课程实施的重要环节,是落实课程理念和课程设计的观念所在。《普通高中语文课程标准(2017 年版 2020 年修订)》指出,教材编写要以培养语文学科核心素养为纲,以语文实践活动为主线,落实 18 个学习任务群的要求。可以说,语文学习任务群既是新课标的课程内容,又是与新课标配套的统编版《普通高中教科书·语文》的呈现方式。

一、语文学习任务群在普通高中必修教材中的呈现

《普通高中语文课程标准(2017 年版)》提出的 18 个学习任务群是教材必须落实的教学内容,同时明确了高中语文课程由必修、选择性必修、选修三类课程构成,三类课程分别安排 7—9 个学习任务群,必修学习任务群构成高中语文课程目标、内容的基本框架,选择性必修学习任务群和选修学习任务群是在必

修学习任务群基础上的逐步延伸、拓展、提高和深化。① 教育部组织编写的与课程标准配套的《普通高中教科书·语文》正是通过必修、选择性必修课程相应的学习任务群的编制,来实现教科书促进学生语文学科核心素养全面发展的功能的。

《普通高中课程方案(2017年版)》规定,在必修、选择性必修、选修三类课程中,必修课程是国家根据学生全面发展的需要设置,所有学生必须全部修习的课程。高中语文必修为8学分,共144课时,安排在高一年级,每学期72课时,每周4课时。新课标规定,普通高中语文必修课程的7个学习任务群的学分分别为:"整本书阅读与研讨"1学分,"当代文化参与"0.5学分,"跨媒介阅读与交流"0.5学分,"语言积累、梳理与探究"1学分,"文学阅读与写作"2.5学分,"思辨性阅读与表达"1.5学分,"实用性阅读与交流"1学分。人民教育出版社出版的统编版《普通高中教科书·语文》必修上、下册,每册8个单元,各个单元与学习任务群对应关系见表1-3和表1-4:

表1-3　高一语文必修上册与语文学习任务群对应关系

高一语文必修上册目录		语文学习任务群的教材呈现	
单元	篇目	语文学习任务群	学分、课时
第一单元	1 沁园春·长沙/毛泽东 2 立在地球边上放号/郭沫若 红烛/闻一多 ＊峨日朵雪峰之侧/昌耀 ＊致云雀/雪莱 3 百合花/茹志鹃 ＊哦,香雪/铁凝 单元学习任务	文学阅读与写作 (一)	0.5学分,9课时
第二单元	4 喜看稻菽千重浪——记首届国家最高科技奖获得者袁隆平/沈英甲 ＊心有一团火,温暖众人心/林为民	实用性阅读与交流(一)	0.5学分,9课时

① 王宁,巢宗祺.普通高中语文课程标准(2017年版)解读[M].北京:高等教育出版社,2018:258.

续表

单元	篇目	语文学习任务群	学分、课时
第二单元	＊"探界者"钟扬/叶雨婷 5 以工匠精神雕琢时代品质/李斌 6 芣苢/《诗经·周南》 　插秧歌/杨万里 单元学习任务	实用性阅读与交流(一)	0.5学分,9课时
第三单元	7 短歌行/曹操 　＊归园田居(其一)/陶渊明 8 梦游天姥吟留别/李白 　登高/杜甫 　＊琵琶行并序/白居易 9 念奴娇·赤壁怀古/苏轼 　＊永遇乐·京口北固亭怀古/辛弃疾 　＊声声慢(寻寻觅觅)/李清照 单元学习任务	文学阅读与写作(二)	0.5学分,9课时
第四单元	家乡文化生活 学习活动: 一、记录家乡的人和物 二、家乡文化生活现状调查 三、参与家乡文化建设	当代文化参与	0.5学分,9课时
第五单元	整本书阅读 《乡土中国》	整本书阅读与研讨(一)	0.5学分,9课时
第六单元	10 劝学/《荀子》 　＊师说/韩愈 11 反对党八股(节选)/毛泽东 12 拿来主义/鲁迅	思辨性阅读与表达(一)	0.5学分,9课时

续表

单元	篇目	语文学习任务群	学分、课时
第六单元	13 ＊读书：目的和前提/黑塞 ＊上图书馆/王佐良 单元学习任务	思辨性阅读与表达（一）	0.5学分，9课时
第七单元	14 故都的秋/郁达夫 ＊荷塘月色/朱自清 15 我与地坛（节选）/史铁生 16 赤壁赋/苏轼 ＊登泰山记/姚鼐 单元学习任务	文学阅读与写作（三）	0.5学分，9课时
第八单元	词语积累与词语解释 学习活动： 一、丰富词语积累 二、把握古今词义的联系与区别 三、词义的辨析和词语的使用	语言积累、梳理与探究	0.5学分，9课时

表1-4　高一语文必修下册与语文学习任务群对应关系

高一语文必修下册目录		语文学习任务群的教材呈现	
单元	篇目	语文学习任务群	学分、课时
第一单元	1 子路、曾皙、冉有、公西华侍坐/《论语》 ＊齐桓晋文之事/《孟子》 庖丁解牛/《庄子》 2 烛之武退秦师/《左传》 3 ＊鸿门宴/司马迁 单元学习任务	思辨性阅读与表达（二）	0.5学分，9课时

续表

单元	篇目	语文学习任务群	学分、课时
第二单元	4 窦娥冤(节选)/关汉卿 5 雷雨(节选)/曹禺 6 ＊哈姆莱特(节选)/莎士比亚 单元学习任务	文学阅读与写作 (四)	0.5 学分,9 课时
第三单元	7 青蒿素:人类征服疾病的一小步/屠呦呦 　＊一名物理学家的教育历程/加来道雄 8 ＊中国建筑的特征/梁思成 9 说"木叶"/林庚 单元学习任务	实用性阅读与交流 (二)	0.5 学分,9 课时
第四单元	信息时代的语文生活 学习活动: 一、认识多媒介 二、善用多媒介 三、辨识媒介信息	跨媒介阅读与交流	0.5 学分,9 课时
第五单元	10 在《人民报》创刊纪念会上的演说/马克思 　在马克思墓前的讲话/恩格斯 11 谏逐客书/李斯 　＊与妻书/林觉民 单元学习任务	实用性阅读与交流 (三)	0.5 学分,9 课时
第六单元	12 祝福/鲁迅 13 林教头风雪山神庙/施耐庵 　＊装在套子里的人/契诃夫 14 促织/蒲松龄 　＊变形记(节选)/卡夫卡 单元学习任务	文学阅读与写作 (五)	0.5 学分,9 课时

单元	篇目	语文学习任务群	学分、课时
第七单元	整本书阅读 《红楼梦》	整本书阅读与研讨（二）	0.5 学分,9 课时
第八单元	15 谏太宗十思疏/魏征 ＊答司马谏议书/王安石 16 阿房宫赋/杜牧 ＊六国论/苏洵 单元学习任务	思辨性阅读与表达（三）	0.5 学分,9 课时

可以看出,统编版高一语文教科书分册编写,每册按 8 个单元组织,包含 7 个学习任务群:"整本书阅读与研讨""当代文化参与""跨媒介阅读与交流""语言积累、梳理与探究""文学阅读与写作""思辨性阅读与表达""实用性阅读与交流"。7 个学习任务群通过有机组合,形成各册教材的主线。教材编写按照学习任务群的学分来编排设置各类教学内容的比例。

二、统编版语文教材以人文主题和学习任务群双线组织单元

教育部组织编写的《普通高中教科书·语文》与以往教科书相同,都是以册为教材的基本单位,每册也都是由若干单元构成的。不同之处是,以往教科书是以文体或语体或主题组织单元,统编版《普通高中教科书·语文》是以人文主题和学习任务群双线组织单元;并且以往教科书单元下设的课是一篇篇相对独立的课文,教师通常只针对单篇课文组织教学,统编版《普通高中教科书·语文》单元下设的课是完成学习任务的文本,或是整本书阅读,或是学习活动,学生须凭借整个单元提供的材料完成一系列的学习任务。普通高中语文新教材的单元,是由人文主题和学习任务群双线构成的,如表 1-5 所示:

表 1-5 统编版语文教材的单元组织模式

册数	单元	人文主题	语文学习任务群
上册	第一单元	青春岁月	文学阅读与写作(一)
	第二单元	劳动光荣	实用性阅读与交流(一)

册数	单元	人文主题	语文学习任务群
上册	第三单元	诗意人生	文学阅读与写作(二)
	第四单元	我们的家园	当代文化参与
	第五单元	乡土中国	整本书阅读与研讨(一)
	第六单元	学习之道	思辨性阅读与表达(一)
	第七单元	自然情怀	文学阅读与写作(三)
	第八单元	语言家园	语言积累、梳理与探究
下册	第一单元	文明之光	思辨性阅读与表达(二)
	第二单元	良知与悲悯	文学阅读与写作(四)
	第三单元	探索与发现	实用性阅读与交流(二)
	第四单元	媒介素养	跨媒介阅读与交流
	第五单元	使命与抱负	实用性阅读与交流(三)
	第六单元	观察与批判	文学阅读与写作(五)
	第七单元	不朽的红楼	整本书阅读与研讨(二)
	第八单元	责任与担当	思辨性阅读与表达(三)

　　统编版高中语文教材的单元组织方式,有利于课程内容"面"的展开,可以提供较为广泛的语文学科内容,为语文学习打下坚实的基础。单元是现代语文教材编制的重要特征,因此设置单元是教材编写的重要一环,但如何组元需要根据课程标准要求做整体考量和统筹。统编版高中语文教材,改变了传统语文教材以选文为核心组织单元,然后围绕选文设计练习及活动的模式,取而代之,采用了人文主题和学习任务群两条线索的单元组织方式。

　　人文主题是"点"的拓展和深化,为学生深入把握某一方面的知识与文化内容,以及加强学生思维的批判性、深刻性提供了切入点。学习任务群不是学科知识逐点解析、技能逐项训练的线性链接,而是追求语言、技能、知识和思想情感、文化修养等多方面、多层次目标发展的综合效应。统编版语文教材根据不同学习任务群的特质和要求,将其与人文主题进行对应,融入教材的单元内容之中。如高一语文必修下册第三单元,课文包括《青蒿素:人类征服疾病的一小步》《＊一名物理学家的教育历程》《＊中国建筑的特征》《说"木叶"》。这些课文篇目,从人文主题的角度看,属于"探索与发现",涉及医学、物理学、建筑学等领域;从学习任务群的角度看,属于"实用性阅读与交流",旨在引导学生学习当代社会生活中的实用性语文,增强适应社会、服务社会的能力。在统编版新教材的教学中,"探索与发现"的人文主题与"实用性阅读与交流"的学习任务群都是重要的学习内容。但目前不少高中教师并没有意识到新旧教科书结构的区别,仍用旧的办法应付新教材。如本单元中,《青蒿素:人类征服疾病的一小步》《＊一名物理学家的教育历程》两个文本是同一课,但很多教师无视这种"两文一课"的结构,也无视这一单元是"实用性阅读与交流"学习任务群,仍然一篇一篇串讲,导致学生并未关注到"探索与发现"这一人文主题,也没有重视比较阅读等学习方法。同时,学生处于被动学习状态,忽视了探究学习才是本学习任务群的基本学习方式。

第四节　语文学习任务群的教学导向

学习任务群的提出为促进语文教学回归其综合性、实践性的本质创造了有利条件。从这个意义上说,学习任务群不是一个华丽的新概念,也不单纯是一种学习内容的组合方式,而是融合语文课程诸要素、落实语言实践活动的载体,是建构新的语文课程体系、培养学生核心素养的突破口。以往课程改革经验和教训告诉我们,先进的教育理论如果不能落实到日常教学中,对教育实际的影响就是有限的。因此,我们强调学习任务群的教学导向,是为了在课堂教学中真正地落实学科核心素养,帮助学生形成正确的价值观念、关键的能力、必备的品格,使多元、繁杂的 18 个学习任务群具有较强的教学操作性。

一、设计有目标和真实情境的学习任务

新课标明确指出,语文学习任务群以任务为导向,以学习项目为载体,整合学习情境、学习内容、学习方法和学习资源,引导学生在运用语言的过程中提升语文素养。"语文学习任务群"的关键词是"任务",设计具有明确目标和实践意义的学习任务,不仅可以规避以往抽象的语言知识、孤立的文本理解和单纯的课堂教学等局限,还可以从本体定位上将语文学习从"单篇课文"向"语言实践活动"进行转化。

一项学习任务一般应具备以下几个特点:①目的性,即语文学习活动是一

种为了实现语言表达或交际目的而主动进行的有意义的活动,而不是盲目地学习或仅仅为获得考试成绩;②真实性,即无论是语言学习的情境、材料,还是面对的交流对象,都应具有一定的真实性,至少应与日常生活中实际的语言实践活动相似或相关;③过程性,在完成任务的过程也就是实践的过程中获得发展,而不是仅仅知道结论;④整体性,即在一个单位时间里(比如一节课),围绕一项语文学习任务,完成完整的语言实践活动,而不是完成毫无关联的碎片式学习。当一项学习内容变成学习任务以后,学生成为完成任务的主体,他们置身于真实的语言交流环境中,不仅会大大提高学习兴趣,还能创造性地使用语言、实现知识和能力的建构,因而也更利于语言素养的养成。[1]

在语文教学过程中,教师要预设学生需要经历的语言实践活动情境及其在具体情境中需要完成的若干任务,学生将围绕这些学习任务,关注语言文字运用的事实和过程并发现问题,培养对问题的敏锐意识和探究意识,追求思维创新和表达创新,发展语文核心素养。可以说,将抽象的学习内容转化为有真实意义和目标的学习任务,是实现学习任务群教学价值的关键。

(一)明确目标

从语文学科核心素养的角度看,学生要达到的学习目标是什么? 怎样将课程的目标、学习任务群的目标转化为单元的目标、课堂的目标及某个学习任务的目标?

学习任务群背景下,为培养学科核心素养,学习任务的设计也会呈现出不同的面貌。教师在设计学习任务之前,先要思考该学习任务要达到的目标到底是什么,以及哪些证据表明学生达到了这一目标。接下来,不是从篇目、知识出发展开教学,而是从学习目标、呈现出的学习结果开始思考。即首先关注学习预期,然后思考学生学习历程,设计学习任务,引入学习内容,并厘清教师在学生学习任务各环节中的角色与定位。以统编版高一语文必修下册第一单元为例,这一单元课文包括《子路、曾皙、冉有、公西华侍坐》,选自《论语》;《＊齐桓晋文之事》,选自《孟子》;《庖丁解牛》,选自《庄子》;《烛之武退秦师》,选自《左传》;《＊鸿门宴》,作者是司马迁。从语文学科核心素养及"思辨性阅读与表达"的视角,教学目标是引导学生学习思辨性阅读和表达,发展实证、推理、批判

---

① 郑桂华.高中语文学习任务群的教学建议[J].中学语文教学,2017(3):9－10.

和发现的能力,增强思维的逻辑性和深刻性,提高理性思维能力等。明确教学目标后,就可以进行学习任务的设计。如"以《论语》或《庄子》解释生活,以生活评判《论语》或《庄子》",这种学习任务既能让学生走进文本,也能提升理性思维能力,同时还可以加深学生对社会生活的理解,并可以反思社会生活。

(二)创设真实情境

为了衡量学生的素养培养情况,需要创设什么样的任务情境去引发学生的言语实践行为,从而更好地完成学习任务?

核心素养是个体面对复杂的不确定情境时所表现出来的必备品格、关键能力与重要观念,这些品格、能力、观念不可能直接传递,学生只有在尽力解决真实情境问题的过程中才能获得。语文核心素养是隐性的,必须在真实的语言运用情境中,通过一定的表现性行为才能体现,这种体现又有一定的综合性。因此,指向核心素养的教学任务设计,起点应在于如何去创设真实情境、真实任务,引发学生的言语行为表现,而不是将经典文本、必备知识当成教学的起点。学习任务群中的"任务",也跟真实的语言运用相联系,要求学生在学语言的过程中运用语言并提升素养。任务本身是一个有目标、有过程、有策略、有资源的学习项目,整合学习情境、学习内容、学习方法和学习资源,引导学生在运用语言的过程中提升语文素养。这里的任务情境不是教学中的一个导入环节,也不是将学科知识做所谓学生本位的庸俗化处理,而是结合学习的主题,将整个学习内容、学习进程都置于情境之中,具有一定的综合性、开放性和挑战性。

语文教学设计需要结合学习任务群的要求,去创设能够引导学生广泛而深度参与的学习情境。以往教学设计中所谓的教学情境,更多的是引出学习内容、提供学习支架等,指向学习活动的某一环节,属于课堂学习的局部。而学习任务则是把整个学习内容和学习过程进行"情境化",将学习活动置于一种真实的情境中。例如,在"实用性阅读与交流"学习任务群教学中,可以针对人工智能热点,从"人工智能对未来社会发展的影响"主题切入,设置"人工智能将会使哪些职业消失"的调查研究这一任务情境,引入介绍人工智能、讨论人工智能的科普类文章,通过阅读、访谈、资料搜集与分析研讨,最终完成调查报告或者实用类文章的撰写。再如,在班级里举办一次"科技群星闪耀时"科普交流会,安排部分学生负责"科学家展厅设计":设计展板,撰写解说词;部分学生参加"推介活动":推介科技文化的重要载体——知识性读物;部分学生参加"科普交流会":撰写一篇说明事理的科普小论文,并在交流会上分享。从上面的案例我们可以发现,所谓"实用",既是在完成任务的过程中,通过不同的阅读策略学习、掌握各类实用文体,更是教师和学生一起在用"语文"的方式来表达和提升语文素养。再比如,学习统编版高一语文必修上册第三单元的课文,如苏轼的《念奴娇·赤壁怀古》、辛弃疾的《＊永遇乐·京口北固亭怀古》及李清照的《＊声声慢(寻寻觅觅)》时,单纯地分析每一首词的内容及意蕴,不如安排学生进行比较阅读和拓展阅读,在文本解读之后,组织学生为学校校刊或者其他公开发行的文学刊物推荐其中一首词,并详细阐释推荐理由。可以这样说,向刊物推荐某一首词,这就是一种典型的任务情境。学生在这种言语实践中,既完成了三首词文本的学习,同时在任务情境中转换角色,充分考虑读者对象及刊物特点,调动已有知识和技能完成学习任务。

纵观新课标提出的 18 个学习任务群,它们涉及的语言学习素材、语言运用范例、语言实践话题、语体、文体等,都与语文学科、学生发展和社会生活紧密相关,与之相匹配的学习情境必然是真实而富有现实意义的。虚假的、毫无意义的学习情境,恰恰是过去 10 多年语文课程改革折射的实践问题之一,需要我们警惕和回避。只有建构真实、富有意义的学习情境,才能引导学生在广阔的语文实践空间中体验、探究,学会运用语言文字解决与语文学科相关的现实问题,逐渐发展自身的语文学科核心素养。

二、整合不同学习任务群的核心内容

新课标指出,语文学习任务群以任务为导向,以学习项目为载体,整合学习情境、学习内容、学习方法和学习资源,引导学生在运用语言的过程中提升语文素养。课程标准不只在界定学习任务群时提出了"整合"的要求,在其他部分也多次提到整合。课程内容方面,要"通过梳理和整合,将积累的语言材料和学习的语文知识结构化,将言语活动经验逐渐转化为具体的学习方法和策略";教学建议方面,"加强课程实施的整合,通过主题阅读、比较阅读、专题学习、项目学习等方式,实现知识与能力,过程与方法,情感、态度与价值观的整合,整体提升学生的语文素养","围绕核心素养,整合阅读与鉴赏、表达与交流、梳理与探究,引导学生积极参与丰富多彩的语文实践活动";评价建议方面,提出"语文教师应根据实际需要,整合诊断性评价、形成性评价、终结性评价等多种评价方式,考查学生核心素养的发展情况";教材编写建议方面,"要体现课程整合的理念,根据学习任务群的特点和学习任务群的组合等整体设计学习活动"。不同学习任务群具有相对的独立性,在学习内容和培养目标上又存在融通交错的关系。因此在教学中,不要孤立看待单个学习任务群,也应避免在学习内容和学习方法上做简单重复,而应通过整合学习任务群的核心内容,发挥其互相渗透、互相支撑的功效,合理处理好任务群学习广度和深度的关系。

(一)基于共通点的学习任务群整合

新课标中所罗列的 18 个学习任务群表现出不同的侧重点,但都依托真实情境和与学生密切相关的人文主题,包含若干学习项目,都是以语文核心素养为纲、以学生语文实践为主线设计的,目的是为促进语文学习的综合性、实践性创造有利条件。因为这些共通点,不同的学习任务群表现出了较大的整合空间。在进行整合时,教师首先应该就课程标准中对每个学习任务群的相关阐释进行仔细研读,提取并理解不同学习任务群的目标与价值追求、学习内容、主要实践活动等,为下一步的整合奠定基础。

根据学习目标、学习内容及实践方式等,将 18 个学习任务群归纳合并,任务统整,进行切分与重组,基于学习任务群的共通点进行整合教学。这个共通点,其实也是学习任务群切分与组合的依据。

以"整本书阅读与研讨"为例,该学习任务群和"中华传统文化经典研习"在目标与价值追求方面有交叉内容。两个学习任务群旨在培养学生对优秀文化的理解、认同、传承,提升学生对文学作品精神内涵、文化价值的理解和鉴赏能力。鉴于目标与价值追求的共通点,可以将"积累阅读经验,提高阅读理解及鉴赏能力,提高民族认同感与自豪感,增强文化自信"作为"整本书阅读与研讨"和"中华传统文化经典研习"的共同目标,将二者进行整合教学。在完成学习任务的过程中,引导学生阅读不同时期、不同类型的中国优秀传统文化著作,通过培养学生的阅读习惯、建构学生的阅读经验、带领学生分析理解作品深刻的思想内涵和精神意蕴并撰写读书笔记、文学评论,从而达成共同的任务目标。另外,"整本书阅读与研讨"和"文学阅读与写作"在学习内容方面有交叉内容,两个学习任务群的学习重点都在于欣赏语言、把握思路、分析形象、探究情感与主旨,同时进行文学写作与评论。鉴于学习内容的交叉,教师可以在教学过程中,将"阅读古今中外优秀的长篇小说,从不同角度加以分析、鉴赏,撰写读书笔记、文学评论"作为"整本书阅读与研讨"和"文学阅读与写作"的共同学习内容,并设计与之相关的学习任务,例如以小组为单位选择鉴赏角度,结合背景知识及文本本身对作品加以鉴赏;自选评论角度,进行文学评论等,从而促进这两个学习任务群的整合。

(二)以某个学习任务群为中心进行整合

以一个学习任务群为中心,整合相关学习任务群,强调的是各学习任务群之间相互融通、彼此影响的关系。这种学习任务群重构方式的起点与共通性整合略有不同,它是以某个学习任务群为中心进行整合,其他学习任务群因需而入。这种整合方式首先需要明确中心学习任务群,其他学习任务群仅在某一个学习环节或任务上为"中心学习任务群"学习目标的达成提供服务,完全因需插接或嵌入,在其基本功能实现后会自行退出。

1. 确定中心,因需而入

18 个学习任务群若以静态的形式存在,彼此间是不存在主辅之别的。如果以动态的形式进入教学,就要依据学习需求、学习内容、学习材料等形成主、辅关系。主、辅关系视学习者所选定的学习任务而定,而不由各个学习任务群自身的功能、内容和目标来定。必修阶段的 7 个学习任务群中,以"文学阅读与写作"学习任务群为中心,可以将其他 6 个学习任务群聚合在一起。为避免所涉及的内容过于庞杂,可依据教学任务对学习任务群进行合理拆解,将"中心"具体化。如可以将"文学阅读与写作"学习任务群中的内容拆解为古今中外诗歌、散文、小说、剧本等不同体裁的优秀文学作品,于是,这个"中心"就可能是任意一种文学体裁。还可以将其他学习任务群的任务进行拆解。如根据需要,我们可以将"思辨性阅读与表达"学习任务群中的"阅读"去掉,而只保留其"表达"的功能,作为其他学习任务群的表达交流部分。同样,如果以"思辨性阅读与表达"学习任务群为中心,我们就可以将"文学阅读与写作"学习任务群的相关内容进行拆解、重组,这样,这个中心学习任务群就会有若干个学习任务群进行辅助。

2. 确定起点,循序渐进

语文学习的过程,要有一个起点,有一条沿着起点不断纵深的逻辑主线。教师可以围绕这个起点、这条主线,重构学习任务群。如以"语言积累、梳理与探究"为起点,中间可结合其他学习任务群自身蕴含的语言知识、语言规律、语言现象及语言特点,针对语言生活中的现实问题——网络语言与汉字汉语规范问题、方言与普通话关系问题、成语典故运用问题等——就汉字或汉语的某一问题,加以归纳、梳理,总结现象并探究规律,将学习的终点落在"汉字汉语专题研讨"学习任务群上。沿着这样的设计思路,同一个学习任务群的学习内容,在经历了必修、选择性必修、选修三类课程之后,学生就会在兴趣、偏好,甚至天赋的导引下,触摸到某个学习领域的深层内容或规律、系统的知识。

3. 相互观照,求异互补

通常,大家更习惯把主题接近、内容相似、风格一致等共性多的学习任务群组合在一起。实际上,为了拓宽学生的视野,培养并发展学生的审辨思维能力,还应尝试将差别较大的"异类"学习任务群或教学内容重构在一起,通过寻找比较其中的异同点进行互补式学习。"文学阅读与写作""思辨性阅读与表达""实用性阅读与交流"在文章体裁上差别很大,无论是阅读还是写作的方式都有很大的区别,如果将其并列组合在一起,可体验不同表达方式的表达效果,感受在表达相同内容的前提下,不同语言形式、特点、风格的魅力等。另外,"中华传统文化经典研习""中国现当代作家作品研习"与"外国作家作品研习""跨文化专题研讨"等也有很大的差别与很强的互补性,如以"家国情怀"这个主题进行学习任务群的组合,就可以从4个学习任务群中分别选取古、今、中、外四组文本,指导学生在比较阅读中,辨析、理解不同时代、不同国度的人们心中的"国"与"家"的语义差异,体会不同时期、不同文化背景下的语言风格、情感表达方式。

三、确定典型、具体的语文实践活动

新课标指出:"语文课程作为一门实践性课程,应着力在语文实践中培养学生的语言文字运用能力。学习运用祖国语言文字的资源和实践机会无处不在,应增强学生学语文、用语文的自觉意识,积极利用信息技术以及身边的各种资源和机会,通过阅读与鉴赏、表达与交流、梳理与探究等语文实践,积累言语经验,把握语文运用的规律,学会语文运用的方法,有效地提高语文能力,并在学习语言文字运用的过程中促进方法、习惯及情感、态度与价值观的综合发展。"课程标准基于语文课程的本体特性,把语文实践活动归纳为三种基本类型,即阅读与鉴赏、表达与交流、梳理与探究。这些语文实践活动是与语文素养生成、发展、提升的明确目的相结合的。即以素养为纲,把语文实践活动作为与语文素养直接结合的轴心,在语文实践活动中利用文本,根据需要整合言语文本和应用性知识,并将其转化为能力,凝结为素养,达到立德树人的目的,落实课程目标。语文实践活动也是学生的自主活动,需要学生自己去体验环境,完成任务,发展个性,增长思维能力,形成理解、应用系统。教师要重视学生自主能力的培养,让学生进行真实的语言实践,亲自经历体验的过程,而不是凭自己的经验直接告诉学生知识和结论。另外,语文实践活动是在学校课程总体设计和实施的环境下,由学校和教师组织、引导完成的。只有通过有教育意义的"语文实践活动"来展开语文课程,才能凸显学生学习语文的根本途径。

学习任务群涉及的语文实践活动并非"原生态"的语文生活,而是基于语文课程的总体目标,立足学生语文核心素养发展的基本过程筛选出的教学形态的语文实践活动。学生需要在教师的指导下,借助所学的语文知识分析、解决问题,在此过程中,阅读与鉴赏、表达与交流、梳理与探究等学习内容综合涉及,基础知识的积累、基本技能的提高整体推进,必备能力、关键品格、价值观念的形成与发展融为一体。具体到教学中,思维发展与提升、审美鉴赏与创造、文化传承与理解总是在语言建构与运用的过程中实现的,在不同的学习情境中,学生分析理解、综合运用所学知识解决问题的能力得到综合发展。教师需要进一步做的工作,就是紧扣这些言语实践活动,根据每个语文学习任务群的基本特点和学习目标,设计出更为典型、具体的学习活动。

典型的语文实践活动,指的是教师设计的实践活动要包含语文课程内部听说读写等语言领域的核心内容,要体现语文学习过程中涉及的直觉、形象、逻辑、辩证和创造等重要思维的方法引领,要提升学生的审美情趣、审美品位、鉴赏创造等关键审美能力,要关注中华优秀传统文化、革命文化、社会主义先进文化等文化元素的渗透与理解。也就是说,从学科本质而言,语文学科并不是获得知识体系,而是进行能力构建,是技能的提升与素养的获得。这显然不能仅仅依靠课堂中的知识灌输,还需要大量的练习和实践运用。因此,语文的学习应该以学生的语文实践活动为主要形式,通过学生的参与和实践,充分运用自己的各种感官接触和使用语言,在"做"的过程中加深对语言知识的理解,并且不断验证自己已经掌握的知识,逐步将语言知识内化为自身的语言能力。组织和开展典型的语文活动时,不能因强调"活动"而淡化"语文",也不能因强调"语文"而忽视"活动"。语文学习与活动是一体的。不能脱离活动学语文,否则容易导致语文教学目标与内容被虚化;也不能脱离语文去活动,否则容易导致语文教学目标与内容被泛化。语文活动结束之后,要考虑为学生的语文学习留下活动成果。活动成果是学生成长记录的体现。为体现学习的循序渐进,要为学生的语文学习"搭梯子",最终学习成果不能一蹴而就,要设计分阶段完成的阶段性成果。对活动成果的总结、评价、交流,要成为语文学习活动的一部分。

这里的"具体"是指教师设计的言语实践活动可理解、可操作、可评价,便于师生在学习任务群的学习过程中明确学习重点,熟知学习流程,达到学习目标,生成学习成果。比如"整本书阅读与研讨"学习任务群的实施,教师可以设计阅读方法指引、阅读资料搜集、文本脉络梳理、人物形象评析、精彩语段品味、主题旨趣研讨、学习成果分享等言语实践活动,引导学生拓展阅读视野,积累阅读整本书的个性化经验,探索适合自己的阅读方法,养成良好的阅读习惯,提高独立阅读、评析同类书籍甚至是相关书籍的能力。[①] 另外,阅读与鉴赏、表达与交流、梳理与探究还可以具体细化为更丰富的方式方法,如演说、辩论、故事会、比较阅读、主题研究、调研、访谈、文学期刊编纂、社团组织、网络协同学习等。相关活动类型还可以进一步列举,它们构成了学生语文学习的基本活动经验。这些语文活动路径包含若干路段,各个路段的子目标与相应的内容、过程与方法共同构成一次活动的总目标和路径。在这些语文活动中,学生以发现、探究、解决问题为主线,以任务驱动紧扣语言文字运用与人际交往。学习语文也是在与内容有机结合的过程中学习这些语文基本活动经验。

总之,典型、具体的语文实践活动内化了语文学科对世界的认知方式,呈现了语文学习对学生主体性的表征形态,揭示了学生学习语言文字运用的内在规律,融入了语文课程发展学生语文核心素养的目标指向。典型、具体的言语实践活动在激发学生学习兴趣、调动学生高阶思维等方面具有重要作用,因而能够引导学生在真实、富有意义的学习情境中,逐渐学会运用语言文字解决现实问题。

---

① 徐鹏.语文学习任务群的实施路径[J].语文建设,2018(9):14.

第二章　语文学习任务群的学理探寻

"学习任务群"是《普通高中语文课程标准(2017年版)》首次提出的重要概念,也是高中语文课程的学习内容。在"课程结构"的"设计依据"中,课标是这样描述"学习任务群"的:"从祖国语文的特点和高中生学习语文的规律出发,以语文学科核心素养为纲,以学生的语文实践为主线,设计'语文学习任务群'。'语文学习任务群'以任务为导向,以学习项目为载体,整合学习情境、学习内容、学习方法和学习资源,引导学生在运用语言的过程中提升语文素养。若干学习项目组成学习任务群。学习任务所涉及的语言学习素材与运用范例、语文实践的话题与情境、语体与文体等,覆盖历来语文课程所包含的古今'实用类''文学类''论述类'等基本语篇类型。学习任务群的设计着眼于培养语言文字运用基础能力,充分顾及问题导向、跨文化、自主合作、个性化、创造性等因素,并关注语言文字运用的新现象和跨媒介运用的新特点。"①这段文字是课程标准对"学习任务群"的基本定位,要探寻"学习任务群"的学理,必须从这段文字中找到破解密码。

首先,从教学目的看,"学习任务群"以任务为导向,引导学生在运用语言的过程中提升语文素养。这就需要从语言学教学理论中去寻求相关理论渊源,这关涉"任务型语言教学"理论和实践的相关内容。

其次,从教学过程和方法看,"学习任务群"以学习项目为载体,整合学习情境、内容、方法和资源,这也涉及近年来兴起的"项目学习"的理论内容。

最后,从教学哲学角度看,"学习任务群"从祖国语文的特点和高中生学习语文的规律出发,以语文学科核心素养为纲,以学生的语文实践为主线,充分顾

---

① 中华人民共和国教育部.普通高中语文课程标准(2017年版)[S].北京:人民教育出版社,2018:8.

及问题导向、跨文化、自主合作、个性化、创造性等因素。由此可见,"学习任务群"是教育改革的产物,既有时代性特征,也有鲜明的教育价值导向,其学理涵盖多种教育学和心理学理论。

第一节　学理来源之一:任务型语言教学法

"学习任务群"作为新课标修订的核心概念,既是语文课程内容的组织形式,又是新语文课程观的标志之一。[①] 长期以来,受到多重因素影响,语文教学多以教授知识为主要内容,过于依赖课本和学校教学,忽视了对学生能力的培养,造成"少慢差费"等不良后果,导致学生语文素养偏低,适应社会的能力不足。"学习任务群"概念的提出,就是为了改变这一现状,解决当前语文教学中的突出问题。从学理渊源看,这与任务型语言教学法有密切联系。

任务型语言教学法(task – based language teaching)是 20 世纪 80 年代兴起的一种以任务为中心的外语教学法,最早由英籍印度语言学家 Prabhu 在 1983 年进行任务型第二语言教学实践时提出。这种教学法以模拟人们在日常学习生活中运用语言从事的各类活动任务为中心,把语言教学和语言实践结合起来,要求学生在学习时首要考虑的是应该如何完成学习任务,而不是如何学会某种语言形式。

任务型语言教学法是注重学生应用能力和创新能力的一种新型教学法。在这种教学法中,学生成为课堂活动的中心,教师的主要责任是设计学习任务,提供必要材料,提出活动要求并进行过程监督管理。在课堂上的很多时间里,学生独立或以小组合作的方式完成学习任务。这种理念和新课标的理念有很多共通之处。

新课标在"设计依据"部分明确提出:"学习任务群以自主、合作、探究性学习为主要学习方式,凸显学生学习语文的根本途径。这些学习任务群追求语言、知识、技能和思想情感、文化修养等多方面、多层次目标发展的综合效应,而不是学科知识逐'点'解析、学科技能逐项训练的简单线性排列和连接。学习任务群的设计,旨在引领高中语文教学的改革,力求改变教师大量讲解分析的教

---

① 王意如,叶丽新,郑桂华,等.普通高中课程标准(2017 年版)教师指导·语文[M].上海:上海教育出版社,2019:80.

学模式。"①

由此可见,"学习任务群"对任务型语言教学法有以下几点借鉴之处:

一是教与学的方式。通过改变原有的灌输式、知识为主式的教学方式,使学生从听讲式、笔记式的学习逐渐过渡到自主、合作、探究性学习方式。在这种学习中,学生成为学习活动的主体,积极参与语言建构。在这种情况下,教师的教学角色也会随之改变,即由过去知识的传播者变为"学习的计划者和组织者,学习方向、指导和资源的提供者,语言和与语言相关行为的示范者,开展活动的协调者,探索知识、开发学习技能和策略的指导者和同伴,为学习者提供恰当反馈的评估者和记录者"②。

二是教学内容。任务型语言教学以任务为组织单位,课堂教学由一系列的"任务"构成。这里的"任务"同我们通常理解的教学"任务"有所区别。现代汉语对"任务"的解释主要有以下四种:①工作,②责任,③指令,④进程或者过程。我们通常理解的"任务"主要是第一种意思,但在任务型语言教学中,"任务"一词既指教师组织和提供、建构学习内容,也指学习过程或进程,"任务"更多关注的是学生实际的语言实践和建构活动。此外,任务型语言教学的具体内容与社会生活联系紧密,它把人们在社会生活中所做的事情分为若干非常具体的任务,并把培养学生具备完成这些任务的能力作为主要教学目标,体现了较强的实践性和社会性特征。

新课标中提出的"学习任务所涉及的语言学习素材与运用范例、语文实践的话题与情境、语体与文体等,覆盖历来语文课程所包含的古今'实用类''文学类''论述类'等基本语篇类型。学习任务群的设计着眼于培养语言文字运用基础能力"③的相关论断表明,从学习内容看,学习任务群已涵盖所有语篇类型,并在教学内容上加大了对以往较为忽视的实用类和论述类文本的重视程度,注重语文实践话题的选取。这些都是汲取任务型语言教学法获得的启发。此外,"语文学习任务群"引导学生在运用语言的过程中提升语文素养、着眼于培养语言文字运用基础能力、着力发展学生的核心素养、促进学生全面而有个性的发

---

① 中华人民共和国教育部.普通高中语文课程标准(2017年版2020年修订)[S].北京:人民教育出版社,2020:8-9.

② 罗少茜.任务型语言教学[M].北京:高等教育出版社,2011:81.

③ 中华人民共和国教育部.普通高中语文课程标准(2017年版2020年修订)[S].北京:人民教育出版社,2020:8.

展等提法也与任务型语言教学法的理念不谋而合。

三是教学设计的原则。任务型语言教学法设计的基本原则主要有：①强调通过交流来学会交际；②将真实的材料引入学习环境；③学习者不仅注重语言的学习，而且关注学习过程本身；④把学习者个人的生活经历作为课堂学习的重要资源；⑤试图将课堂内的语言学习与课堂外的语言活动结合起来。这对课标提出的相关设计理念和原则也有启示性。课标指出："'语文学习任务群'以任务为导向，以学习项目为载体，整合学习情境、学习内容、学习方法和学习资源，引导学生在运用语言的过程中提升语文素养。若干学习项目组成学习任务群。"①这种"载体式""整合式""引导式"教学设计的原则，就是任务型语言教学法设计的基本原则。我们可以从18个学习任务群之一"整本书阅读与研讨"的教学提示中窥见一二：

（1）指定阅读的作品，应语言典范，内涵丰富，具有较高的思想水平和文化价值。根据学生的生活实际和发展需要，注意选择反映中华优秀传统文化、革命文化和社会主义先进文化的作品。指定阅读的作品可从教材课文节选的长篇作品中选择，也可由师生共同商定3—5部作品，学生从中选择一部阅读；选择相同作品的学生可以自由组合，进行交流讨论。

（2）课时可安排在两个学期，宜集中使用，便于学生静下心来，集中时间和精力，认真阅读一本书。学生在反复阅读过程中，每读一遍，重点解决一两个问题，有些地方应仔细推敲，有些地方可以略读或浏览。阅读要有笔记，记下自己思考、探索、研究的心得。

（3）阅读整本书，应以学生利用课内外时间自主阅读、撰写笔记、交流讨论为主，不以教师的讲解代替或限制学生的阅读与思考。教师的主要任务是提出专题学习目标，组织学习活动，引导学生深入思考、讨论与交流。教师应以自己的阅读经验，平等地参与交流讨论，解答学生的疑惑。

（4）教师应善于发现学生阅读整本书的成功经验，及时组织交流与分享。应善于发现、保护和支持学生阅读中的独到见解。②

教学提示中明确指出教师的主要任务是提出专题学习目标，组织学习活

---

① 中华人民共和国教育部.普通高中语文课程标准（2017年版2020年修订）[S].北京：人民教育出版社，2020:8.

② 中华人民共和国教育部.普通高中语文课程标准（2017年版2020年修订）[S].北京：人民教育出版社，2020:12-13.

动,引导学生深入思考、讨论与交流。并以自己的阅读经验参与交流讨论,解答疑惑。这说明教学设计者、学习者不仅要注重课程的架构,重视语言内容的学习,还要关注学生的学习过程本身。同时,教师及时组织交流与分享成功经验、保护和支持独到见解的做法,体现了把学习者个人的学习和生活经历作为课堂学习的重要资源的原则,并打通学习经验和生活经验,实现学习者学习知识的社会化。

总而言之,从"学习内容"到"学习任务",虽然只是一词之差,但却反映了在语文课程定位上从知识本体向语言实践活动本体的转化。[①] 这种转化在课内可以调动学生学习的主动性,创建语言的运用机会,建立师生平等的关系,实现语文核心素养的提升。这种转变"正是教育目标从学科本位向学生发展转变的过程,这一过程从'任务解决'的角度将教育目标、学习内容、方式方法整合起来,实现均等的教育内容覆盖,让学生获得对学习的参与,收获作为'人'的成长"[②]。

第二节　学理来源之二:项目化学习

项目化学习(project – based learning,PBL,可译为"基于项目的学习")作为一个学术概念,源于 1958 年美国医学院的一种做法,即把通过多科会诊治疗一例疑难杂症的病人当作一个项目,旨在试图解决真实情境中的非良构问题。[③]这里的"非良构问题"指"非良好结构问题",也称"结构不良问题",结构不良的问题并不是指问题本身有什么错误或者不恰当,而是指它没有明确的结构或者解决途径。基于项目的学习,其核心包括两大部分:一是用来组织和推进活动的真实问题,二是最终形成的问题解决方案或产品。

从教育方法和思想角度看,项目化学习的思想首先来源于美国著名教育家杜威"做中学"的思想。杜威的教育思想是以实用主义哲学为基础的,他认为人

---

① 王意如,叶丽新,郑桂华,等.普通高中课程标准(2017 年版)教师指导・语文[M].上海:上海教育出版社,2019:80.

② 王宁,巢宗祺.普通高中语文课程标准(2017 年版)解读[M].北京:高等教育出版社,2018:206.

③ 夏雪梅.项目化学习设计:学习素养视角下的国际与本土实践[M].北京:教育科学出版社,2018:1 – 2.

们应"从做事里面求学问",孩子应在做的过程中发现和发展自己。他把人类视为自然界的一部分,人作为有机体是对环境的适应,个体也是通过参加活动而得以发展,倘若孩子能够从"做中学"中增添新的更有意义的经验,那么他们的知识就会成为有用的东西;倘若不从做事中去学习,那冲动只能是冲动而已,任何目的都无法实现。

项目化学习的思想还与杜威学生克伯屈的设计教学法(project method)有关。设计教学法也叫单元教学法,目的在于设想、创设一种问题的情境,让学生自己去计划、去解决问题。作为杜威的学生,克伯屈沿袭了杜威的主要教育思想,在1918年详细地论述了设计教学法的理论基础和实施步骤,并成为这一教学法的代表人物。设计教学法要求废除传统的班级授课制,摒弃教科书,不受学科限制,由儿童根据自己的兴趣决定学习内容,在自己设计、自己负责的单元活动中获得有关知识和解决实际问题的能力。因此,整个教学设计包括实际的思考与各样的活动,一边思考,一边执行,既用脑,也用手。随着社会经济和教育学、心理学的发展,项目化学习获得了更多理论上的支撑,逐步在教育、医学、管理等领域获得广泛应用,取得良好效果。

在我国教育领域,近年来教育改革力度持续加大,核心素养的理念已经深入人心,高考"一核四层四翼"评价体系已经初步构建,教学和测评越来越重视对学科素养的考查。学科素养是即将进入高等学校的学习者在面对生活实践或探索问题情境时,能够在正确的思想价值观念指导下,合理运用科学的思维方法,有效整合学科相关知识,运用学科相关能力,培养认识问题、分析问题、解决问题的综合品质。学科素养通过基础教育阶段的学科教学培养形成,既是基础教育培养目标的要求,也是高校人才选拔的要求。① 这就要求教师在教学时必须重视对学生信息获取、理解掌握、知识整合、研究探索、操作运用、语言表达等能力的培养,这些内容渗透在语文学习任务群的教与学中。可以看出,其理念与项目化学习一脉相承。

首先,从设计目的看,都指向学生核心素养的培养。项目化学习以杜威思想为核心,杜威认为,教育就是儿童生活的过程,而不是将来生活的预备,最好的教育就是"从生活中学习、从经验中学习"。既然教育是一种社会生活过程,那么学校就是社会生活的一种形式。学校应该"成为一个小型的社会,一个雏

① 教育部考试中心.中国高考评价体系[M].北京:人民教育出版社,2019:18.

形的社会"。在学校里,应该把现实的社会生活简化到一个雏形的状态,应该呈现儿童的社会生活。就"学校即社会"的具体要求来说,杜威提出学校本身是一种社会生活,具有社会生活的全部含义。学校里所学的知识,必须转化为学生必备的基本素养才有价值和意义。在学习任务群的教学中,也必须明确语文学科素养、关键能力和必备知识,这样才能获取核心价值。

其次,从教学方法看,都重视学生自身的实践。项目化学习秉承杜威"做中学"的基本原则。杜威认为,"做中学"也就是"从活动中学""从经验中学",它使学校里知识的获得与生活过程中的活动联系起来。如果儿童能在真正有教育意义和有兴趣的活动中进行学习,那就有助于儿童的生长和发展。克伯屈的"设计教学法"理念更加超前,它要求废除传统的班级授课制,不受学科限制,由儿童根据自己的兴趣决定学习内容,在自己设计、自己负责的单元活动中获得有关知识和解决实际问题的能力,这显然更像是一种跨学科的综合性实践活动课程。

而反观语文学习任务群的学习,目的也是让学生在学习"项目"中亲历知识的展开过程,亲历学习与生活的深度关联,亲历学习的真正发生;让学生转识成智,挣脱求知细节的纠缠,超越碎片化的知识理解,能在更广泛的领域里看到知识之间的彼此关联,实现知识与生活、社会、世界的联结与迁移,从而推动知识的灵活运用与实践智慧的形成。[1] 因此,在项目化学习中,"需要考虑的核心因素是在学习过程中以学生为中心,使学生参与到某学科的核心概念与原理的学习中……引导学生对真实且重要的专题进行深入探究"[2]。

最后,从教师角色看,教师成为设计者和学习导师。项目化学习首先要求教师做好学习设计,这是对教师专业发展水平的考验。同样在学习任务群中,教师也要做好学业设计。18 个学习任务群内容不同,难度各异,要做好学习设计,需要教师有扎实的基本功和良好的资源组织调动能力,还要勇于打破和重组原有课时、空间、教学资源,从课程设计者的角度参与到项目化学习的主题规划、计划拟定、团队探究、成果发布与学习评价的全过程。[3] 如某老师设计了徐则臣《北上》整本书阅读的项目化学习内容,并进行了相关反思:

---

① 蒋保华.项目化学习:教师即设计师[J].江苏教育,2019(22):6.
② 美国巴克教育研究所.项目学习教师指南:21 世纪的中学教学法[M].任伟,译.2 版.北京:教育科学出版社,2008:35.
③ 胡昕.学习导师:项目化学习中教师的角色[J].江苏教育,2019(22):19.

一、因地制宜,做好规划,考虑内容与方式的融洽

第一步:通读全书,分清每部分主要人物、事件、主旨、社会背景,用时一至两周。第二步:重点阅读第一部分"北上(一)"与第二部分"北上(二)",列出人物关系图,圈点精彩语言段落,用时一周。第三步:精读。围绕重点人物、背景、关系、情节等要素设定研究专题,分组合作探究专题,完成读书报告,分享读书成果,用时两周。

反思:整本书阅读规划的制定要具体考虑四个方面的问题:一是整本书的量,如《北上》共466页,30万字;二是不同学段学生的阅读基础;三是文字本身阅读的难易度;四是整本书的内在结构。

二、设置专题,问题驱动,经由示范到互动的转变

引导学生围绕下列驱动性问题查阅资料、思考讨论、梳理总结。

(1)孙过程的身份多次转换的原因是什么? 转换的转折点是什么? 伴随转换的精神成长有何表现?

(2)书名是《北上》,孙家几代人的命运与运河兴衰有关系吗?

(3)假如你是孙家的后代,你如何看待孙家祖传物相机对家族命运的影响。

(4)选择其中一个人,抓住语言、行为特点分析概括其人物形象。

反思:专题研究的选题关系整本书思想内容与艺术价值的把握,专题的驱动程度则与学生研究兴趣、研究范围有关,专题的研究深度则指向成果的呈现是否精彩。教师需要在专题选择时鼓励学生打开思路,在专题研究中举例子做指导,在专题结题时做总结。

三、撰写报告,分享习得,谋求思辨与读写的进阶

以"孙氏家族人物命运"专题为例,写一篇读书报告,设三个微专题:

微专题1:孙过程小传。主要写孙过程的经历与精神成长(善良—反抗—忠诚—负责—包容)。

微专题2:相机的隐喻。主要探究小波罗的礼物对四家后代的影响,相机对孙立心、孙晏临命运的映射。

微专题3:写在运河上的家族历史。主要阐述几代孙家人因运河兴衰谋求出路的经历,论述运河、时代对孙家命运的影响。

反思:书写读书报告并交流分享研究成果是项目化学习的最后一步。读书报告的书写对于许多学生来说是一件感到畏难的事,但对于真正深入

阅读精心研究的学生来说,此时应有不吐不快之感。读书报告讲究"实证",不同于抒发主观情感的读后感言,更多地需要阅读者围绕专题、结合小说内容进行论证与阐述,做到言之有据,在阅读中思考,在思考中写作,在写作中阅读。①

从这个设计和反思可以看出,教师不仅要调动教育智慧,做好学习任务群的教学设计,还要成为学生学习的导师,成为一名学习者和行动研究者。在这个过程中,教师要突破自己的心理障碍,和学生共学共创,共同完成真实而有意义、与学科内容和实践深度融合、成果呈现有价值的项目研究。② 只有这样,才能实现学习任务群的学习目的。

第三节 学理来源之三:建构主义和多元智能教育理论

建构主义教育理论是兴起于 20 世纪 80 年代,对当时和以后教育教学改革产生深远影响的一种教育理论。建构主义主张世界是客观存在的,但是对事物的理解却由每个人自己决定。不同的人由于原有经验不同,对同一事物会有不同理解。建构主义教育理论认为,学习是引导学生从原有经验出发,建构起新的经验。该理论的奠基人是皮亚杰,而杜威的经验性学习理论和维果茨基的文化历史论也对建构主义理论有所发展。建构主义流派众多,分类繁多,主要有个体建构主义和社会建构主义。

学习任务群的相关学理与建构主义理论关系密切。首先,从教学观看,建构主义认为"由于知识的动态性和相对性以及学习的建构过程,教学不再是传递客观而确定的现成知识,而是激活学生原有的相关知识经验,促进知识经验的'生长',促进学生的知识建构活动"③。同时,"给学生提供丰富的信息资源、处理信息的工具以及适当的帮助和支持"。这些思想在学习任务群的设计和教学中都有广泛表现。

其次,从学习观看,建构主义认为学习是学习者主动建构自己知识经验的过程。"学习不是知识由教师向学生的传递过程,而是学生建构自己知识的过

---

① 李凌云.项目化学习:整本书阅读策略探寻——以《北上》为例[J].中学语文教学,2020(5):21-23.

② 胡昕.学习导师:项目化学习中教师的角色[J].江苏教育,2019(22):19.

③ 陈琦,刘儒德.当代教育心理学[M].北京:北京师范大学出版社,2007:187.

程,学习者不是被动的信息吸收者,相反,他要主动地建构信息的意义。"①在这种学习中,学生之间的关系从竞争者变成合作者,而且常常需要组建学习共同体,以便在学习过程中进行沟通交流、共享各种资源、分工合作共同完成任务等。新课标的基本理念和教学要求与此完全吻合。

新课标对语文课程的定位是:语文课程是一门综合性、实践性课程。课标的基本理念中曾明确提出要加强实践性,促进学生语文学习方式的转变。因此在进行具体教学时,"应着力在语文实践中培养学生的语言文字运用能力……积极利用信息技术以及身边的各种资源和机会,通过阅读与鉴赏、表达与交流、梳理与探究等语文实践,积累言语经验,把握语文运用的规律,学会语文运用的方法,有效地提高语文能力,并在学习语言文字运用的过程中促进方法、习惯及情感、态度与价值观的综合发展"②。从这里可以看出,实践是学习任务群教与学的重要方法,学习者的这种实践过程正是知识建构的过程。

最后,从知识观看,由于受到认知派信息加工等理论的影响,建构主义重视并强调知识的动态性和生成性特征。建构主义指出,"个体的知识是由人建构起来的,对事物的理解不仅取决于事物本身,事物的感觉刺激(信息)本身并没有意义,意义是由人建构起来的,它同时取决于我们原来的知识经验背景"③。这种观点虽然对知识的客观性和可靠性提出了质疑,但其中也有值得吸取的成分。比如,以前的语文学习很多情况下依靠教师的讲解,强调支离破碎的知识点,学生自身知识建构不足,课堂教学的生成性不足,而学习任务群的提出就是为了解决这些问题。在学习任务群的学习中,要"适应社会对人才的多样化需求和学生对语文教育的不同期待,精选学习内容,变革学习方式,确保全体学生都获得必备的语文素养;帮助学生认识自己语文学习的已有基础、发展需求和方向,激发学习兴趣和潜能,在跨文化、跨媒介的语文实践中开阔视野,在更宽广的选择空间发展各自的语文特长和个性"。要满足学生的不同期待、激发兴趣与潜能,就是要加强知识的自我建构,适当减少一些纯粹性和确定性的语文知识教学。

多元智能理论(the theory of multiple intelligences,简称 MI 理论)是 20 世纪

---

① 陈琦,刘儒德.当代教育心理学[M].北京:北京师范大学出版社,2007:186.
② 中华人民共和国教育部.普通高中语文课程标准(2017 年版 2020 年修订)[S].北京:人民教育出版社,2020:3.
③ 陈琦,刘儒德.当代教育心理学[M].北京:北京师范大学出版社,2007:185.

80 年代中期以来风行全球的国际教育新理念,由美国当代著名心理学家和教育学家加德纳于 1983 年在其《智能的结构》一书中首先提出,并在后来的研究中得到不断发展和完善。

多元智能理论认为"只要某种能力在一个文化背景中被视为是有价值的,这种能力就应被确定为智能;否则,这能力就不应被认为是智能"①。因此,多元智能理论的智能是"在特定的文化背景下或社会中,解决问题或制造产品的能力"。多元智能理论提出了著名的"七种智能"说。加德纳经过多年研究,证明了人类思维和认识世界的方式是多元化的,至少存在七种以上的思维方式,它们构成了人的七种智能,即语言智能、数学智能、空间智能、音乐智能、运动智能、人际关系智能、自我认识智能,而且"每个人与生俱来的智能强项和弱项各不相同,不同的人在解决问题和创造产品的时候,组合并运用这些智能的方式和特点不同,因此一个人的智能轮廓和特点固然与遗传因素有关,但后天的人生经历、文化背景和社会环境,对智能的发展也有重要作用"。

学习任务群思想对多元智能理论的吸收和借鉴主要表现在两个方面:

第一,从教学评价看,重视个性化、多元化的评价。多元智能理论认为,每个学生都有一种或数种优势智能,只要教育得法,每个学生都能成为某方面的人才,都有可能获得某方面的专长。② 因此,重视学生在天赋异禀、潜能发挥、智能优势展示等方面的个性化表现。在进行学业测评时,教师应注意方式方法的科学性与可选择性,要提供较大选择余地,给学生可选择的空间,以期实现个性化发展。同样,学习任务群的内容设置,就是要发挥学生学习的主动性和潜能,满足学生对语文教育的不同期待,"帮助学生认识自己语文学习的已有基础、发展需求和方向,激发学习兴趣和潜能,在跨文化、跨媒介的语文实践中开阔视野,在更宽广的选择空间发展各自的语文特长和个性"③。在评价建议中,课标提出"评价要注重展示学生自我发展的过程。在保证基本目标达成的基础上,评价要考虑学生的个体差异,关注学生的不同兴趣、表现,满足不同发展需求"。还要选用恰当的评价方式,"整合诊断性评价、形成性评价、终结性评价等多种评价方式,考查学生核心素养的发展情况。每种评价方式都有自身的优势和局

---

① 沈致隆.多元智能理论的产生、发展和前景初探[J].江苏教育研究,2009(3):19.
② 钟志贤.多元智能理论与教育技术[J].电化教育研究,2004(3):7—11.
③ 中华人民共和国教育部.普通高中语文课程标准(2017 年版 2020 年修订)[S].北京:人民教育出版社,2020:3.

限,教师应根据特定的评价目的选择使用……全面而科学地衡量学生的发展"。①

第二,从课程设计看,重视学生不同侧面的智能发展。加德纳认为,"学校教育的宗旨应该是开发多种智能并帮助学生发现适合其智能特点的职业和业余爱好"②。在进行教学设计时,要明确当前课程内容包含了哪些在学生身上可以培养的多元智能要素和能力,如何将多种智能要素整合在课程体系之中。而反观学习任务群的设计依据,就是要追求语言、知识、技能和思想情感、文化修养等多方面、多层次目标发展的综合效应,满足不同学生的不同智能需求。

第四节　整合:语文学习任务群的实践取向

语文学习任务群的提出,有着深刻丰富的背景。随着经济的发展,社会对人才培养提出了新的要求。培养具有创新意识与批判思维、跨学科视角解决问题的能力、团队合作意识等核心素养的人才成为各国教育改革关注的核心要点。因此,以核心素养为取向的世界基础教育课程改革成为大势所趋。③ 其中一个重要的表现就是从分解割裂到统整融合。以往的语文教学,从宏观上看,虽然有三维目标对教学内容进行统整,但在实际的教学中,却出现了知识与能力的割裂、过程与方法的忽视、情感态度与价值观的缺失。语文课被上成了知识课、语法课、分析课,大量枯燥乏味、低级重复的练习充斥着语文课堂。为了改变这种现象,《普通高中语文课程标准(2017年版)》修订时,核心素养取向的课程目标致力于将原有的三维目标转变为一个统一整体。因此,"核心素养必然要对三维目标进行综合和整合,力促其呈现共生的、并进的、交融的形态:学生建构知识的过程,也应是能力发展、经验形成和反省内化方法的过程"④。学习任务群正是在这种趋势下应运而生的。所以,学习任务群在实践中最显著的

---

① 中华人民共和国教育部.普通高中语文课程标准(2017年版2020年修订)[S].北京:人民教育出版社,2020:45-46.

② 加德纳.多元智能[M].沈致隆,译.北京:新华出版社,1999:40.

③ 林崇德.学生发展核心素养[J].中国教育学刊,2016(6):2.

④ 王宁,巢宗祺.普通高中语文课程标准(2017年版)解读[M].北京:高等教育出版社,2018:33.

特征就是整合。

搜索"整合"二字,其在《普通高中语文课程标准(2017年版2020年修订)》中共出现了19次,如:

(1)以学习项目为载体,整合学习情境、学习内容、学习方法和学习资源……

(2)能从多篇文本或一组信息材料中发现新的关联,推断、整合出新的信息或解决问题的策略、程序和方法……

(3)加强课程实施的整合,通过主题阅读、比较阅读、专题学习、项目学习等方式,实现知识与能力,过程与方法,情感、态度与价值观的整合……

(4)合理利用信息技术,优化整合课堂教学,促进知识的迁移与运用……

(5)根据教学的实际需要,整合相关课程资源,拓展学生的学习视野,提高日常教学效率……

(6)整合诊断性评价、形成性评价、终结性评价等多种评价方式,考查学生核心素养的发展情况……

(7)教材编写要体现课程整合的理念,根据学习任务群的特点和学习任务群的组合等整体设计学习活动……

(8)加强语文学习活动中内容和目标的整合,形成与教材相呼应的开放的教学格局,拓展学生的视野,促进学科核心素养的建构和发展……

通过分析可以看出,"整合"的理念涉及教学理念、教学内容、教学评价、教学设计、教学方法等多个方面。可见,"整合"从表面上看是新课标的关键词之一,从深层次看是新课标的重要甚至核心理念之一。

"整合"的第一个原因是语文课程的特殊性。对语文课程性质的定位经历了"人文性""工具性""人文性与工具性相统一"等阶段,目前达成的共识是语文课程是一门学习祖国语言文字运用的综合性、实践性课程。从课程性质看,必须对教学内容进行整合,如果不整合,综合、实践的特点就无从谈起。其次,语文课程内容既有民族文化的优秀遗产,又有不同文化的精品佳作,可以说是庞杂广泛、包罗万象,而且这些内容之间具有多种线性和非线性的联系。这些教学内容必须在教学实践中进行适当统整,才能发挥出整体功能大于部分之和的重要作用。因此,以往长期进行的语文单篇课文式教学显然已不能适应语文学科发展的特点,即便是文体组合或情境组合式教学,也不能满足当前语文教育的需要。

　　"整合"的第二个原因是"整合"本身就是语文教学的目标。语文教学还具有除知识学习以外的众多教学或教育目标,这些教学或教育目标无法通过一篇课文全部实现,必须通过对不同文本进行多种形式的统整才能实现。而且,前面在论及多元智能理论时也提到,对教学内容的整合有助于拓展学生不同智能领域,从而促进多元教育目标的一一实现。所以,语文教学内容必须整合。

　　在进行整合时,要注意以下问题:一是覆盖多种类型的文本。要覆盖历来语文课程所包含的古今"实用类""文学类""论述类"等基本类型。二是覆盖多种学习方法,以自主、合作、探究性学习为主要学习方式,兼顾其他方式。三是覆盖多种学习内容与方式,如阅读与鉴赏、梳理与探究、表达与交流等。四是覆盖多种资源,充分整合课内教材、课外资料、网络精品、地方特色资源等内容。

　　有学者指出,"整合"有四个方面的内容。第一,是学习情境的整合。这种学习情境不是单一的,而是任务驱动的、复杂又统整的。它不同于课堂上的一次单一的学习活动的情境创设,而是基于全部学习任务群的任务内容的综合与统一。第二,是学习内容的整合。核心素养立意下的语文教学,必须围绕素养去设计课程。这时,课程设计者就要仔细思考如何选取不同文本和资料,对培养素养的目标细化,进行教学设计。以往的教学由于缺乏整合的意识,往往呈现出碎片化特征。这样的课从一节来看可能是好课,但由于未进行课程内容的整合,从整体看就会出现教学目标不能达成的问题。第三,是学习方式方法的整合。如阅读与鉴赏、梳理与探究、表达与交流等内容,学习的方法是不同的,可以是做笔记、思考、质疑、批注、比较、写读书报告、做手抄报、完成实践问卷设计、进行社会实践等。但这些方法都必须整合在课程体系之中,才能实现有机统一。第四,是学习资源的整合。教师必须学会充分利用课外学习资源,拓展学生学习空间,打开知识的宝库,广泛吸纳,选取精华,为学生提供质量上乘的学习资源。①

　　这里还要强调的是,语文知识的整合也很重要。以往的教学中会出现两种极端情况,一种是过于重视知识教学,甚至把语文教学等同于知识教学,认为知

① 王宁,巢宗祺.普通高中语文课程标准(2017年版)解读[M].北京:高等教育出版社,2018:190-193.

识教学才有"干货",没有知识教学的语文是"水货";另一种是忽视知识教学,认为语文知识作用不大或很小。应该说,这两种做法都是有问题的。新课标对知识教学的创新理解,就在于重视语文知识的整合。语文知识教学不应是零散的知识点教学,而应是有机整合式教学。知识用何种方式呈现、知识呈现的时间和顺序应如何设置、知识学习如何体现核心素养,都是整合时要重点关注的。

第三章 基于语文学习任务群的专题教学

从 2003 年《普通高中语文课程标准(实验稿)》的公布,到 2017 年《普通高中语文课程标准(2017 年版)》的颁布实施,再到 2020 年对《普通高中语文课程标准(2017 年版)》的修订,多年课改实验给语文教育领域注入了新的活力,促进了语文基础教育一系列的革新与进步:聚焦语文核心素养,倡导知识与技能、过程与方法、情感态度与价值观的整体推进,力求实现真正意义上的自主、合作、探究性学习方式。"基础性和选择性相统一"是高中语文课程设计的三大理念之一。必修课程夯实群体基础,选修课程尊重个体差异,新增选择性必修课程有效衔接前后内容,自然过渡。三类课程共筑新课标课程内容体系,力求促进学生语文能力的全面发展与个性弘扬。然而,随着高考改革的不断推进,新课标理念尚未深入人心、课程内容巨变带来的犹疑和焦虑、教学方法面临着新的考验、评价体系单一刻板等依然是一线教师面临的现实困局。时代的呼唤、现实的必然、师生共进的必需让新课程教学方法的探索与变革成了一线教师不容回避的重要教学议题。

第一节 学习任务群与专题教学

作为语文课程内容组织的全新样式,"学习任务群"是《普通高中语文课程标准(2017 年版)》提出的一个全新概念。新课标以语文学科素养为纲,由必修、选择性必修、选修三类课程构成,共设计了 18 个学习任务群。学生根据课标要求和实际学习需要完成三类课程,其中大部分学生只需要完成必修和选择性必修课程的内容。新课标背景下,"学习任务群"样式的课程组织打破了旧有教材按文学作品的文体或文学史发展顺序进行单元编排的逻辑方式,以具体学习任务统领相关篇目,让学习活动和过程回归综合与真实。学生需借助一项项具有情境和交际目的的任务来实现素养积淀与能力提升。那么,立足新课标,如何让"学习任务群"走进课堂?从现有课改地区的一些先进经验和笔者自身的教学实践来看,专题教学不失为一种有效的策略。

一、学习任务群的特征

"学习任务群"是语文课程内容的组织形式,也是新语文课程观的重要标志之一。这样的课程建构与旧有课程体系相比,增设了选择性必修这一课程板块,让必修与选修的过渡更自然,同时能为学生提供更多的选择性。在学习内容组织形式上,内容组织单位数量增加,学习目标进一步明确,学习内容规定更加明晰,解决了课程标准内容过于空泛的问题。立足"语文学科核心素养"的学习任务群设计,进一步体现了语文学科综合性、实践性甚至模糊性的整体特点,不仅单个学习任务群本身已经整合了不同学习资源,隐含了三维目标,整合了多种学习活动,同时,学习任务群之间还跨越不同课程类型,连通不同学段。这些设置让相对独立的学习活动又彼此关联,让单项的任务教学过程呈现出多元的效能价值,指向语文学科核心素养的培养。

要想理解"学习任务群",需要厘清两个关键词:"任务"与"群"。第一个关键词"群"是内容组合的标志。从课程角度看,它是一种综合方法,这种方法建构了语文课程的基本内容,18 个各自独立又相互联系的"群",涵盖了学生生活、学习和日后工作所需的各种语言活动类型。从单一的"群"看,它是一种相对独立、指向明确的课程形态;从群组的内在联系看,"群"与"群"之间并非散点分布或平行排列,而是按一定层级有序递进,呈螺旋式上升的"任务链条";从教材角度看,不同的"群"重新组织在一起,可按设计意图构成相对独立成册的教材内容。这样的组合形式凸显出学习侧重点,有助于从低到高推动学生特定素养的发展。和以前的课程内容组织形式相比,它打破了单篇教学的藩篱,让线性的知识层叠转换为螺旋式的综合的语文能力提升过程。

第二个关键词是"任务"。从学习内容到学习任务,反映了语文课程定位从知识本体向语言实践活动本体的转化。纵观 18 个学习任务群,每一个学习任务群都较鲜明地反映出每一项学习任务的四个基本特点:"目的性、真实性、过程性、整体性"①，即围绕一项语言表达或以交际为目标的语文任务，基于真实的语言运用情境，在单位时间里（如一节课），学生通过完整的语言实践过程获得能力的提升。以"文学阅读与写作"学习任务群为例，课程标准指出，该学习任务群的学习价值和定位旨在"引导学生阅读古今中外诗歌、散文、小说、剧本等不同体裁的优秀文学作品，使学生在感受形象、品味语言、体验情感的过程中提升文学欣赏能力，并尝试文学写作，撰写文学评论，借以提高审美鉴赏能力和表达交流能力"②。可以看出，该学习任务群要求通过完整的文学阅读和写作过程，使学生在真实的语言运用情境下，达成"提高审美鉴赏能力和表达交流能力"的目标。

语文学习任务群具有三个特点：一是以语文核心素养为纲的大单元设计，二是真实语文生活情境的深度学习，三是以学生的语文实践活动为中心的学习过程。③ 整合是学习任务群的基本特征。语文学科的综合性与实践性决定了语文学习应是"生活"和"立体"的。"生活"意味着学科核心素养的养成与提高应是真实语言运用情境下的自然生成，是实实在在的母语运用的结果；"立体"则要求课程内容、教学方法、评价方式应多层多元，是新课标理念与教学自然融合的结果。在新课标中，"整合"这一特征不仅在界定学习任务群的时候提到，在其他部分也多次提到。在课程内容方面，"通过梳理和整合，将积累的语言材料和学习的语文知识结构化，将言语活动经验逐渐转化为具体的学习方法和策略"。在教学建议方面，"加强课程实施的整合，通过主题阅读、比较阅读、专题学习、项目学习等方式，实现知识与能力，过程与方法，情感、态度与价值观的整合，整体提升学生的语文素养"，"围绕核心素养，整合阅读与鉴赏、表达与交流、梳理与探究，引导学生积极参与丰富多彩的语文实践活动"。在评价建议方面，提出"语文教师应根据实际需要，整合诊断性评价、形成性评价、终结性评价等多种评价方式，考查学生核心素养的发展情况"④。这样的整合，使得"学习任

---

① 王意如,叶丽新,郑桂华,等.普通高中课程标准(2017 年版)教师指导·语文[M].上海:上海教育出版社,2019:80.

② 中华人民共和国教育部.普通高中语文课程标准(2017 年版 2020 年修订)[S].北京:人民教育出版社,2020:17.

③ 陆志平.语文学习任务群的特点[J].语文学习,2018(3):4-9.

④ 中华人民共和国教育部.普通高中语文课程标准(2017 年版 2020 年修订)[S].北京:人民教育出版社,2020:46.

务群教学把过去以文本解读、知识学习和分解训练为主要内容和教学目标的教学模式,转变为以完成学习任务为主要内容和教学目标,把文本的阅读、知识的学习、听说读写等训练,都融合在一个具有综合性、开放性和挑战性的真实情境和学习任务之中的教学模式"①。

　　基于学习任务群的教材内容,体现出更为明显的整合特点。统编版教材中的单元分类,大致有"阅读与写作""整本书阅读""活动"三类。以"阅读与写作"类单元为例(含文学阅读与写作、思辨性阅读与表达、实用性阅读与交流三个学习任务群),王本华教授认为该内容以阅读为核心,以任务为引领,通过整合设计,指向深度阅读和深度写作,体现课程标准倡导的综合性、实践性以及大任务、大情境、大活动等理念,推进语文课程改革。从教材的栏目设计与主要特点来看,无一不具有整合性质:每个单元前有内容介绍、学法要求的导语;文章的安排打破文体界限,以主题作为聚合依据;单元学习任务具有多维性,指向语言素养和能力的提升。一个完整的单元内容,就是基于整合特点的任务完成对象。从单元出发,以核心素养的视角来审视新课标理念下的语文教学,需要在准确理解和把握学习任务群的内涵和特点的基础上来进行设计。在这个意义上,专题教学具有独特的优势,可以将相对模糊、勾连的学习任务群内容转化为学习过程中所需的明晰的、指向明确的教学策略。

二、专题教学的内涵与特点

　　专题教学并不是一个陌生的名词。自 2001 年始,便有一线教师(以深圳吴泓老师为代表)针对学生学习语文"无思无灵"的现象,在教学过程中开展专题教学实验,并取得较丰硕的成果。2008 年,北京市基础教育研究中心中学语文教研室率先借助行政力量推动专题教学在语文选修课程领域的全面实践,成果喜人。2011 年,"高中语文新课程'专题式教学'研讨会""第二届全国高中语文模块课程专题教学研讨会"的先后召开标志着专题教学从个体实践、行政推广发展为全国推行。随后,刘宇新老师从具体课例层面提供教学参考,郑国民、李煜晖两位教授从学理层面对专题教学进行宏观的分析与预判。一线经验、专家指引、行政推动促进了专题教学的进一步发展。

---

① 黄厚江.让学习任务群走进课堂[J].语文建设,2020(6):32.

　　"专题"即"专门探究或讨论的题目"①，"教学"即"教师把知识、技能传授给学生的过程"②。综合两者定义，专题教学可被视为教师通过设置专门探究或讨论的题目把知识、技能传授给学生的过程。这样的专题不是知识点和能力点的一般性讲授，而是"从教材中提炼出来的、具有研究或探讨价值、可以统领全部教学的'专题'"，它应当"是各种语文能力的整合点，是学生语文素养的提升点"。③ 例如，新课标的课程内容介绍里明确提出，"整本书阅读与研讨"学习任务群，教师的主要任务是"提出专题学习目标，组织学习活动，引导学生深入思考、讨论与交流"；"当代文化参与"的学习目标中指出要"通过各种传媒，关注当代文化生活热点，聚焦并提炼问题，展开专题研讨，解释文化现象"④等，此处的"专题学习目标""专题研讨"可以是具有学科研究价值的问题，也可以是师生共同探讨的感兴趣的语文话题。通过将语文专题教学和单元教学、单篇教学进行比较，有教师总结出专题教学的四个要素，分别是：按作品、作家、主题、学生的视角"聚篇为类"；问题情境；教学任务更开放，更贴近生活，更注重学生能力（阅读与鉴赏、梳理与探究、表达与交流）的培养；教学过程是学生学习的思维建构过程。根据这四个要素，我们可以得出语文专题教学的本质：语文专题教学是按作品、作家、主题、学生的视角聚篇为类，在一定的问题情境下（教师设置或学生提出），通过设计更开放、更贴近生活且具有可操作性的外显性学习任务，旨在提升学生语文核心素养的思维建构的课堂组织形式。⑤

　　由此可见，为提高学生语文学科素养，基于学科性质和教学实情，专题教学是一种跳出以语言材料为中心，通过整合教学内容，选择有效教学方法，引导学生获得一种集中而深入的语言学习体验，满足自身发展需要的一种教学策略。

　　基于培养学生从基础走向个性的课程目标，新课标要求专题教学在教学理

　　① 中国社会科学院语言研究所词典编辑室.现代汉语词典[M].7版.北京：商务印书馆,2016：1719.

　　② 中国社会科学院语言研究所词典编辑室.现代汉语词典[M].7版.北京：商务印书馆,2016：659.

　　③ 刘宇新,亓东军.高中语文选修课专题式教学的实施分析[J].课程·教材·教法,2011(3)：40.

　　④ 中华人民共和国教育部.普通高中语文课程标准(2017年版2020年修订)[S].北京：人民教育出版社,2020：13.

　　⑤ 朱俊阳.语文专题教学的本质[J].语文教学通讯,2017(11)：5-8.

念、教学内容、教学方法、教学评价上进行调整和突破,从而体现出专题教学与众不同的特性。

（一）教学理念指向核心素养

专题教学践行的是"模块教学"的课程理论和课程形态。北京师范大学文学院张秋玲教授提出,有别于课程设计的传统线性展开形式,依据"模块"组织的专题式课堂内容是多维立体的,教学可以从任何一个维度开始,可以在任何一个维度结束,其整个教学过程根据学生自身需要、学力水平、知识经验的变化而变化,以教学的终极目标为核心,呈球体状向多个维度"聚合辐射"。① 采用模块教学的语文活动,以现实情境中的语文问题为出发点,教师提供解决问题所需的阅读材料,引导学生有针对性地研读材料;学生依据自身实际经验,通过拓展或深入阅读,达到自主解决问题的目的。阅读材料是学生素养与能力提升的有力凭借,教师根据学生需要进行指导或引导,依据学生的思维发展水平调整阅读材料,整个教学过程呈现的是相对独立的"聚合辐射"特点。

"聚合辐射"的课程样式,体现了专题教学中"专题"这一名称所蕴含的开放性特征。"学生是学习的主人,教师是学生的指导者"、"注重学生学习的个性化"、课程应具有"综合性、灵活性以及实践性"等教学理念的提出,都指向学科核心素养中语言建构与运用、思维发展与提升、审美鉴赏与创造、文化传承与理解等教学目标。

在《新版课程标准解析与教学指导》中,张秋玲教授详细地阐述了重组学习任务群的模块原则,关注到学习任务群之间的关系,提出了以单个学习任务群为中心所采用的五种"卯榫耦合"的方法,提供了极具操作性的策略,但并未在文中给出整个高中阶段学习任务群专题序列的理论指导。

（二）教学内容的集中与选择

统编版教材内容本身的设置便具有专题性。根据高中课程方案的课程设置,高中教材总体分为必修、选择性必修、选修三类课程。其中必修是普通高中学生发展的共同基础;选择性必修根据学生个性发展和升学考试需要设置,选修选考,参加高考的学生必选;选修由学校根据实际情况统筹规划开设,学生自

---

① 陈劲松.高中语文选修课专题教学探索研究[M].北京:中央民族大学出版社,2013:20.

主选择修习,学而不考或学而备考,为学生就业和高考录取提供参考。18 个学习任务群构成了三类课程的全部内容,其中必修课程有 7 个学习任务群,选择性必修课程、选修课程各有 9 个学习任务群。学习任务群以项目任务的方式引领高中语文教学变革,"是在真实情境下,确定与语文学科核心素养生成、发展、提升相关的人文主题,组织学习资源,设计多样的学习任务,让学生通过阅读与鉴赏、表达与交流、梳理与探究等自主活动,自己去体验环境,完成任务,发展个性,增长思维能力,形成理解、应用系统"①。

以统编版《普通高中教科书·语文》必修上册为例,全册总计 8 个单元,包含诗歌小说、新闻通讯与古诗、古典诗词、家乡文化生活、乡土中国、论述类文言文、散文单元、词语积累与词语解释,最后是古诗词诵读部分。在单元内容与学习任务群的对应关系上,诗歌小说、古典诗词、散文对应"文学阅读与写作",论述类文言文对应"思辨性阅读与表达",新闻通讯与古诗对应"实用性阅读与交流",乡土中国对应"整本书阅读与研讨",家乡文化生活对应"当代文化参与",词语积累与词语解释对应"语言积累、梳理与探究"。从单元内部的组织结构看,分为单元提示、课文、学习提示、单元学习任务。从单元提示可以看出,全册 8 个单元均围绕"人文社会"这一主题,凸显单元教学核心思想,如第一单元的"青春的价值",第二单元的"赞美劳动"等。在第二单元的单元提示中,更明确提出"学习本单元,通过专题研讨等活动,深入体会'劳动最光荣、劳动最崇高、劳动最伟大、劳动最美丽'的思想,形成正确的劳动观念"。每个单元学习任务中,有 3—5 项学习任务,包含话题讨论、知识学习、赏评结合、诗歌创作等多个任务样式,任务目的则指向培养学生的学科核心素养。每个单元学习任务,均可看作 3—5 个专题。

这样的编排方式从人文主题和单元任务两个方面凸显专题特色,打破了以史学顺序或文体差别为依据的编排方式,将同主题的多种材料集中呈现,有利于学生拓宽视野,加深对选文的纵深理解。同时,教师还可以根据学生学情或教学需要,将同类材料进行重新整合,提炼出适于开展研究或具有探讨价值的统领整体教学的"问题"或"观点"。这些"问题"或"观点"的提出,既体现了"共同基础与多样统一"的理念导向,也激发了教师更大的教学热情与学生的参

---

① 王宁,巢宗祺.普通高中语文课程标准(2017 年版)解读[M].北京:高等教育出版社,2018:92.

与积极性,在这样的课堂上,教师的主导性、学生的主体性能得到较充分的体现。

（三）教学对象的自主与个性

在传统的单篇教学与单元教学时代,教学内容已经严格规定好,教师基本上只能按照编排顺序依次单篇教学,虽有个别教师可能敢于大胆调整教学方法和过程,对教学内容进行重组,但课堂依旧表现为教师主导、知识本位。专题教学则打破了原有课程内容编排的封闭性,师生基于学情实际同构教学内容,从理论和实践双重角度获得更多自主性和研发权利,让原本乏味、陈旧的课堂走向丰富与开放。

推动学生个性发展是语文课程设计的目标之一。在专题教学的设计和实施过程中,学生的选择权和决策权获得了充分的尊重和保障,无论是新课程教材的内容编排,还是教师根据学生情况对内容的重新整合,都力图在具体教学情境中实现学生语文能力的全面发展与个性培养。在专题教学中,教师不再是教学过程中的绝对权威。作为教学过程的主导者,教师的主要任务是提供教学资源,指导学习方法,引发深度思考,拓展学生思维。一切围绕学生来展开,学生才是课堂的主体与中心。

例如,刘志江、赵宁宁在《我的家乡我的根——统编高中语文必修上册第四、五单元专题学习设计》①一文中,以"我的家乡我的根"专题学习设计整合统编版高中语文必修上册第四、五单元,并以第四单元教材内容为核心,灵活而持续地融入第五单元《乡土中国》中的相关内容,以写作"我的家乡志"这一具体任务驱动学生主动深入阅读,引导学生体悟家园文化、乡土中国文化。该专题学习分为三个课段(我的家乡我的根、我的家乡我的"志"、我的家乡我的爱)来实施专题教学任务,其教学目标(语言、思维、价值)的设置融入了"语言积累、梳理与探究""当代文化参与""学术论著专题研讨""思辨性阅读与表达"等学习任务群。

在专题学习过程中,师生始终围绕"家乡文化生活"开展活动,学生以"家乡人/风物志"为切入点,关注家乡生活,深入阅读毛泽东、王思斌、钟敬文等作家

---

① 刘志江,赵宁宁. 我的家乡我的根:统编高中语文必修上册第四、五单元专题学习设计[J].语文教学通讯,2019(10):31-33.

的优秀作品以及费孝通的《乡土中国》,在相关文化背景的支撑下,通过访谈、考察、查阅文献等方式,了解家乡的人和物、文化和习俗。在空间上,聚焦自己的家乡;在时间上,回溯历史,着眼当下,展望未来,寻找并审视自己的"文化之根"。在一系列调查和学习的基础上,学生们将《乡土中国》和专题中的相关学习资源整合起来,结合现实写出别具一格的"我的家乡志",增强对家乡、对民族的文化认同感。

这样的专题教学紧扣住新课程核心素养的四个方面,凸显了对学生个性发展与主体地位的重视,从而既保证了学生语文学习的共同基础,又给学生提供了多样化发展的选择目标。这样的专题教学最终能实现拓宽学生视野,发展学习潜能,全面提高语文素养,促进学生个性特长的形成和发展的目的。

(四)教学评价的灵活与多变

在课程评价层面,旧有课程评价以模块为单位,多以学业检测方式进行。这种终结性评价形式仅能反映出学生在知识与能力领域的习得成果,是静态和平面的,这样的评价方式不能全面、立体地反映学生语文素养的发展与变化。基于新课标,以培养学生语文素养为目标的学习任务群教学,自然需要与之相适应的评价方式。不过,新课程仍在推动之中,适合核心素养培养的语文评价改革既涉及自上而下的顶层设计,又需要地方教育管理部门、学校和教师多方面的共同努力和参与。对此,新课标也有所提醒:"评价改革的基本理念有四:一是进一步明确评价的功能定位……二是围绕语文学科核心素养设计评价内容……三是倡导评价主体多元化,充分尊重学生在语文评价中的主体地位……四是关注过程,运用多种方法综合评价学生的学习表现。"[1]

专题教学以专题为纽带,在对语文知识进行集中优化学习的同时,培养学生的学习习惯、学习能力,提高学生搜集处理信息、思维发展、传承创新等素养。专题教学的实践者不以排名筛选为目的,评价形式更注重方式多元、灵活多变,从而激发学生对于知识的热情,改善学习态度,促进他们在知识、能力水平上有所提高。因此,专题教学的评价标准更为多元化:一次报告、一次讲座、一篇论文都可以成为评价的基础,评价方式根据现实需要可灵活制定。评价结果也并

[1] 王宁,巢宗祺.普通高中语文课程标准(2017年版)解读[M].北京:高等教育出版社,2018:234-238.

非绝对:它可以是小组内合作交流产生的思维碰撞,也可以是师生探讨时迸发的智慧火花。它发生在教学过程中的某个时刻,具有真实性,也具有针对性和教育价值。当教学评价从终结走向过程,从预设走向随机,从标准走向个体,从权威走向自主,才会真正使选修课堂开放与自主、生动与丰富,进而促进师生共同发展。

三、传统专题教学与基于学习任务群的专题教学的异同

为改变传统单元教学的种种弊端,如语文学习知识本位、单向传递、评价单一等现状,21 世纪以来,各地教师积极探索、大胆实践,借助专题教学,走出了一条颇见成效的教改之路。与传统单篇教学或单元教学不同,专题教学以一系列的同类材料为对象("类"可为主题、作者、文体等),在整合单元内容的基础上,师生共同提炼出适于开展研究或具有探讨价值的、可以统领整体教学过程的"问题"或"观点",作为教与学的任务。教学过程中,教师选择并整合教学资源,指导学习方法,点拨学习路径;学生积极思考,掌握知识,训练能力,发展思维。很长一段时间里,作为对单篇或单元教学的改进与补充,专题教学可以更好地贴合区域实际学情,弥补教材编撰缺憾或选文疏漏,有助于高中课程资源的利用与开发;同时能充分调动教师的教学热情,有助于提高教师自身的专业素养及增强课程资源意识,促进其专业发展;有助于培养学生自主阅读、自主质疑、合作探究的能力。这种教学方式体现了新课程理念的要求,更适应一线教学的现实需要。新课标背景下,基于"学习任务群"的"专题教学"与传统意义上的"专题教学"有了发生路径、教学资源、教学评价上的"两异一同"。

发生路径从自主探索走向顶层引导。在上一轮课改中,在"一纲多本"理念的指导下,语文教材编写呈现出按文学史、文体、人文主题等杂糅编排的百花齐放的局面。如人教版高中语文必修和选修以文学史、文体编排为主,苏教版高中语文必修则以人文主题编排为主。在实际教学中,教师并没有建构起真正意义上的"专题教学"体系。大多是教师依据课标要求,以自己的能力智慧、自己对教材的理解以及对学情的掌控,对教材中的同类(主题、作者、文体等)文章进行整合,提供学习情境,引导学生集中学习,以求实现学生的学科素养和语文能力的提升。如李煜晖老师的《从〈祝福〉到〈彷徨〉中的女性诉求》、梁焕敏老师的《选修教材的整合与教学策略——以〈中国古代诗歌散文欣赏〉"散文之部"为例》等教学课例。

在新课标中，有研究者曾就"专题"及其关联对象进行统计，其中"专题"一词共被提到62次，在"课程内容"部分多被表述为"专题""专题学习""专题性学习""专题研讨""专题讨论""专题阅读""专题研习""专题研究""专题研究性报告"等。18个学习任务群中有6个学习任务群直接表述为"专题研讨"。①基于学习任务群的"专题"是学习任务群的分解与细化，具有学习任务群的基本特征。"任务群对应的是课程内容，而课程内容必须分解为专题系列，即具体层递的教学内容，才能在课堂教学中得以落实。"②在一个"专题"中，情境、资源、任务、过程、方式(听、说、读、写、搜、思、疑、辩)、评价等方面通过整合变成师生合力完成的任务。据此，基于学习任务群的专题教学从原先的民间自主探索转变为源自顶层设计的教学变革。

教学资源从课内外群文整合走向"学习任务群"内外勾连。传统专题教学的特点明显：教学理念层面指向学科核心素养，内容组织层面打破以单篇教学和知识教学为主的架构，教学方式、学习评价走向多元化。上一轮课改中，面对不容回避的高考现实，有教师在选修课程教学确立专题时，曾就高考热点文体进行有倾向性的教材重组，力图达到提升学生学科素养和满足应试需求的双重目的，如笔者曾于2014年开展了基于选修课程"中国古代诗歌散文欣赏"的单元内专题教学尝试③；亦有教师基于实际学情，借助网络平台，进行课内外群文整合，确立专题，在"由篇及类，由类到群"的过程中，学生的思辨和概括能力得到发展。④

面对基于"学习任务群"的统编版教材的编排内容，不同学者、教师对教材资源有了新的理解及处理方式。如褚树荣提出"守正创新"之法："所谓守正，就是要尊重教材的结构框架，发挥教师的教学特长；所谓创新，就是落实课标理念，开发课程内容，创新专题教学。"此处所提的"专题教学"，前面要加一"微"字。它是"专题学习的'小微化'，它不是长时间、大跨度的'大单元教学'，也不

---

① 王忠亚,刘志江,张秋玲.基于学习任务群的语文专题学习设计思路[J].语文教学通讯,2018(7/8):14-17.

② 马志英.从单元到专题：高中语文教学形态的跃迁[J].语文建设,2018(10):16.

③ 彭玲.浅谈选修教材诗歌教学策略：以杜甫诗歌整合教学为例[J].语文天地,2014(11):44-47.

④ 姜峰.有机整合的专题型阅读教学：李煜晖《从〈祝福〉到〈彷徨〉中的女性诉求》课例品读[J].语文教学通讯,2019(4):43-45.

是综合性程度很高的'项目化学习',而是教师基于课标、本乎教材开发出的'短''平''快'的学习小专题"①。而另一种观点则是对 18 个学习任务群进行重组、整合、归类、融通,从而开发出不同的学习专题。② 两种不同的设计思路体现了基于专题教学的序列设计思路上的巨大差异,教学资源从原来的课内外群文整合走向"学习任务群"的内外勾连。

在上一轮课改中,专题教学的评价主要出现在一线教师的实践中,未曾从宏观理论层面进行深入研究,主要原因有三:宏观层面缺乏对课程标准的顶层推进和教材的结构导引;中观层面有失学校管理的制度支持和教研指导;微观层面,师生聚焦高考,无暇顾及。究其根本原因,是课程标准的素养指向与高考的终极评价表现出理念趋同而实则背离的关系。但课程改革的推进,让专题教学走进了课程设计。新课标背景下,高中语文教材结构特色鲜明:18 个学习任务群进行综合与分解的有机集合,教材编排设计在单元任务与人文专题上巧妙融通,"书屏联姻"的跨媒介形式创新。基于教材结构对教学安排、教学设计的决定作用,评价的改革势在必行。基于培养"学科核心素养"的"学习任务群"评价,尚在试行之中,基于学习任务群的专题教学评价与传统专题教学评价一样,亦有待外部权威、任课教师、学生自身三方的共同投入、全力参与。

第二节 基于学习任务群的专题教学开发原则与实践导向

一、基于学习任务群的专题教学基本原则

基于新课标课程设置的变化和统编版高中语文教材凸显的专题性特点,采用以教材为基础、整合有关内容进行深入学习的专题教学,就成为有效推进课程实践的必然选择。专题教学突出学生这一中心,实现教学内容的集中性,有利于增强学生的探究意识和培养学生的创新精神。

---

① 褚树荣.基于教材,对接课标:高中语文微专题开发[J].天津师范大学学报(基础教育版),2020(1):9.
② 王忠亚,刘志江,张秋玲.基于学习任务群的语文专题学习设计思路[J].语文教学通讯,2018(7/8):14-17.

那么,如何有机结合学生实际与教学需要开展专题教学? 总体而言,需要做到以下三方面的统一。

(一)课程目标与基础学情的统一

作为育人价值的集中体现,学科核心素养是学生通过学科学习而逐步形成的正确价值观念、必备品格和关键能力,主要包含四个方面:语言建构与运用、思维发展与提升、审美鉴赏与创造、文化传承与理解。这四个方面既是发展学生语文核心素养的整体目标,也是学习 18 个学习任务群的能力指向。基于学习任务群的专题教学应首先关注语言本身,提供符合言语特点和规律的教学内容,引导学生在真实的语言情境中梳理基本语文知识,把握语言规律;在语言实践中培养直觉思维、锻炼逻辑思维、发展形象思维、形成辩证思维、富有创造思维,加强对整体、集中知识的分析与探究,促进思维品质的提升;在思维的构建过程中不断提升文学鉴赏能力,提高文学作品写作能力;在研究优秀中外文学作品的基础上,增强文化感受力与文化认同。基于新课程目标进行教材整合、专题确立,就会实现通过"量的积累、面的拓展、能的实践"达到"文的鉴赏、艺的思考、行的创新"这一理想目标。

课程目标是确立专题的理论航标,但真正施行时,还要做到课程目标落实与基础学情的统一。语文核心素养力求实现学生能力发展的整体性,专题的确立不应脱离学生具备的实际能力。了解基础学情,就要关注学生的现有水平与实际需求。在现实教学情境中,学生的能力水平不可能完全统一,学生与学生之间、班级与班级之间,都必然存在着能力水平上的差异甚至巨大分化。这就需要教师立足现实进行专题确立,允许专题内容与学习形式有差别。若学生能力较强,应当鼓励学生自主确立专题。这既丰富了专题内容,又能更好地培养学生的语文能力。

(二)内容集中与方法多样的统一

统编版教材的教学内容按照不同"学习任务群"进行编排。在单元内容与"学习任务群"的对应关系上,"文学阅读与写作"学习任务群对应诗歌小说、古典诗词、散文 3 个单元,"思辨性阅读与表达"学习任务群对应论述类文言文单元,"实用性阅读与交流"学习任务群对应新闻通讯与古诗单元,"整本书阅读与研讨"学习任务群对应《乡土中国》,"当代文化参与"学习任务群对应家乡文化生活单元,"语言积累、梳理与探究"学习任务群对应词语积累与词语解释单元。

从学习任务群的编排与单元提示、单元学习任务的设置来看,统编版教材完全摆脱了"一课一篇"的模式,文体的交叉、任务的多样使得传统的单篇讲解、碎片化的知识分析再难"一统江湖",需要教师依据单元主题倾向或学习任务编排重新选择和设计新的专题任务。在单元内部,或以主题或话题讨论为主,从文本阅读走向经验积累;或以学习诗歌鉴赏方法为主,从语言、形象、意蕴等多个角度欣赏作品,获得审美体验,认识作品的美学价值。立足单元整体,在人文主题统摄之下,基于单篇研读、主次有别的专题学习理念,通过系列学习任务和学生活动设计,促使学生对文本深度学习,培养学生的逻辑思维,发展学生的辩证思维。① 不管形式如何,师生均对相应文本进行专题下的集中研习,从而使教学效果指向学生核心素养的提升。

新课标背景下的基本语文活动,主要被界定为阅读与鉴赏、表达与交流、梳理与探究三类。在学生的言语行为中,语文活动不应该是一项单一的、局部的技能训练,而应是一个整体的、综合的、能引发学生多种语文学习行为的程序性知识建议。② 据此,三种基本语文活动还可以细化为更丰富的方式方法。基于学习任务群的专题教学,在以自主学习、合作学习、探究学习为主要学习方式的前提下,多样的教学方式可以有效帮助学生在真实的语言情境下建构丰富的语文活动经验,如演说、辩论、比较阅读、诗文诵读、访谈、诗歌散文创作等。教学方法的多样可以进一步丰富学生对文本的理解与体验。内容上的集中深入可以有效链接学生个人经验与学习内容,从而激发思想与情感的共鸣,教学方法可以因为学生的兴趣和需要而有多种运用形式,更灵活有效地实现学生个体的经验所得和班级整体的学习目标。

(三)必修、选择性必修的奠基与选修拓展的统一

语文教学实现的是必修课程"共同基础"与选修课程"个性发展"的统一。由此,专题教学在专题确立时必须兼顾必修与选修之间的关系,做到在选修中联系必修,在"共同"中促进"个性"。较之上一轮课改,课程结构设计的突出变化是在必修与选修之间,增设选择性必修这一课程类别。18个学习任务群互有

---

① 黄勇智,赵宁宁.学习之道:统编高中语文必修上册第六单元专题学习设计[J].语文教学通讯,2019(11):27-30.

② 王宁,巢宗祺.普通高中语文课程标准(2017年版)解读[M].北京:高等教育出版社,2018:190.

关联,在三类课程间互有交叉。在选择性必修与选修课程的各9个学习任务群中,前者是后者的基础、铺垫,后者是前者的延伸、拓展、提高和深化。在学习任务群的专题教学中,如何实现两者的统一?以"中华传统文化经典研习"与"中华传统文化专题研讨"两个学习任务群的教学提示为例:为更好地理解和弘扬中华民族优秀文化,教师对前者采取多文本的专题阅读教学,通过精读、略读的合理组合,引导学生进行读书讨论与写作交流,通过专题讨论来表达自己的见解;后者虽同样采取专题阅读教学,但在实施过程中,重在传统文化经典作品内涵的把握以及作品文气、文化等方面的渗透。这样的教学提示,承接了学生在选择性必修中对中国传统文化的学习体验,又在继续丰富知识文化积累、提高言语表达能力的同时,拓宽学生思考问题的深度与广度,促进思维、审美、探究能力的发展,实现文化的延续与传承。

二、基于学习任务群的专题教学实践导向

完整的教学环节包括课前准备、课堂教学、课后评价三个部分。黄厚江认为:"学习任务群的课堂教学有两个关键。一是要根据具体的教学内容设置真实的学习情境,提出适当的学习任务。……二是要将整体性的学习任务转换为能进入课堂的具体的学习活动。"[1]这两点要求都与专题教学所具备的核心要素吻合。在实际教学过程中,基于学习任务群的专题教学实践自然指向课堂进程中学生的精神成长、自主建构(目标任务驱动、真实情境创设、言语实践活动)与课程开发。[2] 同时,教材观的重新确立、教学设计的合理有序、评价的多维立体,也是教师进行教学设计和操作时都要明确的"专题教学"实践指向。

(一)教材观的重新确立

承载着18个学习任务群教学内容的新教材,是高中语文课程内容框架的"执行版"。从目前实际可供使用的必修与选择性必修教材来看,教材单元框架更类似于苏教版"人文主题"和人教版"文体主题"的结合。各单元在篇目组合形式与单元学习任务上体现了"学习任务群"的任务驱动要求,但在框架形式上依旧延续了经典阅读这一传统。如此一来,矛盾便凸显出来:若依照过去的单

① 黄厚江.让学习任务群走进课堂[J].语文建设,2020(6):35.
② 岳峰,于大鹏.浅谈"学习任务群"视域下的高中语文专题教学[J].盐城师范学院学报(人文社会科学版),2019(4):104 – 106.

篇教学形态,会导致整合性不强;若完全按照"单元学习任务群"展开,又会有对经典文本教学价值失落的担忧。

同时,"学习任务群"的设置又有教学任务难以承受之"重"。有教师曾仔细计算了教学时间:必修教材选文共 64 篇(首),包括古诗词诵读、两部长篇著作、三个实践活动类单元。根据一般标准,修习 1 学分,需要 18 学时。语文必修课程 8 学分,一般要在高一一年内修完,一学期要修习 4 个学分,共计 72 学时。每学期一般有 18 周教学时间,每周按 4 学时计算,一个学期的教学时间有 72 学时,但 72 学时能否真正完成一册教材内容呢? 假设整本书阅读课内安排 6 学时,实践活动类单元 10 学时,复习考试 8 学时,作文教学 12 学时,剩下的也只有 36 学时用来教学教材选文,这还没有考虑临时性的、校本化的语文活动,教学时间显然捉襟见肘。该怎么解决? 每册教材的教学还能字词句篇、亦步亦趋地进行"单篇精读"吗?①

如此这般,教师需在课前准备环节重新确立教材观。在基于学习任务群的专题教学课堂上,让"教教材"变成"用教材教"。从语文科课程论的视角看教材,教材选文有"定篇""例文""样本""用件"四种类型,并做了详细解释。"定篇"作为经典作品,要"学习经典的丰厚蕴含";"例文"是说明文章"共同的法则"和"共同的式样"的例子;"样本"是读写方法的"样品",通过"样品",获得知识,生成能力;"用件"提供给学生所需要的资源,完成某项研究性学习。这样的学理划分,为教师界定选文类型进行专题开发提供依据。据此,"用教材教"才会从理论走向实践,从构想成为可能。总之,教材是构成教学的一种资源,这是专题教学的教材观。

(二)教学设计的合理有序

在转变教材观之后,怎样基于学习任务群进行教学设计? 这对习惯了文本解读、知识讲解、分解训练的一线教师来说,是一个必须面对的现实难题。基于学习任务群的教学设计,蔡可老师曾经提出"素养目标→任务情境→学习成果与表现→学生学习→学习资源→文本问题"的"逆向式"顺序,即首先关注学习预期,然后倒推学生学习历程,设计学习任务,引入学习内容,并厘

---

① 褚树荣.基于教材,对接课标:高中语文微专题开发[J].天津师范大学学报(基础教育版),2020(1):7-13.

清教师在学生主动学习各环节中的角色与定位。其中,蔡老师特别强调"新的教学设计流程要将文本放在设计环节的末端"。但立足教师的教学备课实际进行思考,课堂内失去了文本,也就失去了教材的依凭,素养目标的定位居于何处？在还未接触文本的前提下,确定的素养目标是否与文本和教材相契合？课堂外,文本或教材居于教学设计的末端,那么文本与教材存在的意义又是什么？教师能否在没有文本和教材的前提下进行教学设计？据此,黄厚江老师依据教师实际和教材实际确立的学习任务群教学设计提出如下流程:教材研究→目标确定→情境设置→提出要求→任务转化→教学预设→资源准备。①

这个流程与蔡可老师流程的主要不同在于:一是"教材前置",即教师的教学设计仍然从教材单元出发,立足教材特定的编排意图和具体的教学资源(含文本),思考本单元应该如何培养学生的核心素养和承担学习任务群中的什么任务;二是强调要立足课堂,将学习任务群的任务转化为课堂语文学习的具体活动。这样的流程设计与传统教学设计相比,更凸显出对文本教学资源的整合,依据核心素养和学习任务群确定单元目标,并以此设计任务情境,让学生在课堂学习活动中自主学习,进行实践并获得物化、可视、整合性的学习成果。

我们来看看北师大大兴附中李海霞老师在讲授《现代散文的虚与实》一课时的具体教学做法。② 人教版选修教材《中国现代诗歌散文欣赏》以散文知识点为主题,分为"形与神""情与理""大与小""虚与实""疏与密"五个单元。李老师在教学之前,先对全册教材有了一个清晰认识,认为对于该册教学"应该全方面把握每一篇散文的特点,并且在单元教学中重点突出本单元的散文特征,并勾连学生已有的知识体验,完成每一单元的教学任务",这一环节可谓是教材研究。随后,立足"虚与实"单元,以《森林中的绅士》《云霓》《埃菲尔铁塔沉思》三篇文章为教学依托,将教学重点确定为"在认识三篇文章'实'的特点的基础上,比较虚实结合的不同方式,并进行写作训练"。随后,基于教材内容的打通整合,李老师在"处理三篇文章在虚实上的不同特点"的问题情境下,列出以下

---

① 黄厚江.让学习任务群走进课堂[J].语文建设,2020(6):33.
② 周平安.中学语文学科项目化教学策略实践研究·高中卷[M].北京:首都师范大学出版社,2019:141-151.

任务要求:

任务一:梳理出三篇课文的思路。

任务二:分析各篇的"虚"及效果。

任务三:比较三篇文章虚实关系及效果的异同。

任务四:写出对散文中精彩文段的鉴赏片段。

依据任务要求,教师基于教学预设,以"链接材料"的形式给出了学习支架,这是对教学资源的有力补充,并从思维路径和写作路径方面做出示范。

(三)指向评价的多维立体

如何鉴定学生的学习成果,这涉及教学过程的最后一个环节。说起评价,一般是指内外环境对学生的评价。在教学过程中,学生评价主要由三方面构成:权威评价、教师评价、学生自评。权威评价主要来自考试机构和负责语文测试命题的专家。这类评价只能反映学生的学习结果,无法参与并反映学生的学习过程;只能反映学生在学习过程中获得了什么,无法反映学生怎么获得,获得前后有什么样的情感态度和价值观的变化。在学生语文学习过程中,这类评价主要起到阶段性的鉴别和选拔作用。教师评价和学生自评可以直接参与学生的语文学习过程,教师评价得当会极大地促进学生的学习热情,提高学习质量,学生自评容易囿于教师能力与经验所限,实际效用不大。结合当前教育现实,三类评价影响不一。师生均看重第一类评价,第二、三类评价因受学习地域、教师素养、学生能力水平等因素的影响在教学过程中差异较大,影响较小。

自2001年基础教育课程改革以来,关于"评价主体多元化""落实学生在语文学习评价中的主体地位"等讨论一直不绝于耳。但在实际教学过程中,学生能积极参与到评价过程中的并不多见。新课标中学习任务群作为课程内容的基本组织单位,学生评价的主要内容和方式都围绕着18个学习任务群展开,《普通高中语文课程标准(2017年版2020年修订)》就学习任务群的评价施行给予了相关建议和一定的方法指导。基于学习任务群的专题教学在实际教学过程中做到科学设置、合理评价,将学习评价的三个方面合理统一,构筑多维立体的评价体系是一条可取路径。

学生通过"阅读与鉴赏""梳理与探究""表达与交流"实现语文能力的发展与提升,因此,检测学生能力变化的维度不应仅是考试评价,基于学习任务群的专题教学设计可用活动方案、计划书、调研报告、研究论文等任意合理可行的方式体现学生的学习结果，反映对学生学习成效的客观评价。如有教师聚焦"外国作家作品研习"学习任务群，以"爱情"为聚合点进行专题教学设计①，该专题以《外国文学作品选》教材中的外国名篇，以及新课标"附录2"中提及的外国作品为教学资源进行整合，最终选取以下内容：诗歌包括黎巴嫩纪伯伦的《爱情是一个光明的字》、爱尔兰叶芝的《当你老了》、俄罗斯茨维塔耶娃的《我想和你一起生活》；戏剧包括英国莎士比亚的《罗密欧与朱丽叶》、德国席勒的《阴谋与爱情》；小说包括美国欧·亨利的《麦琪的礼物》（短篇）、日本川端康成的《伊豆的舞女》（中篇）；散文包括英国罗素的《我为何而生》等具体阅读篇目，涵盖了不同文体和不同国度。此外，还选择了美国的《泰坦尼克号》、日本的《人鬼情未了》、中国的《山楂树之恋》等影视作品作为拓展资源。依据该学习任务群的学习目标以及资源梳理，确定了相应专题学习目标，具体学习任务包含阅读与梳理、比较与感受、延伸与思考、鉴赏与写作四个部分。在最后一个学习任务中，给出了三个评价要求：

（1）阅读纪伯伦的《爱情是一个光明的字》、叶芝的《当你老了》、茨维塔耶娃的《我想和你一起生活》、罗素的《我为何而生》以及有关作者和创作背景的补充材料，谈谈这四篇诗文在表达爱情时写作手法和语言风格有何异同。可以就其中的两篇进行比较，也可以对四篇做综合比较。

（2）围绕爱情主题，尝试写一首诗，表达你对爱情的理解和认识，体例（古诗或现代诗）不限。注意要有真情实感的表达和独特新颖的见解，注意形象性和韵律感，注意不要套作和堆砌辞藻。

（3）本专题学习作业：从《哈姆莱特》《傲慢与偏见》《巴黎圣母院》《简·爱》《安娜·卡列尼娜》《堂吉诃德》《欧也妮·葛朗台》等书中挑选一本，写一篇不少于800字的读书报告，报告中要包括内容简介、爱情观点、评论总结三部分内容。

这三个任务包含比较阅读、诗歌创作、读书报告三种不同的评价样式，包含对学生核心素养多个层面的考查与评价。这类评价有痕迹、有记录，可以更真实地反映学生的状态变化和能级跃迁情况。读书报告是学完该专题后的最后评价方式，该结果关涉课堂主干问题的最后答案、项目任务的完成状态，是带有

---

① 刘飞.基于学习任务群的语文专题教学设计[J].江苏教育研究,2019(11):8-13.

总结性的专题学习的最后成果。

想要实现专题教学的可行性和有效性，需要多维度和立体的评价。为此，教师可以制定"评价方案—评价工具—评价反馈"的层次化评价体系。"评价方案"是对整个学习的宏观规划，目的在于确立评价的大致过程和总体原则。"评价工具"是专题学习过程中，对学生学习的阶段性成果以及过程表现进行的质量评估，目的在于诊断学习效果，规范学习过程，促进和改善学生学习。"评价反馈"是教学主体基于专题学习过程的主观体验对整个评价方案以及评价工具的价值判断，目的在于改进和完善基于学习任务群的语文专题学习的评价体系。其中，"评价工具"可根据相关专题学习的具体环节进一步划分，比如，李煜晖教授在探索整本书阅读之专题学习时，开发了"阅读发现质量评价工具""研究选题质量评价工具""研究论文质量评价工具"等测评工具。

新课程的开放、自由，学生个体的千差万别，决定了单用统一标准的终结性评价不利于体现学生主体地位，更不利于学生的个性发展。在专题教学的学习任务群课堂上，多维立体评价体系的建立，将学生作为评价主体，将终结性评价的权威与可靠和过程性评价的自主与开放相结合，将会更合理、科学、准确地反映学生的学习成果与素养养成情况。

第三节　基于学习任务群的专题教学实施策略

经过 10 多年的积极探索与大胆实践，专题教学已探索出一些卓有成效的理念和策略：一是教学设计理念上有融汇与整合，二是教学组织形式上能实现自主选择与个性化探索，三是教学实施过程中做到生成建构与对话展示。[①]这样的专题学习不仅带给学生"知"的学习内容补充，同时带给学生"识"的素养能力提升。但这样的改革实践更多取决于学校及教师本身等因素，仅仅在少数课堂得以实现。学习任务群下的课堂教学，需要在更广阔的一线课堂上实现教学方法的改革，从单篇教学走向综合实践，从知识讲解走向活动设计，从应试训练走向素养提升。

---

① 王宁,巢宗祺.普通高中语文课程标准(2017 年版)解读[M].北京:高等教育出版社,2018:49-52.

那么,如何让学习任务群在专题教学的课堂上落地生根? 基于专题教学的本质特点,可以采取以下策略:

一、聚篇分类,多样聚合

按照什么方式来构成专题? 这是进行专题教学要解决的第一个问题。在通常情况下,专题主要从"作品""作家""主题""学生"四个要素进行划分。[①]实际教学情境中可以"作品"作为分类依据,这样的专题主要表现为对整本书阅读的专题教学,如《边城》专题、《雷雨》专题;以"作家"作为分类依据,这样的专题主要表现为同一教材中某一作家的作品集锦,或者以教材内某一单篇文章为主,勾连教材外其他文章,如莎士比亚作品专题、李白作品专题、杜甫漂泊西南作品专题;以"主题"为专题,这是语文教师进行专题设置时最为常用的一种分类方式,比如根据授课需要,以"家国"话题、"小说鉴赏方法"、"论述类文本阅读"等进行专题划分,这样的"主题"可以是话题、鉴赏方式等,组织灵活,形式多样;以"学生"为专题,如人教版选修教材的"访谈与调查""发言与演讲""讨论与辩论"等,这类多属于学生活动形式。在统编版教材中,教师可以根据自己的教学需要对教材进行多样整合,完成专题教学的第一步任务——教学资源的准备。

对此,有些教师可能会认为,如果追求"专题教学",那么单篇教学就没有必要存在了。事实并非如此。语文作为一门综合性、实践性强的学科,在很长一段时间内都以选文方式为学生提供学习依据。能入选中学教材的文章,都是文质兼美、意蕴丰富的经典美文。长期以来,这些文章成为学生语文学习的主要源泉,同时也造成了教师一味就单篇文章进行精讲细析的固定模式。灌输式的讲解导致学生缺乏学习主动性,知识点的分解训练让课堂显得零碎与重复。在《语文科课程论基础》一书中,王荣生教授对教材中选文("定篇""例文""样本""用件")的划分,为一线教师审定单篇文章价值进行合理设计提供了指导,也为新课标下教师参与课程提供了向导。无论按照哪一个要素进行文选归类,单篇都是专题的基础。专题教学的前提是单篇教学的透彻到位;专题教学的依归是单篇教学的结论性贯通和呈现;专题教学的方式是对单篇文本的各个击破,将其纵横关联,分析共性。教师在教学一线理解并渗透学习任务群理念时,

---

① 朱俊阳.语文专题教学的本质[J].语文教学通讯,2017(11):5-8.

应在真实的言语实践活动中给经典文本解读留有重要位置。学习任务群下的"专题教学",并不排斥单篇教学,统编版教材中的经典名篇具有示范、辐射效应,单篇教学仍是课堂教学的重要组成部分。由此,如何将单篇教学和专题教学有机融合,施行"以一带多,单群聚合"的多样化教学方式,是我们还应继续思考的问题。

二、依据学程,具体而微

对语文课程综合性、整体性、实践性等特点的认识,并不意味着在教学一线脱离富于序列化的教学顺序,也不意味着对学生语文素养的培养无法分解落实。如果没有序列授课,不能细化归类,那么学科就无法在实际中具备可教育性和可操作性,教师就无法施教。据此,对于新课标下学习任务群的专题教学,应当依照时间和逻辑两种顺序对教材内容本身进行再次梳理,并从实际操作层面给出具体细微的操作路径。

依据统编版教材编写体例,必修课程上下两册共 16 个单元,分布了 7 个学习任务群。这 7 个学习任务群以"人文组元""群文组课""单元综合"的方式成为相对独立的学习任务包,也就是所谓的"大单元"。但各个大单元并非完全独立,其学习目标与选文类别有交叉,学习方式上存在反复。依照现行统编版教材的学习序列进行教学,很难成为所有教师的共同选择。如何合理安排 8 个学分,如何处理学习任务群之间的先后顺序,如何判别单篇精读和单元内群文阅读的轻重,这些现实问题都需要教师在实际教学中予以合理解决。

为有效解决学习任务群教学实施的难题,郑桂华教授提出"学程设计"。所谓学程,即用一种适当的形式组织语文学习活动,串联起彼此相关联的任务群学习,使其既能反映学习任务群的特点,又能满足日常语文学习的需要。通过比较学习任务群和语文课堂学习活动的特点和要求(表 3 - 1),郑桂华教授提出:"用传统的线性逻辑组织语文教材、串联起一段时间(比如一个学期)的语文学习活动序列,则难以协调两者之间的矛盾,……用若干相对独立的学习进程来组织学习内容,串联各个任务群学习,从某种程度上建立任务群学习要求与教学实施要求的联系。"学程设计以"一个问题、一项学习活动或一个任务为教学设计的基本单位","针对一个单元、一个任务群不止有一种学程,可从不同角度切分单个任务群的学习目标与内容来设计,也可以组合多个任务群来设计不同的学程,给学生一定的选择权,既利于体现学习任务群的丰富价值,也顾及学生的个性"。①

表 3-1　学习任务群和语文课堂学习活动的特点和要求

学习任务群的特点和要求	课堂中学习活动的特点和要求
学习内容是综合的、整体的	学习内容最好是具体明确的
存在多维度、多层面的学习价值	学习目标相对集中连续
需要组织多种学习活动	学习活动形式相对有限
通常以"学分"为单位, 一个学分需要 18 课时	通常以"课时"为单位, 一个学习单元时间跨度不宜过大
不同学习任务群之间需要加强联系和融合	最好只针对单课或一个单元
学习任务富有挑战性,有较大选择性	学习任务相对确定
不同学习任务难以按线性关系排列, 构不成时间序列	不同学习任务之间最好组成一定的时间 序列,使教学活动有序展开

据此,郑桂华教授提出"学程序列"的教学建议,即以语文教材的单元设计为基础,以学习任务群的学习要求为依据,同时体现学校和教师自己的特点。可从自己熟悉的领域开始,也可循序渐进、团队合作。这样的设计思路与众多一线教师在学习任务群下的专题教学实践不谋而合,不过前者是专家学者基于课程内容巨变导致时序缺失给出了学理重构,后者是一线教师面对教学方式变革力求突围困境采取的应对之法。

纵观当前教学一线开展学习任务群教学的做法,有两种颇有成效:一种是北京师范大学张秋玲教授主张的"卯榫结构"专题教学,即将不同学习任务群的属性与功能打通,彼此借鉴、补充,以丰富学习的内容和手段,让各个学习任务群在学习的过程中自然融合、贯通,从而开发出不同专题的语文专题学习。② 张秋玲教授认为,进行专题整合时,可以结合学校所在地区的社会资源、学校资源、师资优势,再根据各学习任务群之间的交叉关系,将 18 个学习任务群归并

---

① 郑桂华.学程设计与学习时序建设:任务群教学的突破口[J].中国教育学刊,2020(2):59-63.

② 王忠亚,刘志江,张秋玲.基于学习任务群的语文专题学习设计思路[J].语文教学通讯,2018(7/8):14-17.

为若干个大的模块。最后,在不同的模块下,依据学生的真实问题设计出若干专题。另一种方法是褚树荣老师倡导的"微专题教学"。所谓"微专题教学",即"在学习任务群框架中,选择核心的语言知识、关键的语文能力、基本的审美方法、典型的文学现象、多元的文化话题等要素,提炼成小而精的教学点,然后围绕这些教学点进行深度学习,从而培育语言能力、思维品质、审美经验、文化理解四种核心素养"。褚树荣老师主张在专题整合时,或"基于单元,依文开发",或"利用教材选文,根据一定维度,重新组元,形成与教材不同的专题系列",不赞同全盘颠覆,进行局部改观即可。① 显然,"微专题教学"是教师通过对教材的再次研读,让其经过"专"的限制、"微"的聚焦,将一个个隶属教材、紧扣学习任务群的"议题"或主导话题提出,或学生发现,从"小"口切入、"小"角度推进,进行深度探究、适当拓展,最终使真实的语言学习在语文课堂中发生,从而实现学习任务群所规定的课程总目标。

这两种专题教学方式,实质上没有太大差别,不过两者在教学时长、执行难易程度、范围大小等方面仍具有差异:后者教学时间更短、执行更容易、范围更小,是前者的细化、分解,相应地,前者是后者的统筹和聚焦。微专题具备专题的一般特征,但比一般专题更集中、更基本、更简洁、更有课堂操作性。核心素养、学习任务群、专题、微专题的关系就好比几何学中"体""面""线""点"的关系。

三、学做结合,完成任务

基于学习任务群的语文专题教学,是在具备学习任务群基本特征"整合"性质上的更加具体化、真实化、场景化的学习任务。基于以上特征,在进行专题教学设计时,需要依据新课标,研究教材内容和编写意图,鉴别教材选文类型,以任务驱动学习,创设真实生活情境。通过"学做结合,完成任务",激发学生学习热情,提高学生在真实情境中运用语言解决问题的能力。

"学做结合,完成任务"有两种运用策略。第一种是"先学后做,完成任务",指在专题教学中先完成对选文的研读,再完成阶段的任务。这种设计策略,主要针对名篇较多的单元,适用于基于学习任务群下专题设计的初级阶段。相对于语文实践活动,教师对经典文本的研读相对熟悉,更容易上手。这里所

---

① 褚树荣.基于教材,对接课标:高中语文微专题开发[J].天津师范大学学报(基础教育版),2020(1):7-13.

说的经典研读,便是对"定篇"的研读,但并非以前教学过程中的事无巨细、面面俱到,而是聚焦专题教学的学习目标,扣合后面的学习任务进行的文本学习,那么这里的"定篇"就转为"例文"或"样本"了。

我们来看看张林老师在《〈项链〉课堂教学设计——从小说教学来引导小说创作》①中如何进行这种教学设计:

【教学目标】

(1)通过小说教学让学生认识小说这种文体的独特性。

(2)通过小说教学让学生初步尝试创作一篇微型小说。

【教学课时】1 课时

【教学重点】

(1)认知《项链》的故事功能结构,并通过与《灰姑娘》故事的经典功能结构的比较,尝试创作自己的小说情节。

(2)认识创作一个小说的"任务层次",初步尝试创作一个小说人物。

【教学难点】

认知小说人物的核心性格,并运用到自己的小说创作中去。

【教学步骤】

(1)导入课程:比较《灰姑娘》和《项链》的故事梗概。

(2)深入课程:

①展示"《灰姑娘》经典故事结构表",对《项链》进行文本解析,引导学生制作"《项链》经典故事结构表"。

②根据《灰姑娘》和《项链》制作一位女性的旅程表。

③教师展示"人物分层图"。

(3)课程任务布置:教师发放"微型小说创作的结构任务单",学生写作微小说。

通过本案例,我们会发现教师从经典叙事学的情节观来展开小说教学,以"小说中的人物塑造"为主题,先结合经典文本提炼故事梗概,随后对小说人物进行重点讲解与分析,引导学生从阅读投入到创作中去。单篇教学的处理过程并没有涉及传统的小说三要素,而仅是简单涉及故事梗概,便以人物形象为切

---

① 张林.高中语文学习任务群教学实践举隅[M].上海:上海交通大学出版社,2018:114－120.

入点,扣住任务要求展开文本学习。前面的人物分析为后面的小说创作做铺垫,实现了"先学后做,完成任务"。

　　第二种是"做中带学,完成任务"。所谓"做中带学",就是边完成任务边学选文。由于针对的不是经典文本的选文,因此可将之视作"用件"。语文教材里的"用件",大致有"语文知识文""引起问题文""提供资料文"三类。"用件"是专题教学的教学资源,适合做"做中带学"型的教学设计的学习资源、学习支架。我们再以《学习之道——统编高中语文必修上册第六单元专题学习设计》的任务框架(图3-1)和第一课段学习任务简录为例①,来看看这种教学设计的特征:

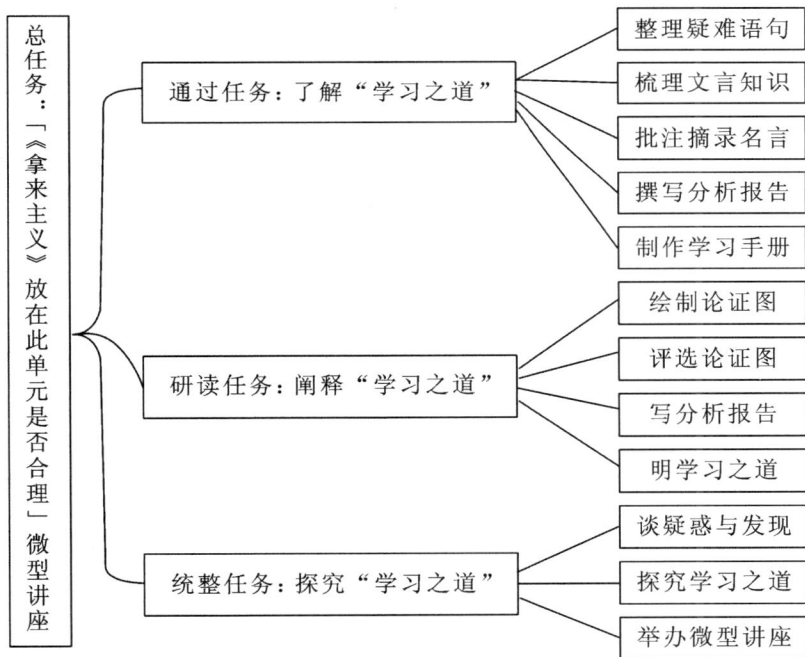

图3-1　《学习之道——统编高中语文必修上册第六单元
专题学习设计》的任务框架

　　① 黄勇智,赵宁宁.学习之道:统编高中语文必修上册第六单元专题学习设计[J].语文教学通讯,2019(11):27-28.

该专题设计共有三个课段,第一课段通读文本,5 个课时;第二课段研读文本,6 个课时;第三课段统整任务,4 个课时。其中第一课段学习任务简录如下:

(1)阅读《劝学》《师说》,借助提示、注释、工具书,读准字音,理解重点词的意义和用法,读懂课文。

(2)批注阅读本单元 6 篇课文,摘录有关学习的名言警句,用一句话写出摘录的理由。

(3)完成表格中相关内容的填写,明确作者写作意图。

篇目	作者身份	写作背景	写作目的	阅读对象	语言风格

(4)根据任务一、二、三设计并制作个人学习手册。

通过梳理第一课段学习任务可以看出,对选文的学习是放在任务当中进行的,据此展开的学习活动涉及文言基础知识的学习与积累,研究文言知识的内涵及语法结构,运用批注法细读文本且通过填表把握文本作者的情感、态度、观点。以任务引导学生主动学习、自主建构,课程内容学习勾连"语言积累、梳理与探究""中华传统文化经典研习""文学阅读与写作"等多个学习任务群,实现了真实言语情境下学生通过自主合作学习促进素养的综合发展。

对于一线教师而言,教育实践中因陈旧教学方法导致的种种困境必须进行切实改变。但是怎么改进?从行政部门到学校管理层,从 18 个学习任务群的规划设置到落地实施,真正顺利推进新课程的关键因素在于教师自身。教师只有先调整、提升自身对课程理念的认识,才有可能具有创造性解读课程的胆量或能力,才有可能从传统课程的"执行者"转变为新课程的"建设者"和"创造者",才能在开发整合教材资源的过程中,将课堂教学和学生发展融合起来,实现教育的理想境界。

附:基于学习任务群的专题教学案例

小标语,大乾坤

——"当代文化参与"微专题教学案例①

褚树荣

一、微专题目标

(1)引导学生关注标语,明确标语是富有中国特色的当代文化现象。

(2)探究标语的功能和本质,并对这一文化现象进行理性评价。

二、课前预习

课外到网络、社区寻找吸引你注意的标语,完成预习任务:假如你是一位参加高校招生面试的学生,面试官要求你列举看到过的两条标语(来自校园内外均可),请你说说,为什么这两条标语引起了你的注意,你从这两条标语想到了什么。具体要求如下:

(1)记录、拍摄、搜索两条标语。

(2)用一句话点评一条标语,并用 100 字左右阐释你的点评。

示例:

标语:提高一分,干掉千人!

点评:教育异化,导致人际关系恶化!

阐释:这类标语,是对教育的极大扭曲。读书为了什么? 是为了人的全面发展。人的发展过程中有许多次"考试",考试成绩高、录取学校好不等于事业成功,更不等于人生幸福。但这个标语,把读书目的异化为提高分数,而提高分数是为了"干掉"同学,把朝夕相处的同学看成竞争的"对手"、假想的"敌人"。同学之间看不到共同进步,容不得彼此情谊,只剩下搏杀和消灭。这种"励志"标语,异化了教育目的,恶化了同学关系,对它应该说一声"不"!

三、课堂教学

(一)认一认:标语是什么?

(1)教学导入。(略)

(2)展示分类。学生 5—6 人依次晒一晒收集到的标语,教师简单点

---

① 褚树荣.小标语,大乾坤:"当代文化参与"微专题教学案例[J].语文教学通讯,2020 (3):39－41.

评。然后教师用 PPT 播放学生收集到的标语,提示学生根据发布者来归类填表。如:①精准扶贫!②绿水青山就是金山银山!③弘扬社会主义核心价值观!④百年大计,教育为本!⑤抵制狗肉节,营救汪星人!⑥不苦不累,高三无味,不拼不搏,高三白活!⑦雀巢咖啡,味道好极了!⑧钻石恒久远,一颗永流传!⑨德芙,纵享丝滑!⑩心所向,驰以恒!⑪开发商,还我血汗钱!

政府部门	
社会团体	
商业媒体	
公民个体	

(3)定义小结。学生给标语定义,教师补充:标语是政府部门、社会团体、商业媒体,甚至公民个体,在相关媒体公开发布的告知性的短语。标语涉及当代社会的方方面面,是中国当代文化的"全息码"。

(二)想一想:标语有什么作用?

(1)讨论具体作用。教师再播放学生收集的标语,同桌讨论标语的作用。如:欲戴王冠,必承其重!(劝勉提示)撸起袖子加油干!(鼓舞士气)绿水青山就是金山银山!(凝聚共识)精准扶贫是国策!(宣传政策)开发商,还我血汗钱!(表达诉求)……

(2)讨论重大作用。"实践是检验真理的唯一标准"也是一条标语,流行于 20 世纪 70 年代末,可以说是改变我们国家命运的一条标语。学生列举讨论他们心目中的伟大标语,并说说为什么是伟大的标语。

教师播放 PPT,学生朗读:实践是检验真理的唯一标准!1977 年,"四人帮"被粉碎,中国并没有走出真正的危机。"两报一刊"发表"社论"提出"两个凡是":"凡是毛主席作出的决策,我们都坚决维护;凡是毛主席的指示,我们都始终不渝地遵循。""两个凡是"言论严重禁锢了思想开放和社会变革。"文革"结束后的中国,必须告别过去,走进新时代。1978 年 5 月 11 日,《光明日报》以特约评论员的名义,发表了《实践是检验真理的唯一标准》长文,各大报刊媒体纷纷转载,一时间,"实践是检验真理的唯一标准"成为深入人心、凝结社会共识的标语。它打破了"两个凡是"的思想坚冰。如果没有这种共识,就没有思想界的解放;没有思想界的解放,就没有中国的改革开放；没有改革开放，就没有今天的生活。这条标语，真是一言兴邦！

（3）教师小结标语的作用：宣传政策，凝聚共识，鼓动激情，刺激消费，传递诉求……小小标语，大大乾坤！

（三）议一议：有"负能量"的标语吗？

（1）下面标语有什么问题？教师播放标语PPT，学生一句话点评。如：①蔑视人权，不顾法律，公权滥用："焚烧麦秸时，就是坐牢日！"②注重集体意志，轻视个人价值："一人超生，全村结扎！"③语言暴力："要苦先苦××，要死先死××！"④不顾事实，掩盖真相，洗脑宣传："今年过节不送礼，送礼就送脑白金！"⑤宣扬错误价值，产生误导："狭路相逢勇者胜！""时间就是金钱！"⑥违背科学，主观主义，丧失理性："人有多大胆，地有多高产！""人定胜天！"

（2）教师概括这些标语的"负能量"：①蔑视法律，公权滥用！②注重集体意志，轻视个人价值！③渲染暴力语言，缺乏平等对话！④忽视事实真相，偏重诱导宣传！⑤宣扬错误思想，产生价值误导！⑥主观愿望代替科学规律，丧失理性！

（四）写一写：读懂标语，读懂中国

（1）情境写作。有"一言兴邦"的标语，也有"误国殃民"的标语。如何评价这种现象呢？现在，假如你们来到北京大学"三位一体"招生的笔试现场，而我就是考官。题目是这样的：

①请举出一条生活中吸引你注意的标语，然后加以评说。

②中国的标语有何特点？为什么能够流行？

请任选一题简答。

（2）交流分享。学生准备3分钟，教师挑选展示。

（五）课堂总结

教师讲述：历史的大转折，时代的大变迁，以及国家的意志、集体的愿景、个体的命运，甚至这个民族的灾难和荣光，都可以从标语中读出！同学们读懂了标语，就读懂了中国！

第四章　基于语文学习任务群的群文阅读教学

随着教育的不断改革,我国教育逐渐实现了转型,从最初的"知识为主"转向"核心素养",更加注重学生的全面发展和个性发展。但是就现阶段来看,语文阅读教学还存在很多问题,诸如学习内容不够丰富,学习活动流于形式等。学习任务群的提出,能够有效改善这种现象,通过将学习内容和学习方法等转化成具体的学习任务,以使学生真切地感受语言的魅力,融入语言环境,从而提高阅读的语感,提升语文素养。群文阅读是近几年兴起的一种阅读教学方式,与传统的单篇阅读相比,群文阅读属于一种新的尝试。它既是对教学内容与方式的突破,也是对传统教学思想的突破。学习任务群与群文阅读有许多切合之处,把握好二者的关系并恰当地应用,必能有助于学生语文素养的进一步提升。

第一,群文阅读的概念。所谓"群文阅读"是指围绕一个或多个议题选择一组文章,教师和学生围绕特定的议题展开阅读和集体构建,最终在阅读过程中达成一种共识。群文阅读是最近几年比较流行的阅读教学方式,相比传统的单篇阅读教学模式,群文阅读是一种革新。它是一种整合式的尝试,打破了单一篇目的主流教学形式,更强调项目和主题,师生双方围绕一定的主题选择一组文章一起阅读探讨,互相对话,达成共识。在高中语文教学中运用群文阅读方式,可以凸显出学生在学习中的主体地位,让学生的阅读视野更加开阔。

群文阅读并不是一种漫无边际、毫无目的的阅读方式,它需要在一定的学习任务群的基础上设立,这样可以让阅读更加具有方向性和可操作性。在学习任务群的背景下进行群文阅读不局限于教材的篇目,可以把高考考查的知识点变成从阅读体会中顺理成章形成的知识体系,让学生走进语文的世界,形成大语文的格局。①

　　群文阅读是一种自下而上的教学样态,在理论和实践上有许多需要进一步深入研究的地方。新课标提出的"语文学习任务群",与群文阅读教学的理念方法有许多切合之处,这为高中语文开展群文阅读教学提供了很好的契机,对群文阅读教学的发展有积极意义。

　　第二,学习任务群的内涵。《普通高中语文课程标准(2017 年版)》首次提出了"学习任务群"这一概念,并将学习内容分为必修、选择性必修、选修三类课程,分别安排 7—9 个学习任务群,总计有 18 个不同的学习任务群。学习任务群以任务为主要导向,同时将学习项目作为主要载体,整合了学习方法、内容与情境等,引导学生在应用语言的过程中逐步提高自身的语文素养。它的主要内容就是对学习内容和方法以及学习资源和环境等进行整合,目的是提高学生语言应用的能力,进而提高学生的语文素养。②

　　学习任务群通常是由几个学习项目组成的,实际上它就是以项目学习为基础的一个综合性语言学习实践活动。"学习任务群"这一概念主要是针对以往孤立文本解读与单一的教学活动提出的,它是综合性的语文学习活动的群集。虽然新课标提出的学习任务群有 18 个,但是为了提高学生的核心素养,同时为了让学生更好地应对高考语文的评价与检测,在实际教学中,每一项学习任务都应指向更加多样化的学习活动,而不是指向单一的学习活动。

　　新课标中"学习任务群"这一概念的出现,促进了高中语文学习内容和方式的变化,说明高中语文教学正从文本知识向语言实践转变,真正以学生的学习为中心。这种变化也体现了教与学的策略转变,如何应对新课标的变化成为当下教学亟须思考的问题。

　　第三,群文阅读与学习任务群之间的关系。首先,群文阅读是学习任务群的实践基础。群文阅读教学与"学习任务群"在倡导的理念、概念、方法和实际操作等方面有很多相似之处,能够为基于"学习任务群"的教学提供一种参照,对群文阅读教学的发展也有积极意义。换个角度来说,从新课标的设计理念看,"学习任务群"的设计与"群文阅读"倡导的理念主张有许多相似之处,群文

---

　　① 倪文锦.语文核心素养视野中的群文阅读[J].课程・教材・教法,2017(6):44－45.
　　② 中华人民共和国教育部.普通高中语文课程标准(2017 年版)[S].北京:人民教育出版社,2018:8－9.

阅读教学不但能够成为"学习任务群"教学实施的重要抓手,也将会成为"学习任务群"设计与操作的重要基础。

其次,群文阅读是学习任务群的整合参考。群文阅读是一种基于教学内容的有效整合,它的兴起即基于"整合",是统整课程的概念推广,群文阅读和统整课程二者有着密切的关系。"统整课程"是群文阅读兴起的重要缘由,是指将学校课程中相关的、相近的课程及学习领域进行整合,通过加强各学习领域及各科目间的联系,实现学科内、学科间的相互关联。"学习任务群"是把高中语文教学的学习目标、学习内容、学习资源和学习评价整合起来,以学习任务的形式实现学科内的整体联动。由此,引发学习的情境、内容、方法、资源以及评价等要素在基于学习任务目标达成下的整合。使用"统整课程"的方式整体设计高中语文教学内容和方法,使群文阅读更便于操作。同样基于"整合"理念而设计的群文阅读教学,能够为基于"学习任务群"的教学提供许多有价值的参考。

再次,群文阅读是学习任务群的效果保证。新课标中"学习任务群"的设计,是以具体任务为导向的,任务所涉及的材料主要有文学类、论述类、实用类等,最终目的是培养高中生的语文核心素养。新课标用"学习任务群"统摄分割化的学习内容,更多的是从整体上思考学习的效应,并且在"学习要求"部分提出了"多角度、多层次阅读"的建议。"学习任务群"视域下的整合式的语文学习生态,必然要求在语文教学设计中将不同的文本、不同的学习方式引入教学,这与群文阅读教学理念不谋而合。群文阅读教学的显著特征之一便是"多文本","多文本"不仅指文本数量,也包括文本类型及其内在逻辑。以"多文本"为主要特点的群文阅读教学可以实现不同角度和不同层次的深入阅读,让学习任务群达到预期的学习效果。因此,"多文本"阅读的教学形式,是达成"学习任务群"学习目标的最佳选择。

最后,群文阅读是学习任务群的适配优选。"学习任务群"的设计基于学习驱动原理,群文阅读的"议题"学习也遵循任务驱动原理,这二者的驱动原理是一致的。任务驱动是指在学习的过程中,学生在教师的帮助下,紧紧围绕一个共同的任务活动中心,在强烈的问题动机的驱动下,通过积极主动地应用学习资源,进行自主探索和协作学习,在完成既定任务的同时,引导学生学习的一种学习实践活动。新课标指出,"学习任务群"以任务为导向,以学习项目为载体,整合学习情境、学习内容、学习方法和学习资源,引导学生提升语文素养。"任务为导向""项目为载体"即以项目学习为基础、为达成学习目标而进行实践体验。项目学习对学生来说就是参与了一个学习任务,要在模拟扮演现实世界的角色中完成任务,强调在语言实践中提升语文素养。群文阅读"议题"学习,本质上也是任务驱动下的实践建构。因此,群文阅读的教学策略与"学习任务群"会有比较好的适配性。

需要注意的是,群文阅读在适应"学习任务群"的教学要求时,需要用学习任务群的整体目标统摄不同的学习内容和学习活动,需要将学习内容"任务化""整合化",以任务驱动的形式推进教与学的有效开展。因此,基于"学习任务群"的群文阅读教学,仍然需要在整体上与新课标对标,在实施上基于新课标进行调适。

第一节　群文阅读教学目标的整体设定

新课标基于高中语文学科核心素养的四个方面,设定 12 个课程目标,通过 18 个不同的学习任务群加以落实。在课程结构的解说中,新课标指出其设计依据之一是着眼于"整体设计,统筹安排,体现层次性和差异性",在必修和选修学习任务群中,分别体现基础和发展的不同目标追求。作为一种阅读教学样态的群文阅读,其教学目标的整体设定,既要服务于课程标准既定的课程目标,又要服务于"学习任务群"的整体要求。因此,对于高中群文阅读教学来说,要在研究课程目标及学习任务群的基础上,依据"整体设计,统筹安排,体现层次性和差异性"的课程设计的基本原则,构架基于课标要求的群文阅读教学目标序列。群文阅读跟传统的单篇阅读一样,需要有一定的学习目标,否则学生在阅读的时候会感到不知所措。而学习任务群的设立可以让群文阅读的学习目标更加明确。

课程标准是指导性、倡导性文件,需要教学实践的支撑,群文阅读对践行语文课程标准同样具有重要价值。同时,在实践中日趋成熟的群文阅读,也有课程化发展的趋势与需求,对应课程标准中的目标,架构群文阅读目标、内容序列,这对群文阅读课程化发展有积极意义。

教师在进行群文阅读教学时,需要制定群文阅读活动的教学目标,帮助学生确定群文阅读学习的根本目的。此时,教师可以把学习任务群作为语文群文阅读目标确定的出发点,统筹好学生的阅读习惯和学习能力,处理好整体教学和部分教学的关系。教师需要突出学生的主体个性,可以把学习任务群当作具体学习单元的目标,帮助学生厘清学习任务要求,形成相应的语文群文阅读专题,围绕专题细分出多个更小更具体的议题,再以议题为基础,科学地选择合适的阅读文本,从而形成"任务群—专题—议题—文本"这种结构。在架构过程中,宏观层面,处理好各学习任务群之间的渗透、衔接关系;微观层面,重视议题的设定与文本的选择,体现层次性和差异性。

学习任务群包含两个关键词:一个是"任务",一个是"群"。"群"本身就标志着群内的任务类而不同,它和群文阅读的"群"不一样。群文阅读的"群"具有三个层次的内涵:第一层次的"群"特指"群文本",即一组(3个以上)呈结构化的文本;第二层次的"群"取"群聚"之义,即将一组具有相同或相似结构的文本聚集起来,作为实现群文阅读教学目标的内容和工具;第三层次的"群"取"群构"之义,即群文阅读课堂上师生围绕议题进行集体建构,以改变过去教师单方面讲、学生被动学的现象。相对于"群","任务"则需进一步辨析。什么是任务? 了解课文作者的身世境遇、创作背景,积累常用的文言实词、虚词和句式,辨析词语古今异义,梳理古代文化知识,赏析句子表达效果,概括文章主要内容,理解人物精神品质,领悟文章带给读者的启示以及价值认同等,是否属于任务? 另外,如何判断一项任务是有效的? 如何从某个学习任务群中提取学习任务? 教师如何依据学习目标设计任务?

新课标明确指出,学习任务群"以任务为导向,以学习项目为载体,整合学习情境、学习内容、学习方法和学习资源"。这句话实则包含三个方面的含义:第一方面是说任务要有驱动作用,第二方面是说学习任务群以项目式学习的形式开展教学,第三方面是说任务应具有整合学习情境、内容、方法和资源的价值。另外,课程标准还强调,学习任务群"追求语言、知识、技能和思想情感、文化修养等多方面、多层次目标发展的综合效应,而不是学科知识逐'点'解析、学科技能逐项训练的简单线性排列和连接",如了解课文作者身世境遇、创作背景,积累常用的文言实词、虚词和句式等所谓的知识点,只是教师单方面给出的阅读要求,不但不能起到学习导向的作用,也没有让学生进行项目式学习的必要。这充分证明,不能满足以上三个方面的要求就不能成为一项学习任务。

相反,以议题学习为任务驱动,通过多文本的对比阅读,实现问题解决和意义建构的群文阅读教学,其关键要素议题就能满足这几方面的要求。因此将学习任务群和群文阅读联系起来的,不是"群"和"群",而是"任务"和"议题"。学习任务群以任务驱动学习并完成学习任务,从而实现问题解决;群文阅读则以议题学习为驱动,围绕议题,借助群文本建构议题,最终实现自我建构,亦即达到瑞士心理学家皮亚杰提出的图式改变,实现德国哲学家伽达默尔提出的视域融合,完成美国教育家杜威提出的经验改造。因此将群文阅读置于学习任务群下观照,议题就是任务,也就是需要解决的问题。①

　　首先,以学习任务群作为具体的学习目标。比如学习"中国现当代作家作品研习"任务群,教师可以结合《边城》与《子夜》这两部小说科学设计学习任务群,引导学生深入分析小说中的经典人物形象,探讨小说的艺术手法与技巧,最终理解小说的主题思想。还可以结合《我与地坛》与《荷塘月色》这两篇文章设计学习任务群,让学生集中阅读史铁生、朱自清的经典作品。再比如进行人教版小说单元的教学时,《林黛玉进贾府》《祝福》等小说选段需要学生仔细研读,体会小说的人物形象刻画技巧、小说故事情节的矛盾冲突特点,以及环境描写对人物刻画的烘托效果等,这都需要学生以学习任务群的形式完成。设立一个"中国小说探索阅读"学习任务,让学生从课文中把握人物的分析方法,探索作者写小说时的心理状态,探讨更深层次的主题内涵;设立不同的学习目标,让学生在进行群文阅读时有清晰的方向,了解自己应该怎么完成阅读学习任务。或是设立不同学习目标的群文阅读,配合不同的学习任务群。如在进行《奥斯维辛没有什么新闻》教学时,让学生进行新闻报告类的文学探索阅读,明确学习的目标,即在进行新闻类群文阅读时,学生需要了解新闻具有及时性和真实性特点,掌握新闻文字严谨的特色,学会客观评价等。让学生在学习任务群中有明确的学习目的,促使学生进行有效的阅读学习。

　　上述案例中,教师帮助学生明确群文阅读的目标,通过设立不同形式的学习任务群让学生系统地完成学习任务,学习语文阅读的各种技能和方法。教师需要贴合教材的类型,确定不同的学习目标,使学生在完成学习任务时不会过于吃力,有利于提高学生的学习效率。

　　其次,形成专题,确立议题。仍以人教版小说单元为例,在"中国小说探索阅读"学习任务下,形成专题——经典文学形象鉴赏,确立议题——"活生生的这一个":小说经典人物形象刻画的鲜明性鉴赏。我们可以选取《林黛玉进贾府(节选)》(曹雪芹)、《祝福》(鲁迅)、《老人与海》(海明威)三篇文章进行群文阅

　　① 于泽元,王雁玲,石潇.群文阅读的理论与实践[M].重庆:西南师范大学出版社,2018:118-123.

读。依据这三篇作品的特点,设置以下学习目标:从作品主题、表现形式、文化内涵、艺术风格等多个层面感受、理解、阐释经典文学形象。通过比较理解不同经典文学形象,辨析不同文体、文本中经典文学形象的异同,体会不同经典文学形象的独特价值。围绕鉴赏文学形象这一主题,撰写人物形象分析,养成写作鉴赏随笔的习惯,提升学生文学鉴赏能力。从以上群文阅读的学习目标中,我们可以看出小说都以鲜明的人物形象塑造为标志,把握人物形象成为学生学习的重心。所以,在学习过程中,学生要对作品进行阅读鉴赏,对作品进行建构,形成个性化的阅读体验,最终通过个性化的语言表达出来。其次,需要注意《林黛玉进贾府》是节选,文本较长。阅读鲁迅的《祝福》、海明威的《老人与海》时需要注意背景资料、拓展材料的补充。

总之,群文阅读在处理好不同学习任务群之间关系的同时,也要注意体现差异性原则,应当关注不同文本的差异性,进而开展有针对性的阅读教学活动。

第二节 群文阅读议题的设计与文本的组合

新课标明确了语文课程综合性、实践性的特点,并且强调要在语言运用情境中,通过自主的语言实践活动,实现语言规律的把握、语言运用及思维能力的提升、价值观及审美观的培育。情境化、整合化、实践化是课程标准倡导的教学实施的显著特点,基于议题的群文阅读教学,有利于促进课程的实施。

群文组合的关键是议题,它的丰富性远远超出了想象,它考验着教师的视野、眼光、智慧和对阅读教学的理解。多文本下的议题化探究阅读,是群文阅读教学的显著标志,于泽元教授认为,议题指一组选文中所蕴含的可以供师生展开议论的话题。议题具有开放性、系统性、可议论性、可建构性四个特征。其中,可议论性就是给予读者一个思考和赋予意义的空间,让读者可以在这个空间内发挥自己的创造性,充分与文本对话,从而形成不同见解。具体到群文阅读课堂上,群文阅读的议题则通过对多文本的深入研讨为学生和教师提供积极参与的空间。群文阅读的议题最好是小而具体,还要有趣一点。议题选取"有趣",学生才会感兴趣,才能激发他们的学习欲望,课堂环节设计有趣,学生乐学愿学,教学效果才会好。

议题的选择与确定是群文阅读教学有别于其他教学方式的一个显著特点。基于议题的学习,是在与情境的互动中,不断解决问题和创造意义的过程;创设问题情境、提出可议性问题、通过体验学习进行集体建构、达成建构共识,是基于议题的群文阅读教学的基本流程。这一流程,涵盖了情境、整合、实践等关键要素。

议题的整体设计,既要基于整体目标要求,形成议题序列;同时,又要考虑到未来基于"学习任务群"的教材体例的变化,可依托教材构建"任务拓展型"议题序列。在具体的议题设计中,充分发挥议题特征功能的同时,切准各"学习任务群"的目标、内容要求,紧扣情境、整合、实践等关键要素,拓展议题类型、优化议题设计,从而引领选文的优化组合。因此,教师需要根据不同的教学资源,设计出不同的群文阅读的议题文本学习方式,从多方面提高学生语文知识的运用能力。教师还需要从学习环境、问题的提出、问题的分析、问题的解决方面入手,进行议题文本的设计和综合,确定相应的学习任务群。议题文本的设计需要立足教材,从教材资源中寻找适合进行学习任务群教学的关键点,考虑必修、选修的差异,体现层次性;选文既要体现完成任务的聚焦点,也要把握不同学习任务群之间的相互联系,体现综合性。

例如,高中语文必修教材中有大量的议论性文章,为培养学生的写作能力,有教师设计相应的群文阅读教学活动,如"思辨性阅读与表达"学习任务群,可以让学生结合《拿来主义》学习如何有逻辑地行文,学会有层次地架构文章;也可以结合《人是一根能思想的苇草》学习文章如何立意,学会在议论性文章中添加可读性内容,了解议论文中记叙方法的使用。教师可以提问学生如何进行观点论述,怎样做到条理清楚、结构严谨,通过问题的启发,引导学生进行问题的分析和解决,促进学生完成学习任务群。当学生完成学习任务群时,教师可以适当进行写作任务安排,让学生即学即用。再比如结合《六国论》《阿房宫赋》设计"盛衰之因"议题,并引入《过秦论》或其他作家的《六国论》等作品;结合《东方和西方的科学》《麦当劳中的中国文化表达》设计"中西文化比较"议题,并引入《中国和西方的文化资源》等作品。还可以结合《兰亭集序》《赤壁赋》等古代游记散文进行"人生之旅"的主题和任务群学习,设计"宇宙与人生"议题,并引入《春江花月夜》《代悲白头翁》等作品,为学生创造一个问题学习环境,并启发学生思考一些人生价值观的问题,让学生根据课文内容进行回答,同时也要自行思考,学会换位思考问题。

上述案例中,教师通过设计群文阅读的议题文本,将学生的实践运用能力与学习任务群相结合,通过提问启发思考以及分析解决问题的方式,提高学生的语文学习能力。群文阅读是师生围绕一个主题进行跨文本、跨媒介的阅读，需要学生在阅读感知的基础上对多个文本进行比较分析，进而进行整合归纳，最终形成个性化的阅读反思。所以，群文阅读有效进行的关键点是选对文、选好文，这样才能调动学生的阅读兴趣，激活学生的多向思维。选好文本进行合理的组合，教师需要充分考虑学习的文本内容和学习任务群的总体特征，以及各个不同学习任务群之间的联系。同时，教师在进行议题文本挑选时需要结合学生的阅读能力，设计合适的学习任务群。

目前，有部分教师在实践中梳理出了群文阅读的课堂教学操作方式，共有三种：一是一篇带多篇，二是课内多篇，三是课外多篇。① 一篇带多篇的课堂教学一般需要两个课时，一个课时用于精讲，内容就是教材的原文，一个课时用来群文阅读，内容是由这篇文章引申出来的一组文章。两个课时的顺序由教师根据需要决定。这种课堂操作方式方便实用，既可以精读一篇课文，也可以略读多篇文章，既有阅读的广度，也有阅读的深度。课内多篇的课堂教学形式，所选内容不宜过多，求精求巧，着力让学生通过课文的补充文或对比文去进行思维的碰撞，这种碰撞可以自己独立进行，也可以发生在同学间甚至师生间。课内多篇与课外多篇的区别在于课外多篇的课堂教学避开了课本，教师在选文上自由度很大，多选择有趣味、有深度的文章。在方便教师选择和设计的同时，满足学生的阅读兴趣与需求。不管哪种操作方式，一组文章的选择是最重要的，文章的选择考验着教师的分析能力和甄别能力。②

我们可以以"主题"为线索，组合不同的文本，挖掘文本深层的内涵。比如，在苏教版教材中，必修课本大都是以单元主题的形式呈现的，教师可以以单元为主题开展群文阅读。以"底层的光芒"这一单元为例，本单元主要学习高尔斯华绥的《品质》和杨绛的《老王》，通过学习这两篇文章，使学生体会底层人民身上的光芒。教师可以适当补充同类的作品，如鲁迅的《一件小事》、师陀的《说书人》等。学生体会不同时期、不同作家的思想内涵和艺术成就，从而感悟人物命运的悲剧性以及挖掘人物悲剧命运的根源。教师还可以从文体特征出发，区分散文和小说的不同。在这四篇文章中，《老王》是一篇散文，教师在讲解的时候

---

① 蒋军晶.让学生学会阅读：群文阅读这样做[M].北京：中国人民大学出版社,2016：41.

② 陈旭强.基于"学习任务群"的群文阅读教学[J].江苏教育研究,2018(5)：33 − 35.

应该更多地考虑作者作为知识分子对于老王的那种愧疚之情，文本的解读不仅放在人物的塑造上，还要重点把握"那是一个幸运的人对一个不幸者的愧怍"。而其他三篇小说可以从叙述的角度展开分析，比如，《品质》中以"我"的视角展开叙述，对小说主题的凸显有没有一定的作用？《一件小事》中的"我"有怎样的作用？这三篇小说在人物塑造上有无相同之处，其最大的差别在哪里？在学习任务群的背景下进行文本阅读会使得这些问题更加具有针对性和实效性。

我们要尽量选用多种文类的文本，包括丰富学生文学体验的文学类文本，例如神话、故事、寓言、散文、童话、诗歌、小说、传记等，也包括获取和使用信息的实用类文本，例如新闻报道、说明书、广告、通告等。我们还要尽量选用多种行文特色和叙事风格的作品。教材中的课文，主题往往是明确的、正向的，意义是"显而易见"的，篇幅是有限制的，语言是规范的，词语的选用是经过衡量的，这就是大家所说的"教材体"文章，而群文阅读选文的自由度大大增加，选文应该努力保持原貌，不随意删、换、改，包括保留原文的文字风格，保留叙述的复杂性。①

但是，"群文"最应该强调的还是它的"结构性"，这种"结构性"就是教材里的单元做得还不够好的地方，其体现为两点：

1. 组合的线索非常明确

以文学类文本为例，"反复结构故事"群文的组合线索是"表达形式"，"友情诗"群文的组合线索是"主题"，各个版本"龟兔赛跑"群文的组合线索是"故事内容"，"淘气包"群文的组合线索是"故事中的人物"，"创世神话"群文的组合线索是"体裁"，"老舍"群文的组合线索是"作者"。线索虽然丰富多样，但相对明确、不模糊。这种线索清楚的一组一组的文章，如果后面的教学跟进得好，某种程度上可以弥补叶圣陶先生在《论中学国文课程的改订》一文中所担忧的单篇阅读的弊端："现在的精读教材全是单篇短章，各体各派，应有尽有。从好的方面说，可以使学生对于各种文体都窥见一斑，都尝到一点味道。但是从坏的方面说，将会使学生眼花缭乱，心志不专，仿佛走进热闹的都市，看见许多东西，可是一样也没有看清楚。现在的国文教学成绩不能算好，一部分的原因，大概就在宣读单篇短章，没有收到好的方面的效果，却受到了坏的方面的影响。"

① 鲁金会.高中语文群文阅读教学探索[J].语文教学通讯,2018(4):45-47.

2. 线索背后要有明确的意图

一群文章按一定线索放在一起的意图一定要明显,有的是要引发学生的认知冲突,有的是要强化学生的某一种认识,有的是要丰富学生的多元理解,有的是要学生领会读某类文本的方法,等等。小学语文特级教师蒋军晶老师所实践的"创世神话"群文阅读,选用了 7 个不同地区的创世神话,就是要学生在比较阅读中主动去发现和思考,因为这一组文章的"相似处"和"不同点"都显而易见,尤其是"相似处",可以激发学生强烈的好奇心和探究欲:为什么不同地方的创世神话都把远古的世界想象成一个蛋? 为什么不同地方的创世神话都有一个不畏艰险、法力无边的大神? 为什么不同地方的创世神话都想象最后是神的身体化成了万事万物? 为了找到这 7 个神话,蒋军晶老师费尽周折,但是这种"费尽周折"的意义在于,它让学生在较短的时间内经历、体验了较高水平的研究性阅读。"精挑细选"的意义在于,学生在有限的阅读经历中体验了较高水平的思考性阅读。①

第三节　群文阅读课堂教学的具体实施

新课标修订组负责人王宁教授认为,学习任务群是在真实情境下,确定与语文核心素养生成、发展、提升相关的人文主题,组织学习资源,设计多样的学习任务,让学生通过阅读与鉴赏、表达与交流、梳理与探究等自主活动,自己去体验环境,完成任务,发展个性,增长思维能力,形成理解、应用系统。由此对应的教学环节,包括确立目标、组织资源、设计任务、创设情境、体验学习、建构生成。因此,群文阅读的课堂教学结构,也要基于"任务型"学习的变化做相应调整。

一、议题设计关注情境

情境是学科观念、思维模式、探究技能逐渐生成,学科知识和技能不断结构化的基础。新课标在实施建议部分,强调围绕学习任务群,引导学生广泛而有深度地参与到学习的情境中,创设与现实生活紧密联系的真实的问题情境,是

---

① 蒋军晶.让学生学会阅读:群文阅读这样做[M].北京:中国人民大学出版社,2016:69－77.

加强语文课程实践性、开展语文学习活动的首要保证。因此,群文阅读的课堂教学,在议题设计上要关注基于学习任务的情境创设,探究情境创设与议题学习的有机融合。

　　群文阅读相对于传统的阅读模式,既有聚合思维的一面,又有发散思维的一面,需要求同存异。教师可以利用学习任务群来优化群文阅读的课堂教学,激活学生的发散思维和创造性思维,从而有效地提升学生的阅读素养。如在教学《〈史记〉选读》时,可以先让学生充分预习,然后设计具体的"学习任务群",以群文阅读的方式为学生创设具体的学习情境,帮助学生准确流畅地朗读精选篇目。对于一些难懂的语句,教师可以重点讲解,学生则可以在教师的引导下鉴赏文章的写作手法。根据司马迁对历史人物的评价,教师可以安排学生分组讨论,让学生积极发表自己的看法,还可以布置学习任务,让学生撰写《史记》经典篇目阅读后的心得体会。再比如,教师可以基于学习任务群对相同题材或者相同艺术手法的作品进行组合,从而优化课堂教学。在高中语文课本中有许多写女性悲剧的作品,教师可以对这些作品进行整合归类,然后引导学生思考造成女性悲剧命运的原因,在此基础上对文学作品的内涵进行深入的探讨。有教师曾经设计以"女性作品中团圆式结尾是否消解了作品的悲剧性"为议题的群文阅读教学,旨在引导学生鉴赏悲剧结尾的艺术,体会作者对悲剧的不同理解。具体的教学设计如下:

　　　　活动一:教师导入。中外文艺作品往往在至美爱情行将终结时增添一抹暖色,呈现出"团圆式"的结局,请同学们以《红楼梦》《边城》《长生殿》《梁山伯与祝英台》《孔雀东南飞》五篇作品为例,探讨"团圆式结尾"会消解作品的悲剧性吗?学生阅读文本,用简洁的语言概括作品主要情节。

　　　　活动二:学生阅读作品,从三个方面填写表格,分别是"男女主人公是谁""阻挠者或受阻原因是什么""苦难经历与悲惨结局怎样"。

　　　　活动三:合作探究,总结悲剧性爱情作品的叙事模式,找出其共性特征。对作品按结尾方式进行分类,并写一写这样分类的理由。着重鉴赏《边城》《红楼梦》"非团圆式结尾"的表达效果。

　　　　活动四:对这些选文作品的观点进行整合,完善议题。①

---

　　① 赵福楼.语文学习任务群教学的现实选择:构建单篇阅读与群文阅读复合教学模式[J].天津师范大学学报(基础教育版),2019(1):8-13.

通过上述教学设计可以看出,在学习任务群的背景下,多角度深入文本,解读文本内涵和蕴含的文学思想,使学生形成个性化的阅读体验和阅读感受。学生在相似的文本中能够分析出作品的共同特征,这有助于学生深入体会作品的悲剧性。

若教师在教学中给学生创设真实的语言环境,让学生在实践中学习并获取具体的学习任务,那么就能培养学生良好的语言能力,最大程度提高学生的语文素养。实际上,语文学科最核心的内容就是阅读与表达,表达不仅有书面表达,还有口头表达。因此在教学中,教师很有必要给学生创设更加真实的学习环节,让学生在真实的环节中学习表达,让学习任务变得更加具体,做到有的放矢。比如说在教学戏剧相关的文章时,教师可以合理利用各种资源,整合与戏剧有关的知识,之后组织学生学着说一些感人的故事,以课本剧为基础适当改编,这都属于比较实在的语言活动。

二、实施环节重视体验

新课标强调在真实语言运用情境中的语言实践建构,"学习任务群以自主、合作、探究性学习为主要学习方式,凸显学生学习语文的根本途径"。因此,群文阅读的课堂教学,首要的是更新教学理念,改变教学方式,要将课堂中的教师定位于引导、辅助、参与者角色;教师的课堂效能评价,要由学生学习成效来判断。另外,在课堂设计和实施中,要创设有利条件,推动体验性学习的有效实施。从本质上讲,群文阅读是一种比较阅读,通过对多文本的对比阅读,进行信息提取、转换、整合,并在此基础上进行判断、评价,共同商议,达成共识,是师生共同建构的过程。这一过程本身就要基于合作、探究、建构等体验学习的方式来实施,因此,在教学中要处理好体验学习方式与学习内容、情境的匹配切合关系,要重视学法的指导。

理解学习方式,需先理解学习的本质。自主、合作、探究性学习,不独最新版高中语文课标所倡导,其出现在课标中已有十几年的时间了。新课标明确指出,这种学习方式凸显学生学习语文的根本途径。无论是强调自主还是合作探究,都说明学习的主体始终是学生。语文学习行为很大程度上表现为阅读,因此自主、合作、探究性学习很大程度上表现为自主、合作、探究性阅读。从解释学的角度讲,阅读就是读者对文本的理解过程。群文阅读教学中,读者包括学生和教师,二者均为学习者;文本主要指文章,但不限于文章,还包括非连续性文本;阅读过程就是读者对文本主动解释与建构的过程,或者应该说,是读者和文本彼此作用并建构意义的过程。当然,建构意义的目的是建构自我。借助文本建构意义只是过程,建构自我才是结果。群文阅读教学中,文本只是达成阅读目标的媒介或工具,议题才是建构的对象和内容。学生的主体性必须予以确立。学生唯有以主人公的身份亲自参与到学习中,去经历学习、经历阅读,方可发展自我认知。这就要求在课堂上,教师要为学生创造充分的学习条件。群文阅读以议题为驱动,学生唯有自己阅读文本,真正走入文本,小组之间适时合作探究,方可完成议题建构,从而完成学习任务。

新一轮基础教育课程改革的核心理念是"一切为了学生的发展",要求"改变课程过于注重知识传授的倾向,强调形成积极主动的学习态度,使获得基础知识与基本技能的过程同时成为学会学习和形成正确价值观的过程",让"传统学习方式的'被动性、依赖性、统一性、虚拟性与认同性'向现代学习方式的'主动性、独立性、独特性、体验性与问题性'转变"。需要转变的对象涉及多个方面,但主要还是教师和学生。因此师生首先各需明确自己的角色,教师不可代替学生学习。以往教师的过度讲解,不过是教师自己的理解。学生要有所理解,还得亲自去经历学习过程,经历阅读过程。设计学习任务群的真正目的,就是要改变教师大量讲解分析的教学模式,将学习主人的身份归还给学生。

三、课堂教学加强互动

美国教育家杜威认为,课程应当是通过学生自主性活动(由教师设计)展开和完成的,教师的角色应当从课程内容的输送者、解释者、说明者,变成学生学习课程的活动设计者、活动组织者、情境创造者、过程引导者以及效能评价者。整个教学活动中,教师处于辅导地位,重点关注怎样引导学生获得自己的经验。学生和教师作为独立、平等和自由的教育主体,从群文阅读的视角看,师生之间的教育过程,不再是教师传授知识、学生接受知识的单向过程,而是师生双向对话的过程,教师应从以前的立法者转变为协助者,学生应从以前的接受者转变为探索者。学生的角色有了新的定位,学习方式也需要转变形态。具体如下:由"回答提问"变为"解决问题",由"被动学习"变为"主动阅读",由"在教中学"变为"在读中学",由"在听中学"变为"在探究中学",由"思考起来"变为"行动起来",由"文本理解"变为"文本使用"。

教师的教学转型取决于学生的学习转型。基于以上论述,教师在学习任务群下的群文阅读教学中,主要扮演学生的学习活动设计者、活动组织者、情境创造者、过程引导者以及效能评价者,或许还应当加上过程监督者。教师只有接受这种新的角色,才能有效地开展群文阅读教学。

课堂上主张以学生为学习主体,绝非否定教师的作用和价值,只不过要求教师在恰当的时间和空间发挥价值。在高中语文教学中,教师利用学习任务群教学模式开展群文阅读的实践教学,结合群文阅读的教学特点,有效整合资源以提高课堂教学效率,调动学生学习的积极性,激发学生的语文阅读兴趣,进而提高学生的语文阅读分析理解能力和语文综合知识运用能力。教师可充分利用学习任务群中"教"与"学"相结合的教学特征,开发多层次、多角度的语文群文阅读教学,达到语文课堂教学的预期目标。

高中语文教学需要进行师生互动,让学生在课堂互动中学习知识,运用知识解决疑虑。因此,教师需要改变传统的单一教学模式,努力将学生置于课堂学习的主体地位,让学生感受到学习的魅力与趣味性。群文阅读教学为课堂互动提供了很好的平台,学生在进行学习任务群的时候能够把问题及时反馈给教师或同伴,使问题得到合理解决。

例如,在进行《滕王阁序》教学时,有教师先和学生一起研究课文中出现的古诗,与学生一起探索作者的人生经历,帮助学生更好地理解文章背景和文章表达的情感。接着向学生提问词义,调动学生的互动兴趣,营造良好的课堂氛围。与学生讨论完字词含义后,再进行重难点的词句讲解,在讲解的过程中提出问题让学生积极参与。最后,安排学生学习文章的写作手法,让学生以小组合作的形式进行分析讨论。

上述案例中,教师通过学习任务群的安排,调动学生课堂学习的积极性,进行课堂群文阅读的问题互动,鼓励学生敢于提出问题,引导学生共同解决问题。教师需要不断指导学生深度理解文言词句,学会举一反三的学习技巧,在课堂上鼓励学生讨论发言,及时掌握学生的学习状态和学习能力。

四、教学范围力求扩展

教师可以在课堂上扩展学生群文阅读的教学范围,以课内教材为基点,延伸到课外的相关阅读资源,也可以设计学习任务群提高学生的学习兴趣,让学生通过类比阅读、分析总结阅读材料等,提高学生的语文阅读量,锻炼学生的语文阅读能力。①

例如,在对高中散文进行讲解时,可以选择《记念刘和珍君》《小狗包弟》《记梁任公先生的一次演讲》这一组散文,让学生充分感受散文"形散而神不散"的特点,同时体会散文和议论文表达情感的不同,进而提高学生的阅读鉴赏能力。

在进行《游褒禅山记》这篇文言文教学时,有教师提供给学生与之相关的文学资源,选择同作者不同时期的文学作品,或不同作者同类型的文学作品。《游褒禅山记》记述了作者通过一次游玩活动,突然发现一座自己从未在意的山,经过不断探索,进一步寻找到真正的奇景,从而感悟人生之理。学生在学习文章的内涵时,为了进一步扩大学生的阅读量,教师提供给学生同作者的作品——《扬州新园亭记》《登飞来峰》,让学生学会通过对比阅读,加深对陌生文言文的词汇理解和语义理解,学会从已知的词句释义延伸到相类似的新词句,进而扩大学生的文言字词储备量,提高学生文言文阅读技巧的运用能力。该教师还设计了通过知人论世了解作者的学习任务,让学生阅读作品的背景材料和作者写过的诗词歌赋,对作者不同时期的诗词散文分类,进一步把握作者不同时期所写的文章中的真情实感,锻炼学生的文言诗歌情感分析能力,使学生学会将熟悉的课内文章知识运用到课外文章中去。

上述案例中,教师利用课堂时间扩大学生的阅读量,进行对比形式的学习任务群教学,让学生一边对比课内文章,一边运用所学知识增加学生的阅读量,提高知识运用能力,让学生在对比学习中分析总结,进行知识归纳和整理,进而提升语文阅读分析能力。

附:以"战国四君子评说"议题设计为例,参看学习任务群下的群文阅读教学规程②

第一步:提取任务

提取路径:立足《普通高中语文课程标准(2017 年版 2020 年修订)》第

---

① 傅振宏.基于学习任务群的高中语文群文阅读教学研究[J].成才之路,2019(4):27.

② 方东流,段增勇,王雁玲,等.学习任务群下群文阅读教学规程:且以设计"战国四君子评说"教学为例[J].教育科学论坛,2019(5):53-58.

四部分"课程内容"中的第一板块"学习任务群",从每个任务群下的"学习目标与内容"中提取任务。

具体教学还需要为任务寻找一个学生感兴趣的话题作为载体,并且依循话题确定议题,进而组织文本。

课标中语文课程结构十分清晰,三类课程分别安排 7—9 个学习任务群,其中整本书阅读与研讨、当代文化参与、跨媒介阅读与交流既作为必修课程的独立学习任务群,又穿插在选择性必修、选修两类课程的其他学习任务群中;选择性必修课程和选修课程中的学习任务群区别十分明显:一个属于"作品研习",一个属于"专题研讨"。这就意味着同一学习任务划归不同任务群,具体教学思路和侧重点也就不同。

例如"战国四君子评说"这一议题,如果从文本内容上讲可划归在中华传统文化经典研习任务群,文本最好使用文言文,教学中重点关注文本的文化内涵。同样,该议题还可划归在中华传统文化专题研讨任务群,教学中则可围绕"君子"进行研讨,如此还需补充有关"君子"方面的文本。如果将该议题划归在文学阅读与写作任务群,文本用文言文,教师不但要带领学生掌握文言实词、文言句法、文言表达,还要在内容、情感、思想等方面做深入理解。从文本出处上讲,该议题还可划归在整本书阅读与研讨任务群,如此就得考虑该议题所牵引的文本在《史记》中的属性——历史人物传记,进而设计教学。

本文笔者将其划归在思辨性阅读与表达任务群进行设计,重点培养学生分析、综合以及评价方面的能力,因此不必读文言文,这样 4 个课时就能完成:第一、第二个课时用于学生阅读文本,第三个课时用于交流探讨,第四个课时用于学生撰写报告及教师评点。如果读文言文,还应增加 2 个课时,其中 4 个课时用于学生借助工具书阅读文本。

第二步:生成议题

根据上文论述,将群文阅读置于学习任务群下,则任务即议题。因此生成议题实为将任务修饰为议题。修饰后的议题需要满足以下几点:一、保障学生真正阅读起来,保障学习行为切实发生;二、具体教学中该任务生发出的系列问题绝不再是仅仅通过想一想就能够得出答案的提问,而是必须经过阅读、梳理、比较、鉴赏、评价、判断、探究、辨析及整合等多项语文学习活动方可完成的任务;三、能够统整各项学习内容,例如"全方位评价战国四君子"这个议题,便将出自《史记》《战国策》《东周列国志》等多本书中的多个文本整合进来,对比阅读、提取信息、评价人物、撰写报告。

根据上文论述,教学通常需要借助话题的形式来呈现,因此要透过话题找准背后的任务,并且修饰为适合教学的议题。

第三步:编定文本

群文阅读以议题为任务驱动,以呈结构化的文本为载体。教学中教师带领学生经由文本阅读完成学习任务,这就要求教师编定阅读的文本。

针对"战国四君子评说",笔者编定的阅读文本包含三类:主读文本、辅读文本、参考资料。

主读文本(选自《史记》):

《孟尝君列传》、《平原君虞卿列传(节选)》(选取前半段叙述平原君的文字以及最后一段司马迁评价平原君的文字)、《魏公子列传》、《春申君列传》

辅读文本:

第1组(选自《史记》)

《樗里子甘茂列传(节选)》(苏代救助甘茂)、《白起王翦列传(节选)》(韩国上党郡守冯亭为韩国计,将上党献给赵国,平原君建议赵孝成王接受,终致长平之战)、《廉颇蔺相如列传(节选)》(涉及平原君不肯缴纳租税,廉颇被赵奢的儿子赵括替代导致赵国在长平之战中惨败)、《鲁仲连邹阳列传(节选)》(鲁仲连助平原君劝退魏国使臣新垣衍,魏国出兵攻秦协助赵国解了邯郸之围)

第2组(选自《战国策·齐策》)

《秦攻赵》、《秦攻赵长平》、《孟尝君将入秦》、《孟尝君在薛》、《孟尝君奉夏侯章以四马白人之食》、《孟尝君宴坐》、《孟尝君舍人有与君之夫人相爱者》、《孟尝君有舍人而弗悦》、《孟尝君出行国》、《齐人有冯谖者》(即选入《古文观止》中的《冯谖客孟尝君》)、《孟尝君为从》、《鲁仲连谓孟尝君曰》

第3组(选自冯梦龙编的《东周列国志》第90—101回或者孙皓晖的《大秦帝国》战国末期相关章节)

参考资料:

《读孟尝君传》([宋]王安石)、《信陵君救赵论》([明]唐顺之)、相关

评论(内容如下)

其时,孟尝君在齐固已戴震主之威名,天下知有薛,不知有齐矣。(钱穆)

太史公作四君传,具见好客意,孟尝君则曰"以故倾天下之士",平原君则曰"争相倾以待士",信陵君则曰"倾平原君客",春申君则曰"招致宾客以相倾夺"。([明]陈仁锡)

又如战国时,司马迁书记孟尝、平原、信陵、春申四公子故事,均不见于《战国策》。而知孟尝君门下之冯谖,信陵君门下之侯嬴,平原君门下之毛遂,此皆三公子三千食客中所希遭难得之杰出人才,然世人亦仅知有孟尝、信陵、平原而已。自经司马迁书之详载,乃至孟尝、信陵、平原之得为孟尝、信陵、平原,其背后乃大有人在。此乃一番绝大提示,绝大指点。(钱穆)

言在浊世为佳公子,清世则否矣,褒贬在言外,所以称为雄深。平原君之人未睹,大体可断。([明]杨慎)

大梁贵公子,气盖苍梧云。救赵复存魏,英威天下闻。(评信陵君)([唐]李白)

三公子好士也,以自张也;信陵君之好士也,以存魏也。([明]王世贞)

魏无忌之名废于侯生,而全于毛薛。侯生之奇,毛薛之正,废一不可,而正之所全者多矣。([宋]苏辙)

不可忘者,以德报德也;不可不忘者,庶乎无施劳矣。四豪之客若唐雎者,其言之近理者欤?而公子能听之,致使赵王不忍献五城,亦庶乎改过不吝者。([明]凌约言)

信陵是太史公胸中得意人,故本传亦太史公得意文。([明]茅坤)

四君传,信陵篇为最,一篇中凡言"公子"者一百四十七,大奇大奇!([明]陈仁锡)

黄歇相楚王,患王无子,而以己子盗其后,虽使听朱英杀李园终擅楚国,亦将不免大咎。何以言之?楚秦立国近千岁矣,无功于民,而获罪于天,天以不韦(吕不韦)、歇阴乱其嗣,而与之俱毙,岂区区朱英所能为哉?不然,以黄歇之智,而朱英之言独无慨于中乎?([宋]苏辙)

春申君,楚功臣也,上书秦昭王全楚,护楚太子归国立为王,其功在社稷。然皆从富贵起念,所以不能烛李园之奸。所谓富贵到手,器满智昏也。([明]钟惺)

按此前叙春申君能安楚,而就封于吴,后叙春申君以奸谋盗楚,而身棘门,为天下笑。模写情事,春申君殆两截人。([明]凌稚隆)

第四步:设计任务

设计任务包括两方面:一是立足任务(议题)设计问题。问题既可以是提问,也可以是下达的阅读指令、分发的阅读任务,还可以是提供的思考点。问题形式也很灵活,例如可以设计成表格。设计任务绝不等于布置任务,设计任务必须体现出设计性,因此设计好的问题要能融合阅读策略和方法,力求为学生提供阅读支架,总之要能够使学生明白读什么以及怎么读,读完以后到底要干什么。二是针对学生阅读文本提供阅读环境、创设阅读语境、制定阅读规则、制定阅读方案。这一步至关重要,因为只要将学习任务设计好了,后面交流环节也就轻松了,课堂上教师根本不需要讲多少。

笔者针对"战国四君子评说"设计任务,详见下表。

战国四君子简历														
序号	1	2	3	4	5	6	7	8	9	10	11	12	13	14
阅读统计项	姓名籍贯	家庭出身	身份封地	服务对象	性格特点	门客	对待宾客	门客代表	意见听取	大手笔	大败笔	综述一生	司马迁说	他者评述

该表旨在促进学生自主精读主读文本,但这里的精读又不同于传统单篇阅读教学中的分析式精读,这里的精读具有明确的目的,即依据表格提供项目进行阅读,以准确完成这一表格为阅读结果。笔者提供的阅读方案,旨在促进自主阅读以及合作阅读。这里笔者将阅读过程分成两个步骤:第一步为学生独立阅读,包括参考辅读文本,独立完成表格。第二步为四人小组(根据主读文本数量而定)合作阅读,每位同学负责一个主读文本,参考相关辅读文本,针对四君子中的一个,完善上表中对应的君子的相关内容,再提供给小组内的其他三位同学参考,检验各自的阅读情况。

第五步:阅读交流

这一环节又分为阅读环节和交流环节,阅读环节主要是学生安安静静地阅读教师编定的文本。具体给学生多少时间来阅读,还应兼顾文字量、文本难度(文字难度、认知难度)以及具体情况。总之要保障学生读得完、读得充分、完成得了表格内容。在这个过程中教师不可过多作为,提供充足的时间就好,最好自己跟着学生一起读文本。

为便于学生完成阅读统计,最好将表格拆开,分项制作阅读任务单(共计14项)。学生完成这部分内容是为交流环节教师组织学生在课堂上"分析评价"提供依据。

第六步:撰写报告

当前语文教学提倡读写一体,即写作是阅读的一部分或阅读是写作的一部分,亦即写了阅读才算完成或读了写作才能完成。换言之,读写一体包含两种情形:一是阅读情境下的读写一体,一是写作情境下的读写一体。本课属于前一种。在教师的引导下,学生在课堂上做了分析、评价和交流,接下来只需将课堂上形成的个人观点用文字的形式记录下来。写作为读的一部分,唯有写了,读才算完成。

综上,群文阅读的处理方式与传统教学有所不同,无论是理论还是实践方面,都需要在实践中深入研究。高中阶段的群文阅读教学依然处于初始阶段,语文教师需要不断探讨与实践。"学习任务群"的引入,可以有效地激发学生的学习兴趣,提升学生的学习品质,有利于高中语文群文阅读教学活动的开展。

第五章　基于语文学习任务群的语文项目学习

第一节　语文学习任务群与语文项目学习的关系

一、语文学习任务群的构建理念及具体实施

(一)语文学习任务群的构建理念

《普通高中语文课程标准(2017年版2020年修订)》揭示的语文课程体系是以语文核心素养为纲,以语文活动为主线,以学习任务群为呈现方式来组建的,对语文教学或语文学习的要求是:强调学习者中心、学习中心,强调语文学习的实践性,强调真实情境下的语文实践学习活动。语文学习任务群是基于这个理念建立的语文学习的新模式。其构成原则是"核心素养 + 语文实践"。作为新的语文学习形态,它最简单的表述是:以素养(四个学科核心素养)为纲,以语文实践(阅读与鉴赏、表达与交流、梳理与探究)为主线,指向真实的语文生活情境中的深度学习。①

具体来说,"学习任务群"以任务为导向,以学习项目为载体,整合学习情境、学习内容、学习方法和学习资源。任务的具体内容就是课标规定的语文学习活动。新课标对语文学习活动也做了补充调整,在原有的"阅读与鉴赏、表达与交流"的基础上,为了强调学生的创新能力,增加了"梳理与探究"一项,这是一种提升。在已有知识中整合出新知,在知识运用中延伸出新知。

---

① 陈兴才.语文"学习任务群"解疑[J].教育研究与评论(中学教育教学),2019(3):7
－12.

(二)语文学习任务群的具体实施

1. 学习任务群在统编版教材中的具体实施

以往教材的单元教学大都以文体为划分依据,并按照文本时序排列,体现的是"文本中心"的思想。统编版教材"按照'课标'的学段目标要求来细化那些知识的掌握与能力的训练,落实到各个单元。有些必要的语法修辞知识,则配合课文教学,以补白形式出现,努力做到'一课一得'"①。而学习任务群体现的是"素养中心"的理念,划分单元的依据不再是内容,而是以核心素养为纲的目标、内容、情境、任务的整合。

可以说,一个学习任务群就是一个指向素养的、相对独立的、体现完整读写学习过程的语文课程。这种划分单元的思路,在2003年人教版《中国古代诗歌散文欣赏》这本选修教材中就有所体现。当时划分诗歌单元的依据就是三种不同的鉴赏方法,而不是文体。统编版教材更是根据课标精神,重视核心素养的养成,以学习任务群为线索组织单元。必修2册+选择性必修3册,共28个单元,其中必修16个单元,覆盖7个学习任务群;选择性必修12个单元,覆盖9个学习任务群。统编版教材体现了碎片化向综合化演进的特征,通过"思考练习—问题探究—项目—任务群"流程的整合,使课标中学习任务群的构想得以实施。

2. 学习任务群在语文教学实践中的具体实施

(1)注重统编版教材与校本教材的结合。上面一个环节讲述了语文学习任务群在统编版教材中的具体实施。在此基础上,依据本校学生特点编写的校本教材,也可以沿用这种思路,对统编版教材中的学习任务加以延伸,建立更为具体的任务项目。既因地制宜、富有特色,又目标明确、便于实施。

(2)注重读与写的结合。对于学生来说,写作与阅读是互逆的两个过程:写作是创作出文本抒发情感让别人接受,阅读则是分析别人创作的文本,并体会其中的情感。因此,做好读写结合,更有利于学生阅读与表达能力的同步提升。学习任务群的设立也有这方面的考量。"文学阅读与写作""思辨性阅读与表达""实用性阅读与交流"分别从三种重要文体出发,完成了读与写的结合。因

① 温儒敏."部编本"语文教材的编写理念、特色与使用建议[J].课程·教材·教法,2016(11):8.

此日常的作文训练,必须打破作文课的时间、形式壁垒,做好与阅读课的融合,让写作无处不在。

(3)注重课内与课外的结合。学习任务群是一种系统性学习的方法,仅靠课堂内的任务是无法完成的,必须挖掘课外资源辅助课内,促进任务的完成。例如调动家庭资源,完成整本书阅读与研讨、中华传统文化专题研讨、中国革命传统作品专题研讨等学习任务;开发社区资源,完成当代文化参与、跨媒介阅读与交流、实用性阅读与交流等学习任务……课外资源更有利于学生融入真实情境,加深对语言、文化的理解。

二、语文项目学习与语文学习任务群的关系

项目化学习作为一种基于建构主义理论的学习模式,近年来受到国内外学者、教育工作者的广泛关注。美国巴克教育研究所把以课程标准为核心的项目学习(standards – focused PBL)定义为"一套系统的教学方法,它是对复杂、真实问题的探究过程,也是精心设计项目作品、规划和实施项目任务的过程,在这个过程中,学生能够掌握所需的知识和技能"①。

(一)语文项目学习与语文学习任务群的异同

在我国,项目学习是一种以学生为中心设计执行项目,从而提高学生的学习效果的教学方法。在一定的时间内,学生选择、计划、提出一个项目构思,通过展示等多种形式解决实际问题。开展项目学习的价值在于围绕挑战性的学习主题,提出问题,深度参与探究,从而获得发展,提升核心素养和能力。② 语文项目学习根植于"核心素养"理念,是对语文学习任务群的实践性延伸,有助于提高学生思考和解决实际问题的能力。

1. 语文项目学习与语文学习任务群的相同特征

(1)教学理念相同。二者都是基于新课程理念构建的。不但强调知识信息的获得,更强调项目化的语文综合实践。在语文教学实践过程中更加关注学生个性化、多样化的学习和发展需求,促进人才培养模式的转变,着力发展学生的

---

① 美国巴克教育研究所.项目学习教师指南:21 世纪的中学教学法[M].任伟,译.2 版.北京:教育科学出版社,2008:124.

② 胡红杏.项目式学习:培养学生核心素养的课堂教学活动[J].兰州大学学报(社会科学版),2017(6):165 – 172.

核心素养。

（2）教学驱动力相同。二者都突破了"知识中心"或"文本中心"的局限,驱动教与学的动力是"项目/任务"带来的有指向性的问题,是围绕问题设计的解决问题的方案以及最终的"项目/任务"完成度评价反思。教学驱动力的变化更有助于扭转以学科知识教学为中心的弊病,走向核心素养的提升。

（3）教学效果相同。二者的教学目标都在于带动学生进行深度学习,从而提升综合素养。不论是项目还是任务,构成的思维场和话语场都是多维度、多角度的。当学习材料超越单一文本,以群文或专题化多文本形式出现时,人的思维自然会复杂化、层次化,具备多向性;再通过有效的任务设计,使之有任务可依、有章可循,思维活动的强度自然大很多。因此,二者都更多地指向探究性的深度学习,教学效果必然显现于思维、行为品质的提升。

2.语文项目学习与语文学习任务群的区别

（1）规模大小不同。语文学习任务群通过统编版教材落实到必修、选择性必修、选修等各个阶段,贯串始终,持续时间较长。相比较而言,语文学习项目是对学习任务群的有效延伸,可大可小、可长可短、可深可浅,更为灵活机动。

（2）构建方式不同。语文学习任务群是落实新课程标准相关理念而确定的"课程内容",既有单一文体的学习,也有阅读表达方式的学习,实现了语文教学内容的全覆盖,是对课程内容的宏观架构。语文项目学习是基于学习任务群的教学内容确定的具体学习项目,可根据不同地域、不同学段、不同学情制定相应内容。

（3）评价方式不同。语文学习任务群每一部分均有相应学分赋值,对应有考核标准,保证每一项学习内容都能落实。语文项目学习可以是解决知识、技能等单一问题,也可以是完成学习任务群相应任务的辅助,评价的方式更为多样,只要能达到项目设立目标即可。

（二）语文项目学习对语文学习任务群补充与延伸的几个方面

学习任务群的任务跨度比较大,相应阅读文本的必备知识和必备技能学习过程会被弱化;而且学习任务的确定,对单一文本的学习也存在关注面、涉及面变窄的情况。这个时候,就需要语文项目学习进行补充与延伸。

1.基本知识与方法

在进行任务学习之前,必要的知识和方法讲解是非常重要的。比如进行

"文学阅读与写作"任务群学习时,对鉴赏文学作品的要点——"语言""手法""形象""思想感情"四个方面——应当予以系统讲解。这些知识点可以融入具体的学习项目,为任务群学习的展开做好铺垫。

2. 情境的创设

情境是指与生活相连的、真实的学习情境,也就是说它源于现实生活。情境是学生在生活中学习、运用语言的相关背景、境况、场景等。从"所属"上来说,它属于学习者,而不属于原文本作者或别人。学习的对象不是具有纲领性意义的教材文本,而是将来学习、工作、生活所需要的学科素养,简言之,学生学习的任务就是将来他在学习、工作、生活中可能遇到的需要处理的事情。所以,有人说,情境主管问题产生。学习项目在确定生成的过程中,一定是面对学习或生活中的具体问题而产生的,更为灵活地将学习任务群中的各项任务转变成简便易行的情境问题,这样更便于学生接受与探究。

3. 教材外任务

统编版教材已经将学习任务群落实到每一个单元,按照教材编排全部学习完毕,也就完成了学习任务群的要求。但语文的学习是无处不在的,如果仅限于教材内容,语文学习的视野就会受限,思维也无法得以扩展。项目学习则可以利用校本教材或者真实语言材料,组合成与学习任务群相对应的"项目"素材,生成更为多样丰富的"教材外任务",提升学生解决问题的能力。

4. 课堂外活动

"活动"是指"语文教学过程中在老师引导下学生自主参加的,以学生语文学习兴趣的内在需求和认知规律为基础的,以培养学生的语文创新精神和实践能力、奠定学生全面发展与终身发展基础为目的的,以课堂为中心、课内外互动互补的、有序有效的主体实践活动"[1]。就此而言,学生活动除了课堂内有监控的活动,课堂外活动也是必需的。依据学习任务群的任务要求,需要建立便于在家庭和社会实施的有针对性的学习项目,引导学生通过真实生活语境提升感受语言表达自我的能力。

---

① 肖家芸.语文'活动式'教学"简介[J].语文教学通讯,2003(3):52.

第二节　学习项目的种类和基本构架模型

一、学习项目的种类

基于语文学习任务群的语文项目学习,必须立足语文学习任务群的教学要求,制定适合的任务,达成教学目标。由于学习项目更为灵活,有必要对其分类,明确不同分类标准下的项目类型特点,以更好地实施语文学习任务群的任务内容。

教师和学生在进行项目立项的时候,也需要确定项目的类型,从而明确项目的实施目标、课时安排、实现形式、综合评价等环节,并将这个过程与学习任务群的各项要求匹配比对,落实课标及教材的教学设想。

(一)以文体类型划分

依据文体类型进行的语文项目分类是最为简便易行的分类方式。学习任务群也与之有很好的对应。不论是 2003 年的人教版教材,还是统编版教材,在进行单元编排的时候,也都兼顾了文体问题。

文体项目分类示例见表 5-1:

表 5-1　文体项目分类表

项目名称	可对应学习任务群	可对应课本篇目
古今散文阅读	学习任务群 5 文学阅读与写作 学习任务群 2 当代文化参与 学习任务群 16 中国现当代作家作品专题研讨	人教社 2003 版必修一第三单元、必修二第一单元 统编版教材必修上册第七单元
古今小说阅读	学习任务群 1 整本书阅读与研讨 学习任务群 5 文学阅读与写作 学习任务群 2 当代文化参与 学习任务群 16 中国现当代作家作品专题研讨	人教社 2003 版必修三第一单元、必修五第一单元 统编版教材必修下册第六单元、第七单元

续表

项目名称	可对应学习任务群	可对应课本篇目
思辨类杂文阅读	学习任务群 2 当代文化参与 学习任务群 3 跨媒介阅读与交流 学习任务群 6 思辨性阅读与表达	人教社 2003 版必修四第三单元、必修五第三单元 统编版教材必修下册第三单元
实用类文本阅读	学习任务群 2 当代文化参与 学习任务群 3 跨媒介阅读与交流 学习任务群 7 实用性阅读与交流	人教社 2003 版必修一第四单元、必修二第四单元 统编版教材必修上册第三单元、必修下册第四单元
……		

以文体类型划分项目,首先应突出文体特征,帮助学生构建文体知识体系,熟悉各种文体的表达方式,了解不同文体在不同时代背景下的沿革与发展,领会其主题的历史意义。同时可以关注读写联合训练,既能保持客观冷静的态度,掌握评析鉴赏的思维;又能从文章中汲取营养,丰富自我的表达路径。

（二）以探究范围程度划分

依据项目探究所涉及的篇目范围、知识点关联范围等,也可以将项目学习的不同类型区分开来。这种划分项目类型的方法,最能体现项目学习机动灵活的特点。在教学过程中恰当运用,可以很好地对学习任务群进行有效补充。

探究范围程度项目分类示例见表 5 - 2:

表 5 - 2　探究范围程度项目分类表

项目名称	可对应学习任务群	项目可完成内容
知识点项目	学习任务群 4 语言积累、梳理与探究 学习任务群 13 汉字汉语专题研讨 学习任务群 18 学术论著专题研讨 ……	语文学习过程中需要掌握有关语言、语法、手法、文体等相关知识点
模块/单元项目	学习任务群 5 文学阅读与写作 学习任务群 6 思辨性阅读与表达 学习任务群 7 实用性阅读与交流	以文体、作家、主题等内容集合相应篇目组成学习项目,拓展学生的阅读深度和广度

续表

项目名称	可对应学习任务群	项目可完成内容
模块/单元项目	学习任务群 8 中华传统文化经典研习 学习任务群 9 中国革命传统作品研习 学习任务群 10 中国现当代作家作品研习 学习任务群 11 外国作家作品研习 ……	以文体、作家、主题等内容集合相应篇目组成学习项目,拓展学生的阅读深度和广度
微项目	学习任务群 5 文学阅读与写作 学习任务群 14 中华传统文化专题研讨 ……	解读作品中的一个意象、抒情主人公的一个动作等所表达的情感或承载的文化意义

知识点项目适合在某个学习任务群展开之前,做知识性的铺垫。在完成这一类项目时,教师应该更多地发挥主导作用,将各个知识点讲解到位,并组织有效的练习让学生充分理解掌握。

模块/单元项目与学习任务群可以对等照应。尤其借助统编版教材编排的单元章节,可以有序展开。但是不同的模块/单元有各自的特点,项目设计时,切入的问题、活动的设计应该有所不同。

微项目是对模块/单元项目的辅助,解决的是模块/单元项目中的分支细节问题。从某种意义上说,有主题、成体系的微项目组合在一起,就可以成为一个有效实施的模块/单元项目,也就能完成相应学习任务群的学习目标。

(三)以项目建立的主体划分

依据项目建立的主体,可划分为教师主导型和学生自主型。

1. 教师主导型项目

这类项目往往在学习新知、技能方法传授、构建知识体系、突破重难点等教学环节上体现,在学生认知水平、实践能力还未有效提升时发挥作用。"学习任务群 4 语言积累、梳理与探究""学习任务群 13 汉字汉语专题研讨"以及每一个以文体为特征的学习任务群在进行文体知识和鉴赏方法讲解时,都可以采用这种项目类型。

在教师主导型项目中,教师的"示范"和"对话"作用非常重要。"示范"主要体现在探究过程的演示、例题范例的讲解环节;"对话"主要应用在讨论环节,以师生平等讨论的方式,引导学生进行正确的探究,有意识地在过程中提升学生解决问题的能力。

2.学生自主型项目

这类项目在知识技能重复演练、高年级学段、复习课中可以广泛应用。学生在教师的指导下,可以在解决问题的时候发现问题,并且总结经验,设计解决新问题的过程和方法。这个时候,学生的自主能力就得以发挥。在各个学习任务群的学习过程中,都可以根据学情采用这样的项目类型。

"我们唤起自身的学科知识,以确认学习者理解学科所采取的可能途径,并提供材料、问题、活动以及评论,使学习者能够实现其某些潜能。"①项目学习就是激发学生潜能、提升其学习境界的过程。教师一定要敢于将课堂还给学生,让他们在自主、合作的探究中获得学习的快乐,唤醒自身对美的感受力。

在新一轮课改的背景下,教师主导型项目应该越来越精练,而学生自主型项目应该越来越精彩。

(四)其他的类型划分方法

对学习项目进行分类,有助于教师深入地研究不同类型学习项目的适用性、针对性和有效性。分类的依据非常重要,依据不同,分类的结果就不同,那么进行研究的过程与效率也会千差万别。所以,研究者必须明确自己的研究目标,再对学习项目的类型进行分析。

前面所述的三种分类方法,分别从项目探究内容、项目探究范围、项目探究主体三个维度展开。在具体教学实践中,学习项目还可以有以下维度,仅供参考。

以项目探究的对象划分:学科知识项目、教材学习项目、综合实践项目。这三种类型涵盖了课内与课外的学习内容,需要采用的方式方法与学情结合得更为紧密。

---

① 达克沃斯."多多益善":倾听学习者解释[M].张华,译.北京:高等教育出版社,2004:133.

按照学科划分：单一学科项目学习、跨学科项目学习。这种分类方法扩展了语文项目学习的外延，为语文学习任务群的任务设置提供了更多思路。

按照学习任务群划分：18个语文学习任务群本身也可以设计成相应的学习项目，统编版教材也可以更好地保障学习项目的实施。

二、学习项目的基本构架模型

"项目"的建立着眼于问题的解决，最终的目标应是在完成项目的同时，使学生更有效率地掌握学科知识，获得更丰富的社会情感技能。而基于语文学习任务群的语文项目学习，更需要结合新课标对语文学习任务群进行分类，对项目进行更为科学有效的优化组合提升。因此，"项目"的建立应该符合以下基本构架模型(图5-1)：

图5-1　项目建立的基本构架模型

(一)所有项目的建立都起始于"问题的提出"

只有产生了"问题"，项目才有目标和方向，探究才有意义。"问题"一般包括以下两个方面内容：

1.建立特定项目需要具备的学科知识和解决问题的技能

项目学习是以服务学生的学习为目标而存在的。因此学生在完成每一个项目的时候，需要自主学习并运用标准化的学科知识，培养自己的批判性思维，锻炼合作和自我管理的能力。

2.根据学习任务群的基本教学要求提炼主问题

主问题是项目的核心，它直接指向学习任务群设定的教学目标，甚至限定了一切项目情境和项目活动设计的方向。主问题的设置在低年级学段可以由教师设置,随着知识和技能的提高,慢慢向学生自主总结过渡,教师慢慢转变成协助者。

(二)项目方案的制定是项目实施的重要保证

有了方案,才可以提升效率。"项目方案"应该包括以下几个基本内容:

1. 为解决主问题而设置的"持续设问"

"持续设问"的设置,代表了整个项目的设计构思,保证项目探究不会偏离方向。"持续设问"可以根据项目完成情况及时调整,保证整个项目完成得更有效。

2. 项目完成的流程设计

每一个项目完成都需要有相应的设计,即解决问题的一般流程,以此保证项目完成应有的步骤。

3. 项目完成所需的各种保障

包括完成项目学习所需的资料、调查统计时各种所需物资、项目实施过程中各种应急预案等。如果项目完成需要小组合作,那么还需要有小组分工细目表。

(三)项目的有效实施需要遵循三个原则

项目的"有效"主要体现在学生亲身实践、学有所得,围绕这一点产生三个原则:

1. 真实性原则

项目应与现实相结合,引导学生对真实世界进行思考和观察。主问题应该是从真实学习语境中产生的,设置的解决问题的场景也应该是具体可感、根植于学习生活实际的。

2. 学生自主探究原则

自主探究原则主要体现在自主选择——学生要在项目的完成过程中有很大的自主选择权利,包括制定计划、寻求帮助、修改计划等。自主探究强调调动学生自主学习的积极性,但并不意味着要放任自流,在项目的确定、知识技能的示范、最终评价甚至初始阶段的项目设计等方面,都需要进行必要的指导。

3. 交互性原则

项目实施过程必须保证很好的交互状态,包括师生交互、生生交互、学生与家长交互、课堂内外交互……项目实施中,学生可以以各种不同的形式在项目实施的各个阶段向班级成员演示研究的成果。教师和家长是辅助者、启发者、记录者,提供工具和方法,至于怎么用以及产生怎样的方案完全由学生自主决定。同时通过启发性提问引导学生自主探索,而不是直接回答学生问题,提供标准答案。学生遇到问题可以求助网络、同伴、家长、教师,然后形成自己的想法。这样就产生了很好的交互作用,使学生能够最大程度发挥自己的主观能动性,并保证探究方向的明确性。

(四)项目的评价与反思更应关注项目完成的过程

项目学习的目标明确,并且达成的程度是可预期的,因而不能仅仅依靠结果性评价,对项目过程的评价与反思更为重要。"项目评价检验项目目标的实现程度,可以促使学生在项目完成后进行自我反思。项目评价应以学习者为中心,教师及时跟进学生的项目,为学生提供指导和评价,并为学生提供改进建议。"[1]设计项目时,要保证从知识点出发,明确要达到怎样的教学目标,通过设计项目情境,使学生以主人公角色参与,运用这堂课的知识点解决问题,完成项目,最后成果展示时可对照教学目标和考评量表进行评估。在项目实施过程中,通过任务量化、进度检查、中期汇报、师生对话等多种形式进行过程性评价,记录学生在项目各阶段的表现和进步,这些都是评价的内容。教师还可以利用一些课堂记录的网络工具追踪学生进度。

反思的内容除了判断基本知识掌握情况,更需要注意项目的成果是否解决了问题,项目的设计是否可以再优化,学生是否在能力上有所提升。同时,对存在的不足或今后可延伸拓展的地方加以记录交流。反思的质量一定程度上决定了项目学习的有效度。学生可以在反思的基础上总结探究经验教训,获取足够的知识,为下一个项目的产生和解决积蓄能量。

学习项目的基本构架模型是一个螺旋式上升的样态。一个项目的解决过程将为下一阶段的学习做好准备。学生在这个上升循环中可以学会提出问题,最终获得解决问题的必备知识及能力。

---

① 茆婷婷.项目式学习在语文课程实践中的优化[J].镇江高专学报,2020(1):92.

第三节　语文项目学习双平台课堂的设想与实施

有效的项目学习能够统整学科内容与生活实践,支持学生深度学习,通常具有六个显著特征:一是有一个来自现实的,既是学习的起点,又能用来组织和激发学习活动的驱动性问题;二是在真实情境中开展探究活动;三是学生想要解决问题、创造出最终产品,需要学习并综合运用多学科知识;四是学生在探究过程中要积极寻求与学习共同体中其他人的协作;五是整个过程中有一个交流展示学生最终产品的环节;六是学习技术的支持。① 可见,网络信息及其他学习技术,是当下完成语文项目学习的重要条件。与传统教学方式相比,项目学习更适合利用双平台课堂开展实施。

一、语文项目学习双平台课堂的优势

双平台共进融合的方式在学习任务群的体系化构建、探究活动的时空范围、学习资源的开发利用、互动交流的广泛开展、教学管理评价的丰富多样等诸多方面弥补了单一平台的不足。

（一）有利于学习任务群的具体化

我们在这里探讨的"语文项目学习"是基于语文学习任务群的,所有项目的设计都必须围绕学习任务群展开。双平台课堂可以很好地将这一点具体展现。一方面,利用以信息技术为基础的线上平台,对学习任务群涉及的学科知识、技能要求进行课程化的结构梳理,将学习任务群系统分解为相应的学习项目,并对学习项目的实施进行数字化统计。如果条件允许,还可以开发相应软件,对项目完成情况进行量化统计,作为最终评价学习效果的依据。另一方面,教师和学生在线下课堂集中精力,依据线上完成的流程计划,推进项目扎实实施。这样双平台共进,保证了学习任务群的具体化。

（二）有利于项目建立的有效化

项目学习的基本目标主要有:培养学生探索求真的精神、提升学生处理信

---

① 马宁,杜蕾,张燕玲.基于互联网的家校协同项目式学习[J].中小学数字化教学,2020(5):29－32.

息的能力、促进学生思维水平的提高。双平台的融合,可以利用网络信息技术,搜索更多与项目研究相关的信息,丰富学习目标的内容;也可以强化师生互动,拉近学科前沿专家与学生的时空距离,加快目标的确定;还可以利用线上平台的大数据优势,结合项目研究过程中遇到的问题,及时分析调整学习目标,从而使项目的建立更有效,将各种学习任务落到实处。

（三）有利于探究活动的情境化

目标一旦确定,探究活动就需要一个情境载体,将学习项目转变为基于真实应用的研究过程。项目组师生可以结合自身的教学学习经验以及实际生活场景,首先在线下平台分析学习项目的应用领域和适用条件,并准备各种习题例题,对探究活动进行强化与补充。而后利用线上平台进行搜索统计,将学习项目的应用范围进行适度扩充,寻找更多的社会生活情境,将所学理论知识进行应用化改造。这样就可以弥补传统教科书上例题对情境的假设,让学科知识真正情境化、真实化。

（四）有利于互动交流的常态化

线上平台最广泛的应用还在于互动交流。在项目学习的过程中,教师围绕项目活动与任务,为学生提供跨媒体的学习探究资源,将主动讲授与实时指导相结合;学生也可以根据自身需求,有选择地接受指导。教师和学生在线下平台面对面互动的基础上,还可以在线上平台进行更为广泛深入的交流。最终的学习成果在线下汇报,充分讨论修正,予以完善后,在线上发表推送。这样,互动交流贯串学习项目,常态化的线上线下充分沟通指导,让个性化的探究成为可能。

（五）有利于教学管理的科学化

线下平台的优势在于灵活机动,线上平台的优势在于便于记录统计。双平台的实施可以将项目完成的全过程进行全景式复现。不但使过程监督考核评价更为及时客观,更使每一个项目都成为可供历史性研究的对象。教学管理的宽度得以扩展、高度得以提升,时间意义上的深度更是得到很好的挖掘。整体的教学管理水平提高更快,科学化特征更加显著。

二、语文项目学习双平台课堂构建的设想

语文项目学习双平台课堂是以新课标语文学习任务群为基础,立足语文项

目学习的形式,融合线上线下平台各自的优势构建的新型课堂模式。该模式仍
然对应"学习项目的基本构架模型",如图 5 - 1 所示。在该模式中,充分考虑线
上环境的支持,师生尝试进行双平台项目学习的探究活动。谢幼如老师等在研
究中基于信息将网络学习行为分为以下五类:基于信息查询的学习行为、基于
信息浏览的学习行为、基于信息组织与加工的学习行为、基于信息发布的学习
行为和基于信息交流的学习行为。[①] 在本模式中结合以上分类,针对项目学习
不同阶段的网络学习行为进行架构,基本设想如图 5 - 2 所示。

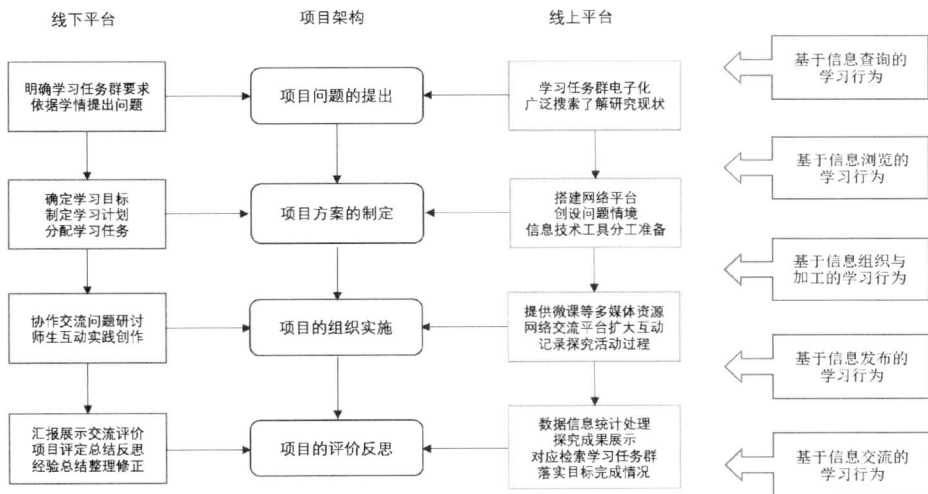

图 5 - 2　语文项目学习双平台课堂构建的基本设想

第四节　基于语文学习任务群的语文项目学习案例

案例 1：微项目学习

李清照诗词意象表现方式的比较
——以《醉花阴》《声声慢》为例
【对应学习任务群】学习任务群 8 中华传统文化经典研习

---

① 谢幼如,伍文燕,倪妙珊. PLS 提升大学生网络学习自我效能感的行为模式研究[J].
电化教育研究,2015(6):31 - 36.

学习任务群 14 中华传统文化专题研讨

【可对应实施课本篇目】人教社 2003 版高中语文必修四《李清照词两首》、统编版教材必修上册第三单元第九课

【项目实施依据】

李清照是中国历史上最杰出的女词人。以南渡为界,她的人生及文学创作可以分成两个时期,人教社 2003 版高中语文必修四《李清照词两首》选的《醉花阴》和《声声慢》正好与之对应。由于词人人生的重大变故,两首词呈现出了截然不同的情感体验。但是两首词在意象的选择上又有很多相同之处。从同一词人不同诗词的相同意象出发,我们可以建立"李清照诗词意象表现方式的比较"这一学习项目。

【项目实施过程】

一、设计表格

表 5 - 3　李清照诗词意象表现方式的比较

意象	篇目	诗句	意象表现	诗人状态及情感
黄花	《醉花阴》	人比黄花瘦		
	《声声慢》	满地黄花堆积		
酒	《醉花阴》	东篱把酒黄昏后		
	《声声慢》	三杯两盏淡酒		

二、问题讨论

(1)两首词中的"黄花",分别处在什么状态?

(2)"一切景语皆情语",那么作者为什么会在不同境遇下创作的两首词中选择不同状态的黄花呢? 两种状态分别表达了作者什么样的心情?

(3)在描写两种状态的黄花时,是否使用了一些表现手法?

(4)两首词中作者分别是如何饮酒的?

(5)不同的饮酒方式,各代表了怎样的心态及生命状态?

(6)依据两个意象的比较,总结李清照在南渡前后词作风格的不同。

三、完成表格

四、相关试题链接

（2018 年高考全国 II 卷）

题醉中所作草书卷后（节选）

陆　游

胸中磊落藏五兵，欲试无路空峥嵘。

酒为旗鼓笔刀槊，势从天落银河倾。

端溪石池浓作墨，烛光相射飞纵横。

须臾收卷复把酒，如见万里烟尘清。

问题：诗中前后两次出现"酒"，各有什么作用？请结合诗句简要分析。（6 分）

（参考答案）第一个"酒"出现在作书之前，诗人把它比喻成战场上的旗鼓，起到酝酿情绪、积蓄气势的作用；第二个"酒"则用来表现创作完成之后诗人的心理状态，他"如见万里烟尘清"，似乎赢得了一场战役的胜利，心满意足、踌躇满志。

（2015 年高考全国 I 卷）

发临洮将赴北庭留别①

岑　参

闻说轮台路②，连年见雪飞。

春风不曾到，汉使亦应稀。

白草通疏勒，青山过武威。

勤王敢道远，私向梦中归。

[注]①临洮：在今甘肃临潭西。北庭：唐六都护府之一，治所为庭州（今新疆吉木萨尔北）。②轮台：庭州属县，在今新疆乌鲁木齐。

问题：与《白雪歌送武判官归京》相比，本诗描写塞外景物的角度有何不同？请简要分析。（5 分）

（参考答案）本诗描写的边塞风光并非作者亲眼所见，而是出于想象。从标题可以看出，作者此时尚处在前往边塞的途中，开头"闻说"二字也表明后面的描写是凭听闻所得。

【项目学习方法总结】

请思考如何将两首诗进行比较？其步骤和方法如何？

案例 2：学生自主项目学习

自主选择式整本书阅读项目学习

【对应学习任务群】学习任务群1 整本书阅读与研讨

【实施范围】非毕业年级

【项目实施依据】

整本书阅读是新一轮课程改革提出的概念。必修教材要求学生必须完成指定的两本书的阅读。但就阅读素养的整体提升而言，这还远远不够，需要进一步扩大阅读范围。采用教师引导、学生自主选择阅读的方式，让学生根据自身情况选择阅读篇目，有助于提升学生的优选能力，并完成个性化的阅读体验。

【项目实施过程】

一、阅读时间的确定

（1）课堂时间：每周安排一节语文课作为阅读课。可安排学生自主阅读，也可以安排读书分享等活动。

（2）学生课余阅读时间：每个学生根据自身情况，每天确定30分钟阅读时间，用于阅读及梳理读后感。

二、阅读书目的确定

（1）教师推荐书目：因学生阅读视野较窄，难以在更广阔的空间选择书目。教师应在不同类型的书籍中优选一些适合基础教育阶段教育目标的书目，建议学生阅读。大致的建议书目类别可以有文化随笔类，既有认识世界的，也有认识自身的；文学类，小说、散文、诗歌等；政经类，提供给关注社会发展演变、逻辑思维较好的学生；美学类，提供给有志于系统提高审美能力的学生；自然科学类，提供给理工科学习较为深入的学生。

（2）家长推荐书目：依靠家长资源。请家长根据自己的阅读体验，为学生推荐优质阅读书目。

（3）学生自主选择书目：学生依靠自身爱好，在书店或者图书馆自主选择阅读书目。

三、统计书目并思考选择本书的理由

提供书目之后，要求学生在一周内确定一本本学期必读的书，进行全班统计。在阅读课上，要求学生把买到的书带到课堂。教师首先让学生观察周围同学所选择的书,然后请学生回答一个问题:你为什么选择这本书?

对于这个问题,成熟的读书人无外乎提出三个方面的原因:

(1)图书本身。包括装帧、作者知名度、图书内容以及题记、序言等信息。

(2)周围环境。包括来自网络、同学、家长、教师等各方面的推荐。

(3)读者自身。包括读者在纯阅读、工作、娱乐等各方面的需求。

在这三个方面的因素中,越是理性的读者越应该重视第三点,他们读书的目标性明确,所有的选择都是建立在必要的心理需求基础上的,因而选择更为理性。可是,实际情况也有可能恰恰相反。一些纯粹的"理工学生"可能选择一部小说,是为了感受小说的文学力量,从而提高自己的写作能力。而感性的学生反而会更加关注提升阅读能力、审美能力和感悟力等涉及读者自身的因素。教师可统计学生选择本书的理由,并对此进行学生学情特征研究,对不同学生、不同班级采取不同的教学策略。

四、学生阅读及阅读分享

整本书阅读一定要有时间保证。每周提供给学生一节课时间让其进行沉浸式阅读是必需的,这样可以基本保证一个学期之内阅读完一本书。另外,安排学生每天利用固定时间进行阅读也是必要的,但不建议用图表的方式规定阅读进度——这是一种非常破坏阅读自然体验的做法,会让量化的图表破坏学生的阅读兴趣。

在学期中或学期末进行阅读分享活动。阅读分享活动除了可以谈图书中重要的人物、情节,还可以分享图书中的细节描写、生动语言、写作手法、逻辑思维、思想启示等方面的内容。这些内容与阅读能力的提升有着最为直接的关系。

【项目学习方法总结】

选择本书的依据是什么? 如何规划阅读时间可以兼顾阅读兴趣和阅读效率?

案 例 3：知识点项目学习

表现手法系列学习之"用典"

【对应学习任务群】学习任务群 4 语言积累、梳理与探究

【可对应实施课本篇目及课型】人教社 2003 版高中语文必修四《辛弃疾词两首》、统编版教材必修上册第三单元第九课、高三诗歌复习课

【项目实施依据】

以典入诗,是历代诗人常用的一种表现手法。理解好"用典"这一表现手法,可以帮助我们更好地理解诗歌,就此知识点建立"表现手法系列学习之'用典'"学习项目。

【项目实施过程】

一、基本概念解析

1.用典

也叫用事、使事。凡诗文中引用过去有关人、地、事、物之史实,或有来历有出处的词语、佳句,来表达诗人的某种愿望或情感,增加词句的含蓄与典雅或意境的内涵与深度,即称"用典"。用典用得巧妙、恰当,可以使诗词意蕴丰富、简洁含蓄、庄重典雅;使表达更加生动形象,诗句更加凝练,言近而旨远,含蓄而婉转。从而提高作品的表现力和感染力,达到诗人常说的"力透纸背,掷地有声"。

2.用典的主要作用

(1)品评历史,借古论今,如杜牧《泊秦淮》。

(2)抒情言志,表明心迹,如苏轼《江城子·密州出猎》。

(3)引发联想,创新意境,如辛弃疾《破阵子》。

(4)简洁精练,内涵丰富,如刘禹锡《酬乐天扬州初逢席上见赠》。

启功在《比喻与用典》一文中总结了典故的五个主要功能:有助于说理,有助于修辞,有助于丰富表达的内涵,有助于发表不便直说的思想,有助于联想。

二、经典例题

(2013年高考全国Ⅰ卷)

鹊 桥 仙

陆 游

华灯纵博,雕鞍驰射,谁记当年豪举①?

酒徒一半取封侯,独去作江边渔父。

轻舟八尺,低篷三扇,占断苹洲烟雨②。

镜湖③元自属闲人,又何必君恩赐与!

[注]①这三句是追忆当年军中的生活。博,古代的一种棋戏。②占断:占尽。苹洲烟雨:指长满苹草、烟雨空蒙的风光。③镜湖:即鉴湖,在今浙江绍兴。唐天宝初,贺知章请求回家乡会稽当道士,玄宗诏赐他镜湖一角。

问题:词的结尾借用了贺知章的故事,这有什么用意? 请简要分析。(6分)

(参考答案)①用来含蓄地表现对统治者的不屑以及愤慨不平。②皇帝既置我于闲散,镜湖风月原本就属于闲散之人,又何必要你皇帝恩赐呢?③再说,天地之大,何处容不下我一个闲散之人,谁又稀罕你皇帝的恩赐!

(2013年高考江西卷)

水调歌头·壬子三山被召,陈端仁给事饮饯席上作①

辛弃疾

长恨复长恨,裁作短歌行。何人为我楚舞,听我楚狂声? 余既滋兰九畹,又树蕙之百亩,秋菊更餐英②。门外沧浪水,可以濯吾缨。

一杯酒,问何似,身后名? 人间万事,毫发常重泰山轻。悲莫悲生离别,乐莫乐新相识,儿女古今情。富贵非吾事,归与白鸥盟。

[注]①绍熙三年(壬子),辛弃疾奉召赴临安,在陈端仁的饯行席上赋此词。②"余既"三句出自《离骚》:"余既滋兰之九畹,又树蕙之百亩""朝饮木兰之坠露兮,夕餐秋菊之落英"。

问题:指出"听我楚狂声"和"富贵非吾事"典故的出处。词人借它们分别表达了什么情思?(6分)

(参考答案)①上句出自《论语》,一个"狂"字,突出了诗人不愿趋炎附势、屈从权贵的耿介之情;②下句出自陶渊明的《归去来兮辞》,表明自己此次奉召赴临安并不是追求个人荣利,并且也不想在那里久留。

三、答题思路

对于高考诗歌鉴赏中的典故题,具体可分三步作答:

第一步,找到典故来源。平时复习中,对诗歌中出现过的典故一定要有所积累,如"陶朱"指富商,"杜康"是酒的代称,"鸿鹄"指志向高远的人等。

第二步,辨明用典形式。搞清作者与典故的关系,是用来自比,还是对比衬托,紧紧抓住二者的结合点,在此基础上作答。

第三步,结合诗歌的具体内容进行分析。例如,2013年高考江西卷辛弃疾《水调歌头·壬子三山被召,陈端仁给事饮饯席上作》中的"富贵非吾事",其来源是陶渊明《归去来兮辞》中的"富贵非吾愿"。词人以陶渊明自况,属于正面使用典故,起到了强化主题的作用。具体而言,词人借此典故表达了自己此次奉召赴临安并不是追求个人名利,并且也不想在那里久留的心迹。

四、课本回扣——明确要点(师生互动讨论)

人教社2003版必修四《辛弃疾词两首》课后问题二:辛词长于用典。在这两首词中,作者各用了哪些典故? 他借助这些历史故事和历史人物分别表达了什么情思?

(设题意图)词中的典故是学生理解的难点,本题意在引导学生了解这些典故的主要内容,把握这些典故与作者所要表达的思想感情之间的关系,熟悉诗词中用典这种特殊的艺术手法。

(参考答案)辛弃疾在这两首词中,写到的历史人物有:张翰、许汜、刘备、孙权、刘裕、南朝宋文帝、拓跋焘、廉颇。历史事件有:张翰弃官归乡,刘备鄙视许汜,孙权始置京口,刘裕起兵北伐,霍去病出击匈奴,宋文帝北伐失败,拓跋焘建立行宫,赵王派使者探望廉颇。

作者通过众多的历史人物故事,表达了对英雄功业的仰慕,对追求享受、草率从事的行为的批判,抒发了自己炽热的爱国热情和壮志难酬、报国无路的悲哀与愤慨。

《水龙吟》中辛弃疾运用了几个历史典故,来表述自己的思想矛盾和对生活道路的抉择,抒发了自己内心的孤寂与忧愁。作者先写到晋人张翰在洛阳做官,见西风吹来,很想吃家乡吴中的莼菜羹和鲈鱼脍,便立即弃官还乡。像这样轻易地挂冠离职,辛弃疾是做不到的。又写到三国时的许汜不关心天下大事,只想着买田置产,作者更不屑那样去做。在这里他要说明的是:自己既不愿弃官归隐,又不肯去追求享受,他决定要为实现自己抗金复国的理想而奋斗到底。下面作者引用了桓温"木犹如此,人何以堪"的感慨,来说明自己心中怕的是时光如流水般飞逝,人也会在饱经磨难之后很快地老去。他想到岁月催人老,报国壮志难以实现;想到自己的苦恼并没有人能够理解,不禁掉下了英雄之泪。

《永遇乐》的上阕是缅怀两位古代英雄。一是写孙权,作者感慨经历了千年的风雨侵蚀之后,镇江的高山大江依然如故,而曾在这里建都的吴国君主孙权却已无处寻得了。当年亭台殿阁之间的风流余韵也都被岁月洗净涤尽。二是写刘裕,传说当年刘裕就曾居住在京口的普通街巷之中。东晋时,刘裕从这里起兵去平定桓玄之乱,又率军北伐,战胜鲜卑等军事力量,扫平中原,建立了南朝刘宋王朝。作者对孙权和刘裕这两个历史人物的仰慕,对他们所创立的赫赫战功的赞扬,其情感是那么炽热、强烈,这正反映了作者人到老年仍旧壮心不已的精神气概。

　　下阕先是对南朝元嘉年间一段历史进行评议:宋文帝好大喜功,在准备不足的情况下贸然出兵北伐,想要像霍去病一样"封狼居胥",结果是仓皇败阵,落得个无功而返。这个典故和上阕的两个典故形成鲜明对比,而且将宋文帝和霍去病两个典故套用,丰富了内容。有人认为作者写这段历史是以古喻今,是针对韩侂胄以北伐邀功而发的,作者主张要有备而战,反对草率出兵。紧接着,作者的笔锋开始转向了自己:在他 21 岁时,曾经穿越那战火纷飞的扬州古道,奔驰南下。长江北岸在历史上乃是被北魏太武帝占领后建造行宫的地方,后来就成了太武帝的祠庙。那里也记录着北宋末年统治者纷纷南逃的耻辱与仇恨。可是,如今佛狸祠前却是祭神赛社,烟火不断! 在这里,作者又是以古讽今,批评人们居然舍弃了被金人占领的国土,忘记了国恨家仇。这番议论正气凛然、言语犀利,正是作者爱国真情的体现。写到这里,作者不禁义愤填膺,他觉得自己来当这个镇江知府简直是被捉弄了,当权者哪里有一星半点要重用自己的诚意! 他很羡慕战国时赵国的老将廉颇,廉颇因被人陷害而逃奔魏国,后来秦军攻打赵国,赵王想起老将廉颇,就派人前去探视,看他能否再带兵出征。而自己呢? 虽然雄心不减当年,仍然希望为国效力,但到如今却连个前来问讯的人都没有,自己的运气还不如廉颇。这个结句是作者在叹息、在呼喊,这是极富个性、英雄气十足的叹息和呼喊,是全词苍劲、悲壮的最高音。

　　《永遇乐》的用典最为突出,可以说是一句一典,作者的生活经历和现实处境、思想主张和内心情感,几乎全是通过历史典故诉说出来的。辛弃疾的用典总是很恰切,正用、反用、套用间杂,善于用简短的语句涵盖极丰富的内容,对后世产生极大的影响。

　　【项目学习方法总结】

　　用典手法都有哪些类别? 如何表达作者情感?

案例 4: 模块项目学习

写景抒情类散文学习

【对应学习任务群】学习任务群 5 文学阅读与写作

　　　　　　　学习任务群 10 中国现当代作家作品研习

　　　　　　　学习任务群 16 中国现当代作家作品专题研讨

　　　　　　　学习任务群 17 跨文化专题研讨

【可对应实施课本篇目及课型】人教社 2003 版高中语文必修二第一单元写景抒情的散文、统编版教材必修上册第七单元

【项目实施依据】

自然景物总能激起人们心灵的涟漪,作家更擅长综合运用多种手法,通过对自然景物的描摹,表达对生命的感悟。将一组写景抒情散文放在一起,或以写作内容为基础,或以写作手法为切入点,或以情感体验为核心建立学习项目进行综合分析研究,都可以让学生深入文本,体会作者眼中的自然美,领悟他们对生命的感悟与思考。

【项目实施过程】

人教版高中语文必修二第一单元项目式学习教学设计

一、本单元授课内容

(一)课文内容及特点分析

本单元主要内容是中国现代散文,三篇课文都是"北平"的景物。《荷塘月色》以精彩的写景状物闻名于世,作者用他的生花妙笔创造出优美的意境和精美的语言;《故都的秋》也是写景状物,但更有感染力的是文中浓郁的情味,作者的襟怀、志趣、性格洋溢在字里行间。两篇经典名篇历来为鉴赏家所称道,自发表以来,一直是中学语文课本的选文,即使在语文教改进展得如火如荼的今天,它们依然有着极大的教学价值。《囚绿记》被高中课本选用,是因为它篇幅较短,写景状物很有特点,表达情意含蓄蕴藉,适合中学生诵读、赏析。

(二)核心素养目标

(1)通过反复诵读,赏析散文优美、精辟的语言,体味感情。

(2)了解课文抓住特征写景的方法和写景的层次,学会观察景物的特点,并做简单的描述。

(3)学习写景类散文表现美、创造美的方法,获取正确的审美意识、健康向上的审美情趣与鉴赏品位。

(4)体味三篇散文中蕴含的文化精神,树立热爱生活、高洁雅致的崇高理想。

二、项目时间安排

6—8 课时

三、项目课时内容

第 一 课 时

项目任务:总体介绍三篇文章,教师讲解鉴赏要点。

（一）作者背景、文章内容介绍

（二）鉴赏要点讲解

1. 写景特点

（1）摄取景物片段。这些课文都不太长，要在有限的篇幅内描写好景物，必然只能写片段景物。这种片段景物，可以是景物的空间片段，也可以是景物的时间片段。前者如《囚绿记》，只写绿枝条，至于绿枝条以外的各种景物一概舍弃；后者如《荷塘月色》，只写夏日夜晚的清华园荷塘，映入作者视野的荷塘周围景物可谓多矣，不止写一花一叶，但时间只限定在夏日夜晚这一片段时刻。描写景物空间片段的，往时间上延长，描写景物在不同时间的变化；描写景物时间片段的，往空间上延长，描写同一时段的诸多景物。尽管还可以有其他写法，也可以不写景物片段，甚至随心所欲地写景，但那样写无法集中写景，不可能写得充分、细致，而且容易造成章法混乱或者呆板，缺乏艺术性。我们鉴赏写景状物散文，要在这种景物片段上多加体会，以得到更加鲜明的印象、更加充分的感受。

（2）选择写景角度。作者总是调动各种手段状写景物，包括选择写景的角度，有远景、近景，有俯视之景、仰视之景，有动景、静景，有定点观景、移步换景……如《故都的秋》的"你也能看得到很高很高的碧绿的天色""从槐树叶底，朝东细数着一丝一丝漏下来的日光"，这些是写仰视之景；《荷塘月色》的"月光如流水一般，静静地泻在这一片叶子和花上""弯弯的杨柳的稀疏的倩影，却又像是画在荷叶上"，这些是写俯视之景。我们鉴赏写景状物散文时，细致地分析写作的角度，可以获得更加丰富的心灵感受，并获得写作的启示。

（3）抓住景物特点。写景状物要抓住特点，这是不言而喻的。要写出景物的特点，使其与文章的整体氛围相协调，使全文保持统一和谐的风格。如《荷塘月色》创造了一种幽暗、优美、静谧的氛围和意境，在这种背景下，对文中各种景物的个性化描写都要与这种氛围和意境相适应。要写出景物的特点，往往从细微入笔，把景物的细部、局部特征放大，或者较多地运用比喻、拟人的修辞方法，或者将景物变形、变色、变味。如《故都的秋》的"或在破壁腰中，静对着像喇叭似的牵牛花（朝荣）的蓝朵"，这是细致入微的笔法，如同电影的特写镜头；又如《荷塘月色》，写荷花、荷叶、荷香等运用了繁多的比喻和拟人手法，把景物的特点充分显现出来了，使其散发出诱人的魅力。我们鉴赏写景状物散文时，应集中力量赏析富有特征的景物和多种多样的艺术手法，这是化文字为脑海中的具体形象并进入课文情境的重要手段,也是体会和借鉴写作方法的重要途径。

2. 体会深情

写景状物散文描写景物的形象、景物的特征,其间又伴随着作家情感的波动、情趣的流露。状写景物可以是连续的,也可以是间断的。间断是为了抒情写意或章法布局的需要,写景中断,代之以叙事或议论。然而情感必须贯串始终,即使在作家沉浸于描写一景一物的特征时,也得保持感情的潜流。景物呈现于作家眼中,经过艺术化的选择提炼,再用文字描写出来,不能不带上作者的主观感受。当然作家的情有时明显,有时隐晦,明晦多变,正显示出文章情脉的跌宕多姿。这些课文的情感表现各有特色,试列述之。

(1)情感的一致性。如《故都的秋》开篇写道:"可是啊,北国的秋,却特别地来得清,来得静,来得悲凉。"三个特点既概述了故都之秋景物自身的特点,也表达了作者对故都之秋的切身感受,作者的情感表达不是大起大落的,而是较为"平"地展开的。文章起始便奠定了全文的情感基调,全文都是按这三个特点或三种感受来写作的,情感成为一条贯串全文的线索,在这条线索的各个阶段都无多大变化。

(2)情感的变化性。如《荷塘月色》开篇说"这几天心里颇不宁静",文章中间透出淡淡的喜悦和淡淡的忧愁,显示出作者心灵在负重和解脱之间游移,也就是说情感随写景叙事起伏变化,形成一条弯弯曲曲的线索。

(3)情感的含蓄性。如《囚绿记》写一陋室外的一条绿枝,其景物可谓微小,但作者把它放到卢沟桥事变的社会政治背景下描写,意义非同凡响。作者没有直接写北平人民遭受日本帝国主义铁蹄践踏的现实,只写与绿枝条的"交往",最后还深深地怀念绿枝条,寄语于此物而意寓于他处,作者情感在显与隐之间,情感的含蓄性成为文章的一大特点。

3. 品味语言

写景状物散文的语言集中体现了散文语言之美,所以品味写景状物散文的语言是一项重要的教学任务。"赏析美景"可以通过品味语言进行,"体会深情"也可以通过品味语言进行。语言是文章中有形的东西,文章中有许多无形的东西有待于从有形的东西中提取,正如建筑物必须从地基垒起一样,语言就是支撑文章思想感情、构思布局和艺术风格等大厦的基石。然而有些教师在散文教学课堂上罔顾学生对语言认知、品味的必要性,直接引领学生攀登形而上的"空中楼阁",结果学生学完之后仍是茫茫然、昏昏然。

品味写景状物散文语言的方法很多。可以认真诵读,边读边在脑海里"放映"文字的影像,边读边品味语言本身之精彩——音乐性、画面感和哲理性,边读边体会作者心灵之搏动;可以认真默读,静静地欣赏优美隽永的语言,品味语言背后的意蕴情味,评价作家的语言风格;可以背诵课文片段。很多师生还没有意识到背诵现代散文的重要性,错误地认为只有古代散文才值得背诵。事实上,熟读背诵现当代散文,学生可以收获比熟读背诵古代散文更加强烈的感动和启悟,并获得良好的现代汉语语感和文学语感,进一步巩固和提高圈点批注的能力水平。总的来说,写景状物散文可圈可点之处甚多,不应该错过以"写读"的形式品赏精美散文语言的机会,每课的"研讨与练习"至少有一道揣摩语言的题作为范例。总之,重视品味语言是回归语文教学的正道,品味语言的"入口"虽小,但"出口"很大,可以通往广阔的天地。

第 二 课 时

项目任务:鉴赏示范《桨声灯影里的秦淮河》。

(一)印发朱自清及俞平伯《桨声灯影里的秦淮河》,学生阅读

(二)作品赏析示例

【赏析示例1】

从中国现代两篇同题散文谈起①

杨芝明

在中国现代散文史上有两篇《桨声灯影里的秦淮河》,一篇是俞平伯先生写的,另一篇的作者是朱自清先生。两位先生是江浙人,是同学,又是友人。他们都是由写诗而后转为写散文的。1922 年 1 月 1 日,他们和郑振铎、叶圣陶、刘延陵等创办中国新诗史上最早的诗刊——《诗》月刊。

1923 年 8 月的一个晚上,两位先生同游秦淮河,朱自清先生说:"平伯是初泛,我是重来了。"事后写下了题目偶合的两篇著名散文。虽然题目偶合,艺术表现各有特色,但对现实的态度不尽相同。朱自清比较"执着",俞平伯则比较"恬淡"。且不说作品由此而产生的不同情调,单以对待秦淮歌妓的态度来说,俞平伯比较超脱,所以能"怡然自若";而朱自清按捺不住心头的激动,则不能自已了。朱自清这种对生活认真执着的态度,大大强化了作品感人的力量,也加强了作品的现实意义,使人感到分外亲切。

---

① 杨芝明.从中国现代两篇同题散文谈起[J].学语文,2015(4):57.

在中国现代散文史上，常常是俞朱并称的。之所以并称、并存，当然有其思想上和作品上一致与不一致的原因。尤其在写作《桨声灯影里的秦淮河》时代。对于他们思想上的一致和不一致，阿英在《现代十六家小品·朱自清小品序》中做了这样中肯的分析："朱自清固然是很清醒的刹那主义者，但他的刹那主义，虽不是颓废，却不免是'欢乐苦少忧患多'，……是一种具有伤感性的清醒的刹那主义。俞平伯，一般的说，是比较的乐观，但他也毕竟跳不出'往昔的追怀'的圈，……。他和朱自清一样的知道必须执着'现在'，但他却不由自主的，想把自己带到过去以至往昔，这倾向是一天比一天来得强。这两位作家，一个是带着伤感的眼看着'现在'，一个则是眼睛虽依旧向着'现代'，而他的双双的脚印，却想向回兜转。两个人都希望'现代'能加上'光明'，然都缺乏着自己创造的力。"这种思想上一致和不一致的地方，也必然在他们的散文作品中表露出来。

关于他们散文艺术上的相同而又部分不同的地方，李素伯在《小品文研究》里做了这样的比较："我们觉得同是细腻的描写，俞先生的是细腻而委婉，朱先生的是细腻而深秀；同是缠绵的情致，俞先生的是缠绵里满蕴着温熙浓郁的氛围，朱先生的是缠绵里多含有眷恋悱恻的气息。如用作者自己的话来仿佛，则俞先生的是'朦胧之中似乎胎孕着一个如花的笑'，而朱先生的是'仿佛远处高楼上渺茫的歌声似的'。……"李素伯的这种对比研究，是他刻苦探讨的收获，是正确的。

以后，有一个时期，俞平伯散文向繁褥方面发展，直到散文集《燕知草》将写成的时候，才回头追求"朴素的趣味"（朱自清《燕知草·序》）。在阿英看来，俞朱并称并存，朱自清虽有优于俞平伯的地方，即情绪的丰富、"奔迸"，以及文字的更朴素、通俗；但在总的成果上，俞平伯高于朱自清。阿英的评价未必十分准确，然而新中国成立后，人们恰恰认为朱自清的散文成就高于俞平伯，显然不是实事求是的评价。

【赏析示例2】

朱自清散文《桨声灯影里的秦淮河》赏析

莫祝君

朱自清的《桨声灯影里的秦淮河》，是一篇出色的散文代表作，文章笔墨变化多端，有典雅的诗化语言，也有浓艳的语句。作者坦率和诚挚地流露出真情实感，将自己的感情与思绪，融合在技巧十分高超的风景描写中，使读者真切地感受到作者的思想感情。这篇文章相当突出地标志着"五四"散文创作所达到的艺术成就。

对于社会人生和自然景色,朱自清一向很善于进行精确和缜密的观察,做出细腻和深入的描写。朱自清在描绘自然景物的时候,都是在读者不知不觉中悄悄完成的。这些委婉而富有韵味的描绘,在开始时似乎都是无关紧要的闲笔,他从各处名胜的游艇讲起,说到了秦淮河的小船(七板子),说到了这船上的"灯彩",接着就扩展到多条游船上的灯光,映出了河上的"薄霭和微漪",然后又过渡到描写"碧阴阴的""厚而不腻"的河水,描写河上"薄薄的夜,淡淡的月",描写清朗的月光和浑浊的灯光,以及其相互交织在一起的景致。在这一束束五彩缤纷而又变幻莫测的光照底下,秦淮河的夜景显出"缠绵"和"渺渺"的丰富复杂的意境。

在表现秦淮河光亮这一点上,朱自清运用的并非形象的色彩,而是抽象的文字,他驾驭起文字来像具有魔力似的,非常真实地绘出了秦淮河光亮的美丽与绚丽多彩,绘出了犹如印象派大师所作的五光十色的油画,显得非常丰满和浑厚。这当然是由于作为现代人的朱自清,接受了中外文学艺术创作的许多有益经验,对于宇宙万物的观察和理解深刻,才能够做出这种真实形象的描写。

在涂抹鲜明丰富和浑厚浓郁的色彩,描绘灯光、水光和月光时,朱自清将自己深沉的感情灌注了进去。他一开始就神往于秦淮河的历史陈迹,因而产生了"空"和"静"的感觉,然而当圆润的歌声、凄厉的琴声、微风的吹漾和水波的摇拂一起传来时,他"便疯狂似的不能自主了",历史和现实的交织辉映,确实使他的感情波涛起伏,他不是单纯地在作风景画,同时也剖析了自己心中的强烈感受,他将自己的感情与思绪,融合在技巧十分高超的风景描写中,因而当读者在领略他笔下的秦淮河夜景时,也就领略了他情感与思绪的波澜,领略了他内心的搏斗。做到了这样的情景交融,就将绵密和蕴藉的情致、丰满和深远的想象完美地融合在一起,因而更洋溢出动人心弦的诗意,极耐人咀嚼和寻味。

当朱自清在聆听秦淮河上妓女的歌声时,又进一步写出了内心剧烈的思想冲突,正如他自己所说,孔尚任《桃花扇》和余澹心《板桥杂记》所写的明末歌妓,对他产生了"奇异的吸引力",早就想领略一番她们的声音,因为没有听到而觉得"寂寥"和"无端的怅怅",可是当载着歌妓的轻舟出现在他面前,进行兜揽和纠缠时,他却又十分窘迫起来,拒绝聆听她们卖唱的歌声。他此时既被妓女们的歌声所"诱惑"和"降服",又因为拒绝她们的要求而感到内疚和抱歉。他的这两种情绪都受到"道德律的压迫",却依旧无法打消蕴藏在自己内心的听歌的愿望,于是潮涌般的思绪使他陷入"重重的争斗里",深感自己是一个被"道德律"所束缚的"自私的人"。与他同游的俞平伯,引用周作人洋溢着人道主义同情心的诗篇《小孩》,表示因同情歌妓而尊重她们的人格,经过细微的思想斗争后就决定不再听歌了,这使作者觉得俞平伯不像自己那样受到"道德律"的束缚,似乎比自己要来得高超。朱自清写出自己在这方面的内心搏战,可以说是坦率和诚挚地流露了自己的至情,这正是文学艺术创作中最宝贵的东西。朱自清通过自己所走的艰苦的人生历程,在中国近代历史上留下了光辉的痕迹。

俞平伯在与朱自清同游之后,也写了一篇《桨声灯影里的秦淮河》,他追求的是"朦胧"和"浑然"的境界,在柔婉细腻的笔墨中显示出一种清幽和空灵的意境,没有朱自清那种亢奋的情绪和执着的追求。朱自清在灯光、水光和月光的交织之中,未能很好领略六代繁华的笙歌,因此再度产生了"寂寞"和"惆怅"之感,"心里充满了幻灭的情思",这是很自然的事情。因为此时"五四"思想启蒙运动的高潮已经过去,他暂时处于沉寂的苦闷的氛围中,只能踏踏实实地进行着探索和思考,他这种多少有些颓废的"幻灭的情思",不是来源于厌倦人生的遁世哲学,而是来源于思索黑暗现实之后的失望情绪。

前面已经分析过了,朱自清是通过文字的描绘产生油画般的效果的,这就不仅需要他在描写自然景色时,得写出自己细致独到的观察,运用泼墨似的技法做出充分的勾勒;这种工笔画的作风,还需要他的辞藻来得华美、明艳和精雕细刻,只有这样的文字,才能够保证他画幅中的许多形象,达到十分精确、丰满和浑厚的高度。他这些经过千锤百炼的文字,尽管是够华丽和明艳的了,却又一点儿不显出雕琢的痕迹,在这些读起来朗朗上口、颇有情韵的文字底下,更蕴藏了十分饱满的形象,他尽力用文采去渲染和烘托形象,而不是用这来损害它,这正是他运用辞藻的高超之处。

总体上看来,朱自清《桨声灯影里的秦淮河》把华美的文采与精密的构思紧密结合在一起,他一路描写的景色和人事,都是从平凡常见的境界中显出新颖的发现,在文章构思中显出惊警的思想,取得了很高的艺术成就,可以当成是"五四"散文创作的成功标本。

（三）梳理鉴赏的基本思维方法（图5－3）

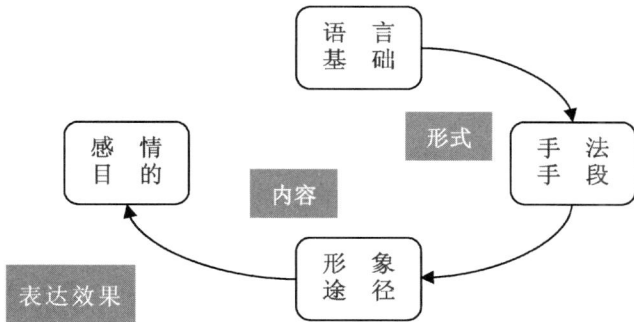

图5－3　鉴赏的基本思维方法图

（四）完成赏析任务

参照范例,从本单元选择一篇文章加以赏析。

第 三 课 时

项目任务:按照所选文章分小组讨论。

每个小组选一位组长,组织小组讨论;一位记录员,记录小组发言;两位发言人,总结小组各位成员发言内容,并代表本组展示。

第 四 课 时

项目任务:《荷塘月色》小组组长发言,展示本组成果,师生互动讨论。

（一）主要问题

（1）把握本文的思路结构。

（2）分析本文所用的修辞。

（3）分析重要词语的意义。

（4）体会作者的情感变化（图5－4）。

统观全文,面对现实的苦闷与无法排遣的不宁静的心绪,作者徜徉于月色之下、荷塘之畔,内心的不宁静和环境的"静美"相反相成,清淡朦胧的景色和"难得偷来片刻逍遥"的淡淡的喜悦与总难摆脱的淡淡的哀愁融为一体,反映了作者企图超脱现实但又无法超脱的苦闷心理,构成了《荷塘月色》的特色。

明线：游踪

暗线：情感

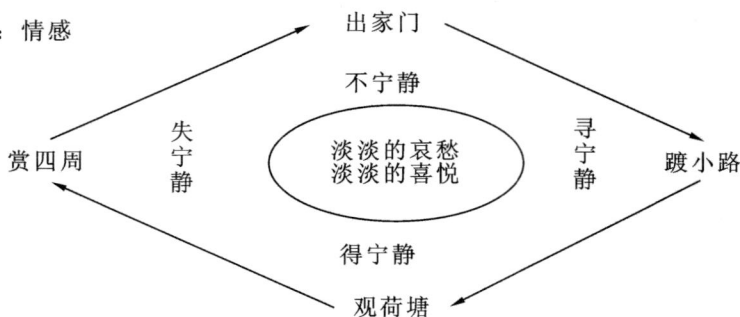

图5-4　作者情感变化图

(二)学生作品展示

更多展示交流见博客 http://blog.sina.com/cnguilty。

挣扎

——记《荷塘月色》

赵苑辰

月上柳梢头,独倚窗前,细细品味朱自清的《荷塘月色》,不仅深入其中,而且大有所悟。

这几天心里颇不宁静的他,总是独自一人默默忍受着发生的一切,革命的惨烈,中国社会的黑暗,让这位爱国人士苦不堪言,他多想有个人为他排忧解难,与他共救中国,可谁又能理解此时此刻的他呢? 就连往日与自己最亲密的妻子,也旁若无人般地哄着孩子。只留下他一人在这苦海里翻滚、挣扎。

无奈,为寻找一个知己,为解开心结,便沿着小路一人孤独地走着,平日的夜里,觉得这条路有些怕人,可如今呢? 作者已沉沦在这水深火热之中,百般心结难解难缠,怎能顾得上这阴森的路上是否有鬼魂出现? 这一句看似平常,却撩拨着作者的心,作者将自己最深处的挣扎摊开于面。那心境,又有谁能理解呢? 或许他认为是荷塘吧!

荷,自古以来是文人墨客青睐的对象。它出淤泥而不染、濯清涟而不妖的脱俗,它从来不著水、清净本因心的淡雅,它接天莲叶无穷碧的豁达与乐观,就如孔子所言的益友:"友直,友谅,友多闻。"或许朱自清也是为此

132

而来。

荷在月光淡淡的光色中的动态美，在朱自清的笔下犹如勾勒的一幅画。"粒粒明珠，碧天里的星星，刚出浴的美人"，几个比喻的连用，更突显出荷花那坚毅中透着妖娆的妩媚，这是江南水乡常有的景色，但也是自由、希望、光明的象征。以乐景衬托哀情，更突出了作者内心的苦闷与凄凉，在这惨淡与黑暗的社会，在这看不到天际的时刻，在这迷茫中挣扎，在这挣扎中迷茫，无人相助、孤独、凄惨。

那江南水乡的柔美之景，那触碰到自己内心柔软之处的，只能是如桃花源般高尚而优雅的幻想。大概作者也想品味陶渊明的闲适自在，但在这样的现实中，哪还能体会得到呢？孤苦、无助，似乎连"荷"也都帮不了自己，它能给予的只是暂时一瞬的舒适。因而作者忆起了江南，只有那里——那个热闹的水乡，才是自己平静的依归。

天色已至半夜，不觉又走在回家的小路上，心情看似平静，但也只是表面上的自我安慰罢了。

已至家门口，听见均匀的呼吸声，妻儿都已熟睡良久，作者的心又再一次跌入低谷，那不被人理解的心情，那被忽视的感受，那有苦无人相助的孤独，那在水深火热中挣扎、挣扎又迷茫的感受，又有谁知呢？

挣扎，不停地挣扎。

（三）师生互动：与学生代表发言相互穿插

以真言写真景

《荷塘月色》描写了哪些景物呢？文题说得很明白：一是荷塘，一是月色。历代诗文中写荷塘的不少，写月色的更多。但本文中的"荷塘""月色"绝对区别于其他的"荷塘""月色"。这里的荷塘不会是"接天莲叶无穷碧，映日荷花别样红"；这里的月色也不会是"玉户帘中卷不去，捣衣砧上拂还来"。这里的荷塘是"月下的荷塘"，这里的月色是"荷塘的月色"。正因为作品鲜明地突出了景物的特色，生动真实地再现了特定环境下的特定景物，所以抒发的真挚感情才有可靠的寄托，才让读者感到真实亲切。

先看对荷叶的描写："叶子出水很高，像亭亭的舞女的裙。"如果我们抛开特定的环境，用"青翠的玉盘"来比喻荷叶行吗？当然行，而且表现力还相当强。这样的描写既绘出了荷叶的色，又表现了荷叶的质，还状摹了荷叶的形。然而这种比喻只能在朝霞、夕照或蒙蒙细雨中，绝不能在淡淡的月光下。夜不辨色，更难辨质,月色中所见的荷叶,主要是其自然舒展的形态,与裙十分相似。

写荷花,原文连用了三个比喻:"层层的叶子中间,零星地点缀着些白花,有袅娜地开着的,有羞涩地打着朵儿的;正如一粒粒的明珠,又如碧天里的星星,又如刚出浴的美人。"荷花娇艳华贵,堪以美人作比。宋代诗人杨万里的《莲花》中就有"恰如汉殿三千女,半是浓妆半淡妆"的句子。朦胧的月色中把荷花看成美人,而且是刚出浴的美人,朦胧之感恰到好处。相反,若不是在朦胧的月色中,将荷花比作"明珠"和"星星"就有几分牵强。

文章这样描写荷香:"微风过处,送来缕缕清香,仿佛远处高楼上渺茫的歌声似的。"这种断断续续、似有似无的感觉绝不会产生于书声琅琅的清晨,也不会产生于阳光刺目的中午,只能产生于"墙外马路上孩子们的欢笑,已经听不见了"的寂静的月夜。我们再看另一个写花香的句子:"这里除了光彩,还有淡淡的芳香,香气似乎也是浅紫色的,梦幻一般轻轻地笼罩着我。"(《紫藤萝瀑布》)这是灿烂阳光下的花香,紫色的花儿"在和阳光互相挑逗",满目耀眼的紫色刺激得作者生出"香气也是浅紫色的"这样的感觉,显得十分自然。

本文以影写月,这也是被历代文人所称道的表现技法。"高处丛生的灌木,落下参差的斑驳的黑影,峭楞楞如鬼一般;弯弯的杨柳的稀疏的倩影,却又像是画在荷叶上。塘中的月色并不均匀;但光与影有着和谐的旋律,如梵阿玲上奏着的名曲。"这里的黑影参差且斑驳,给人一种摇荡起伏的感觉。为什么?因为它落在荷塘里。荷塘里"微风过处……叶子与花也有一丝的颤动,像闪电般,霎时传过荷塘的那边去了。叶子本是肩并肩密密地挨着,这便宛然有了一道凝碧的波痕"。黑影落在这波痕上面,当然更显参差和斑驳。也正因为荷塘处于这种动态,杨柳的倩影才像是"画"而不是"印"在荷叶上。也正因为有了那道凝碧的波痕,光与影才现出一条条五线谱似的曲线,让人联想到"梵阿玲上奏着的名曲"。

以真言抒真情

文坛许多作家为了写出不朽之作,都刻意追求作品能反映自己的真情实感,但文章写出来又往往有矫揉造作之嫌。这其中的原因当然是多方面的,但一个重要的原因则是精深的语言功力的缺失,造成一字不稳、真情尽失的遗恨。《荷塘月色》一文则以准确贴切的语言,抒发了作者因置身于良辰美景而生出的"淡淡的喜悦",以及社会、生活现状带来的难以排遣的"淡淡的哀愁"。

荷塘月色是美妙温馨的,这样的景色当然能给人以喜悦之感。本文少有直接抒情的句子,但透过写景的词语便不难体察作者当时喜悦的心情。叶子像裙,裙又是"亭亭的舞女的";花是"袅娜"地开着的,"羞涩"地打着朵儿的;花香似"歌声",光与影如"名曲"。这些词语哪个不饱含喜悦色彩? 但这种喜悦毕竟是"淡淡的",没有激动和狂喜。上节提到删去"刚出浴的美人"一喻,除了它有悖于特定的环境,也与"淡淡的喜悦"这一特定的情感不谐。试想,面前站立一群"刚出浴的美人",表现出的喜悦还能是"淡淡的"吗?

整个写景过程中一直充溢着这种"淡淡的喜悦",但原文在"落下参差的斑驳的黑影"后还有一句"峭楞楞如鬼一般";仅此一句,就足以搅扰了温馨的美景,破坏了喜悦的心情。峭楞楞的鬼影带给人的只有恐怖,没有喜悦,就连那"淡淡的哀愁"也不会由此产生,更不会生出"梵阿玲上奏着的名曲"这样美妙的联想。

尽管身处良辰美景,到底无法排遣"淡淡的哀愁"。"一个人在这苍茫的月下,什么都可以想,什么都可以不想,便觉是个自由的人。"语中置一"觉"字,文章便增添了无穷意味;少这一字,则真成了自由的人,那就只有喜悦没有哀愁。还有"白天里一定要做的事,一定要说的话,现在都可不理"中的两个"一定",更能表现出作者内心深处难言的苦衷。

在对美景的描写过程中应该尽是喜悦了吧? 也不尽然。看这句:"树缝里也漏着一两点路灯的光,没精打采的,是渴睡人的眼。"描写路灯,尽选消极的词语和事物,而且句式舒缓,语调低沉,读者从字里行间似乎能听到作者无可奈何的叹息声。

第 五 课 时

项目任务:《故都的秋》小组组长发言,展示本组成果,师生互动讨论。

(一)主要问题

(1)秋是一个美丽的季节,那么南国之秋和北国之秋在作者心中分别有什么特点?

(2)故都的秋在作者心中是如此令人向往,那么在具体的描写过程中作者选择了哪些景物呢? 相应段落有哪些?

(3)概括第 12 段议论性文字的内容,并讨论这段文字在文中的作用?

(4)欣赏语言,体会句子表达效果。

(5)讨论"正像是黄酒之与白干,稀饭之与馍馍,鲈鱼之与大蟹,黄犬之与骆驼"中四组比喻的本体和喻体。

文章从对北国、南国之秋的不同感受写起,突出北国之秋"清、静、悲凉"的特点,表达了对北国之秋的向往之情,接着从记叙和议论两个方面写了故都的秋景,其中记叙部分采用并列结构写了五种景物,最后总括全文并抒发了对故都的秋的依恋之情,做到了首尾呼应、浑然一体(图5-5)。表达上叙述描写议论相结合,手法上运用了对比烘托。

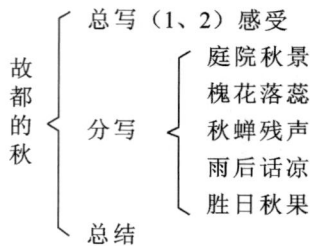

故都的秋
总写(1、2)感受
分写
 庭院秋景
 槐花落蕊
 秋蝉残声
 雨后话凉
 胜日秋果
总结

图5-5 《故都的秋》板书设计

(二)学生作品展示

更多展示交流见博客http://blog.sina.com/cnguilty。

秋味·浓情

樊涵东

《故都的秋》用质朴的语言,描绘出一幅"清静"、"悲凉"、典雅而具有个性的北方秋色图,文中通过对北方秋日中普通景物的描写以及南北秋色的对比,展示出故都秋色的美丽醉人,表达了作者对故都的秋的浓烈挚爱。

本文开篇直接写秋,并发出"秋总是那么好的"感叹,首先表达了作者对秋的普遍喜爱,接下来的转折则将浓烈的喜爱提升到了北国的秋——清、静、悲凉。而作者不远千里赶上北平只为饱尝秋味,更突显出其对故乡的秋的深厚感情和独特的故都情结。

文中为表达作者对故都的秋的浓郁情味采用了两种方式。其一,与江南的秋做对比,这在开头和结尾都有体现。作者并未极力渲染江南秋日景色的形象,而是着重写江南市民"清凉"的淡淡感受,令读者产生代入感。从而体现出江南秋味过于平淡,不如北国之秋浓烈。而后,作者则描绘了在北平的破屋住时享受到的"碧绿天色""驯鸽飞声""日光"与"牵牛花"有种静谧、清凉、冷寂之感。尤其是对牵牛花色彩的议论,物化出作者自己淡泊清冷的心境。

作者对北方秋日里四种景物的描写也处处满怀深情。作者写槐树的落蕊形态,踩上去微细柔软的触觉以及扫街过后感觉有点清闲、落寞又细腻的丝纹,体现出秋的静与冷、作者心中的落寞。这是从触觉来写的。而作者更以秋蝉遍布,有"衰弱的残声,它们的嘶叫",从听觉角度写北国的秋。这是以动衬静的手法,体现出秋的静、作者的哀愁。在对北方秋雨的描写中,作者将其形容为"奇、有味、像样"。还写到都市闲人的行动与语言,表现出作者的故都情怀。最后,写北方的果树,写枣子的形态、颜色,与普通人的生活联系起来,体现出作者的平民意识。

文中后半部分插入中外文人学士对秋的独特情感。甚至在作者眼中,一切有感觉的动物、有情趣的人类都会对秋产生深沉、悠远、严厉、萧条的感触。这是将直接感受与间接体验结合起来,提高了作者对秋的热爱的境界。

结尾再次以南国之秋来对比故都的秋,让读者品味到故都的秋醇厚、浓郁、鲜美的醉人特色,并表达了愿用生命留住秋景的心愿,以及对故都的秋的浓郁情感和对孤独的渴求。

(三)师生互动:与学生代表发言相互穿插

赏秋景 听秋声 感秋意 品秋味

《故都的秋》是郁达夫通过对故都北平的秋景的细腻描摹,抒发自己内心的眷恋和落寞之情的作品。文章开头和结尾都以北国之秋和江南之秋做对比,表达对北国之秋的向往之情。中间主体部分,按照"清""静""悲凉"三个层次,逐一描绘故都的清秋景色。共有五种景况,即清晨静观、落蕊轻扫、秋蝉残鸣、都市闲人、清秋佳果。最后以议论收尾,进一步赞颂北国之秋。首尾照应,回环往复;中间充分展开,酣畅淋漓。

从写作特色上看,本文是散文"形散而神不散"特点表现得最充分的经典作品之一。文中情感所及而刻意描绘的有五种景物,它们之间并没有明显的时空关系,却都能相提并论。在表达方面,叙述、描写、抒情、议论等多种表达方式交替出现。这一切都是为了突出故都的秋的"清""静""悲凉"。

从修辞的角度赏析本文,我们不难发现《故都的秋》主要具有以下几个特点:

第一,文中有许多并列句子或短语,具有工整、雅致之美,抒情味很浓厚,朗读起来具有音韵之美,显示出作者很强的语言驾驭能力。本文不是很长,但排比句很多,说明作者非常喜欢运用这种工整、雅致的词句,而且运用起来非常妥帖恰当,全无生硬之感。例如:

(1)"却特别地来得清,来得静,来得悲凉。"这三个短语精要地概括了全文的意旨,既有顺畅的气势,又有抑扬顿挫的声韵之美,后面的"来得悲凉"似乎比前面两句更舒缓而深沉。也许主张语言简洁的人会觉得"却特别地来得清、静、悲凉"更好,可是这样一来,排比的气势就没有了。

(2)"秋的味,秋的色,秋的意境与姿态,总看不饱,尝不透,赏玩不到十足。"此句前后都采用排比的写法,从不同的方面说南方之秋无可欣赏之处,反衬北国之秋的美好。顿挫分明又气势连贯,表情达意非常充分。

(3)"总要想起陶然亭的芦花,钓鱼台的柳影,西山的虫唱,玉泉的夜月,潭柘寺的钟声。"这些描写性的名词短语,每一个都是一幅画面,展现出生动的美景,成为"故都的秋"的美妙意境的重要组成部分。作者神往之情溢于言表。

(4)"北方的秋雨,也似乎比南方的下得奇,下得有味,下得更像样。"这是由三个短句组成的排比句,既具有口语的生动性,又兼有排比的语势连贯性,充分地表达了赞美之情。

(5)"正像是黄酒之与白干,稀饭之与馍馍,鲈鱼之与大蟹,黄犬之与骆驼。"这是用比喻来说明事理,以具体的事物来说明抽象的事理,表达生动形象,饶有趣味。

第二,本文直接描写景物的语句不多,但都是极其精彩的,而且饱含作者的深情。

(1)"……早晨起来,泡一碗浓茶,向院子一坐,你也能看得到很高很高的碧绿的天色,听得到青天下驯鸽的飞声。从槐树叶底,朝东细数着一丝一丝漏下来的日光,或在破壁腰中,静对着像喇叭似的牵牛花(朝荣)的蓝朵,自然而然地也能感觉到十分的秋意。"这里写了视觉形象、听觉形象。景物写得非常细致,如"一丝一丝漏下来的日光""像喇叭似的牵牛花(朝荣)的蓝朵";也写了观景、赏景的心态、动作,如"细数""静对",透露出悠闲、惬意。总体来说,表现了作者热爱故都之秋的情怀。

(2)"北国的槐树,也是一种能使人联想起秋来的点缀。像花而又不是花的那一种落蕊,早晨起来,会铺得满地。脚踏上去,声音也没有,气味也没有,只能感出一点点极微细极柔软的触觉。"这里写了视觉形象、触觉形象。花铺满地,写视觉形象;脚踏花地,是触觉感受。写触觉,给读者以逼真的感受。这里寂静无人,斯人独徘徊,无人可与交流,只能与自然相交融。揣摩作者的心境,大约是欣喜的,又是寂寞的。

(3)"在灰沉沉的天底下,忽而来一阵凉风,便息列索落地下起雨来了。一层雨过,云渐渐地卷向了西去,天又青了,太阳又露出脸来了……"这里的写景不拖泥带水,一句一景,写出了北国清秋之雨忽来忽去的情景。云的景象、雨的阵势,写得活灵活现,说明作者观景非常细致。

第三,诗歌的声韵和节奏,加强了《故都的秋》的音乐美。韵律感和音乐美,在《故都的秋》中表现得比较强烈。"江南,秋当然也是有的;但草木/凋得/慢,空气/来得/润,天的颜色/显得/淡……"上面三句,结构相同,动词后面均辅以结构助词"得",形式整齐划一,有一种整体的美感。作谓语的形容词"慢""润""淡",表现的都是平淡细腻的意味,但又都是响亮的音节。"慢"(màn)、"润"(rùn)、"淡"(dàn)声调相同,前后两字又押韵,这样读起来声韵铿锵,语势贯通,具有很强的音乐感。托尔斯泰曾经说过:"一个修饰语用得有力,其结果不但被修饰的词,而且连动词甚至插入语也显得十分强劲有力。"(《论创作》)

《故都的秋》里很多词语具有这个特点(如上文的"润""淡"等),读起来显得很有节奏。再看下面:"在南方每年到了秋天,总要想起陶然亭的/芦花,钓鱼台的/柳影,西山的/虫唱,玉泉的/夜月,潭柘寺的/钟声。"作者把这些名胜用一个个偏正词组整齐地排列起来,回旋往复,像一串珠玑那样,有着明丽轻快的韵律和节奏。

第四,这篇作品还具有清新典雅、酣畅淋漓的语言风格。《故都的秋》从开篇到结尾,没有文字的雕饰痕迹,但每个词语、句式却又好像未经"炉火"而已到了"纯青"的程度。

如在选择搭配词语上,作者似乎是很洒脱地从生活中拣来的,平凡极了;可是它们又是那样精当,搭配在一起就再也无法拆开了。如"芦花""柳影""虫唱""夜月""钟声""飞声""日光""蓝朵"等秋色、秋声,它们搭配得匀称和谐,最能调动读者的情感。这些物象声色,本是现实中无处不有的,但被作者随意拣来配在一起,就产生了特别的美感效果。

再如动词与形容词,作者是很注意它们的表现力的,尽管作者是精心选择与搭配的,但读者却感到一种纯朴自然的美。看那北国的"秋","来得清,来得静,来得悲凉",而我们南国的"秋"正是"草木凋得慢,空气来得润,天的颜色显得淡",这里的动词、形容词所表现的动态、特征就在读者的周围,所以感到平易亲切、酣畅明快。在句式的选择上,作者多用短句,但长短相间;多用整句(尤其是多用排比),但整散结合,形成了一种既典雅又洒脱的风格。如文章的后半部分写到中外文人学士对"秋"的那种"深沉""幽远""严厉""萧索"的感触,引导读者领略"中国的秋的深味,非要在北方,才感受得到底"。接着笔锋一转,来了一大段对"南国之秋"的速写,以映衬"北国之秋"的特色。这段速写运用了多种句式,但仍以短句、整句为主,雅俗熔于一炉,特别能代表作者的语言风格。

第 六 课 时

项目任务:《囚绿记》小组组长发言,展示本组成果,师生互动讨论。

(一)主要问题

(1)体会本文借物抒情的写作特色。

(2)品味关键句——凝聚着作者感情体验和理性思考的语句。

(3)联系当时的社会环境,体会作者对绿的挚爱之情,对生命的爱,对光明、自由的向往,对坚贞不屈的抗敌精神的歌颂。

《囚绿记》在表现手法上有许多可供我们鉴赏学习的地方。如:①文章的结构清晰,简繁得当,各尽其妙。②采用借物抒情、托物寄意的象征手法。③善用拟人、比喻的修辞手法。④文字表达细腻、质朴等。

(二)学生作品展示

更多展示交流见博客 http://blog. sina. com/cnguilty。

囚绿与绿囚

陈诗茵

陆蠡的《囚绿记》是一篇可读性很强的文章。开头先以"这是去年夏间的事情"引出记叙,但没有点出何为"囚绿",给人以疑惑之感,不觉继续阅读。

先写"我"选中那炎热又简陋的房子,后将选中它的原因娓娓道来:那一片绿影。进而描述自己对绿色的热爱、留恋,以及对那一片绿影的痴迷。写自己每日望其生长,看它摇曳。

接着,"我"产生了自私的念头,把它放进室内,和"我"做伴,装饰"我"抑郁的心情。又插叙了之前友人拔去"我"床下的野草使我有些许不满。此时,"囚绿"的含义出现了。

此后,文题突显了出来,这"绿友"是"永不屈服于黑暗的囚人",它固执地朝向阳光,向着阳光生长。在黑暗的囚笼里,不但不屈服,还有着执拗的反抗。它渐渐变得瘦弱不堪,失去原有的活力,但仍不屈服。

于是"我"决定"开释"这"绿囚",这宁死不屈的"绿囚"。

作者以这"绿囚"比喻不肯屈服的中华民族,借绿色来表达自己对光明的向往,对暗黑世界的厌恶,对日本侵略者的愤慨,以及对伟大祖国的热爱之情。文中对于常春藤细致入微的描写,使人不由得对其产生怜爱之情,也会在作者囚绿之时产生些许惋惜。写它枯黄,变得细瘦娇弱,如"病了的孩子"一般,更惹人怜惜。而对于绿色的描写抒情更含蓄地表达了作者对自由、光明的热爱,对自然景物的喜欢,以及对黑暗孤独的厌恶。当"我"看见常春藤开始枯萎,"我"心生怜惜,但又恼怒于它的固执,可这固执又何尝不是"我"自身的性格特点呢?

这囚绿者与绿囚本质是相同的,都固执,不屈服,热爱光明与自由。所以,当"我"离开时,"我"郑重地开释了绿囚。"我"希望它可以在光明中肆意自由地生长,不受限制。

而"我"自己也在离开以后,不住地怀念着这坚强的"绿囚"。

见绿—喜绿—观绿—囚绿—释绿—怀绿,作者以常春藤为明线贯串全文,以自己对这绿的情感作为暗线连接文章。明线暗线相互交织,再加上作者细腻清淡的描写抒情,便是这篇《囚绿记》。

囚绿因喜绿,释绿因怜绿。

(三)师生互动:与学生代表发言相互穿插

生 之 不 屈

"生命诚可贵,爱情价更高。若为自由故,二者皆可抛。"裴多菲的这首诗是自己看过《囚绿记》之后的第一感受。自由的灵魂不受任何形式的束缚,总是执着追求着自由。

《囚绿记》的作者陆蠡是个文人,更是位战士。他有着文人的敏感灵性、温和与风骨,又有着战士坚贞不屈的气节和革命精神。作者是寂寞的,所以当他看到那破窗外生机勃勃长势正好的常春藤时,几乎立即就决定了自己的住所,与常春藤相伴。那不只是一株植物,也是作者的朋友。"我"和常春藤絮语,盼它成长,听它声音,看它跳舞,以至于情不自禁地将它囚入房中。在那样压抑的环境中,常春藤那生机盎然的绿显得如此清新自然、舒心而富有活力。这对当时压抑的人来说是多么大的诱惑!

肉体可以被束缚,但是灵魂却无法被拘留。被囚在屋中的藤蔓仍然渴望着外界的自由与阳光。它的枝条"依旧伸长,依旧攀缘,依旧舒放",但"尖端总朝着窗外的方向。甚至于一枚细叶,一茎卷须,都朝原来的方向"。正如作者所说,"把天空底下的植物移锁到暗黑的室内"是一种过失。但是,那绿色预示的"葱茏的爱和幸福""猗郁的年华"让"我"无法自拔。那生机勃勃的绿,为"我"无声地歌唱着,装饰了"我"过于抑郁的心情。即使那绿藤因失去自由和阳光而渐渐没了青葱的颜色,变得娇弱;即使"我"因此而自责,也仍然舍不得放弃这份温暖,如同荒漠中的人对于水源的渴求与不舍。那是一种"生的欢喜",后来作者离开北平,那片绿色才得以释放。

被囚在上海的陆蠡,一别经年,再次回忆起北平公寓外的那株常春藤,也许有感于那株绿藤与自己命运的相似性,于是写下了《囚绿记》这篇散文。当年的常春藤与现在的自己是如此相似,同被囚禁,体验着生之欢欣、生之艰辛,却不屈服于黑暗,不放弃对自由的向往与追求。这里的绿不再是单纯的色彩或者植株,而是一种气节。生命的不屈服就在这里,民族的不屈服就在这里。这绿藤在作者心中已恍惚化成了被囚的自己,化成了被压迫的中华民族。绿藤的不屈与固执,便是作者对自由的向往、对家国的忠贞,是中华民族的顽强和反抗。

就如作者在《囚绿记·序》中所说,"这心灵起伏的痕迹。我用文字的彩衣给它穿扮起来,犹如人们用美丽的衣服装扮一个灵魂;而从衣服上面并不能窥见灵魂,我借重文采的衣裳来逃避穿透我的评判者的锐利的眼睛。我永远是胆小的孩子,说出心事来总有几分羞怯。这集子就是我的一些吞吐的内心的呼声"。作者的文笔是细腻含蓄的,沉静、缜密而又醇厚,《囚绿记》亦如是。陆蠡将内心汹涌澎湃的情感束缚藏匿于深沉朴实的文字中。表面越显平静,内心越是喧嚣激昂。《囚绿记》这篇散文是隐晦的,作者把一切都寄托在了对那株常春藤的回忆之中。文章最后,作者写了对常春藤的期望与祝愿,也是对中华民族抗战的美好祈愿。

《囚绿记》这篇文章是对生命与自由的呐喊。

【项目学习方法总结】

模块/单元学习项目往往涉及内容较多,需要师生、生生互动配合才能完成。应当设计更多活动环节,综合利用多种学习手段和平台,使每个学生都能参与进来,更好地完成学习任务。

(1)必要的指导非常重要。由于学生刚刚进入高中,一些鉴赏的方法必须介绍,一定的赏析示例也是必要的。让学生从模仿起步,有了心得之后就可以自行赏析。

(2)小组讨论环节要细化。小组讨论环节要有一定指导和组织。小组合作必须有小组长负责本组组织工作。如果条件允许,每个小组有一位参与讨论的教师是最好的。有一个问题仍然需要想办法解决——学生之间的评价。起始阶段,学生没有评价标准,他们只能凭感觉区分好坏,听到好的就鼓鼓掌,但是对为什么好、好在哪里却没有清晰的认识。

(3)学生作业存在的问题。学生鉴赏文章情感体悟有余,写法分析不足。鉴赏应从写作入手,首先模仿范文的写法,然后体悟写法的作用,以写促读。

(4)以写促读。课堂效率低的很大原因在于预习环节,因此让学生完成鉴赏文章的预习环节。这一环节的落实,使教学效率得到了极大提高。

(5)统编版教材必修上册第七单元,将《故都的秋》《荷塘月色》《我与地坛》三篇现代文和《赤壁赋》《登泰山记》两篇文言文编排在一起,更有利于学生体会写景抒情散文一以贯之的融情于景、情景交融的特点,更有利于引导学生理解该类散文在写景状物的同时,所反映出的作者的审美倾向和人生思考,以及折射出的民族的审美传统。又可根据古今语言表达方式和表现手法的差异,设计更多灵活有趣的学习活动,建立更为充实丰富的学习项目,完成学习任务群——古代传统文化及现当代文化的跨文化专题研讨。

案例 5 : 写作项目学习

"写得更深刻"学习项目之"文章的审题立意构思与思维的深刻"

【对应学习任务群】学习任务群2 当代文化参与

学习任务群3 跨媒介阅读与交流

学习任务群6 思辨性阅读与表达

【可对应实施课型】写作教学

【项目实施依据】

阅读与写作是互逆的两个过程:阅读是分析别人创作的文本,并体会其中的情感;写作则是创作出文本并抒发情感让别人接受。对于作文来讲,命题人提供一则材料,让学生阅读,并从中判断出中心思想,这就是审题。明确材料中心之后,围绕这一中心确定自己的写作范围和方向,建构文章,这就是立意构思。因此,审题和立意构思正如阅读与写作,是互逆的过程。对于一篇考场作文来说,能否写得深刻动人,其实在审题、立意构思的时候就已经决定了。所以,在平时进行作文训练的时候,师生都应该重视这个环节,务必在精准辨析材料内容和题目要求的基础上,明确题目的核心内容,确定自己的写作范围和方向。在立意的时候注意概括观点、总结提升,这样写成的文章才能有灵魂,才会从万千文章中脱颖而出。

【项目实施过程】

要求学生就三道作文试题写作文提纲,通过实例分析如何在审题、立意构思环节将作文打造得更为深刻。

例1:

阅读下面的材料,根据要求写一篇不少于800字的文章。

今年适逢苏轼先生诞辰980周年,清华大学附属小学某班的学生利用大数据研究苏轼,通过电脑程序对苏轼诗词中出现频率最高的词、苏轼为什么喜欢西湖等课题进行大数据分析,最后形成了23份研究报告:《大数据帮你进一步认识苏轼》《苏轼的旅游品牌价值》……

据校方介绍,这类研究是该校的常态,学校从低年级就开始要求学生做小课题研究。此次研究由老师参与指导,家长只提供技术工具等方面的细节帮助,调查报告都是学生独立撰写的。

①有人质疑:"没有清华爸爸,小学生还能遇到苏轼吗?"

②也有人担心:"这样对他们的培养不是拔苗助长吗?"

③还有人指出:"从词语使用频率、苏轼为什么喜欢某处风景名胜之类问题进行研究,能真的读懂苏轼的诗词吗?"

④清华附小方面认为:"教育意味着尽最大可能做到因材施教,我们正是结合自身实际,力图实现每一个学生的个体、个性的最大可能的发展。"

⑤某偏远地区的一个小学校长感叹道:"对我们这类地处农村、缺乏高学历家长资源和优质教师资源的学校来说,组织学生做课题研究是一种奢望。"

请从上述观点中选取一个或两个进行思考分析,综合材料内容及含意,写一篇文章。要求:选好角度,确定立意,自拟标题,明确文体。不要套作,不得抄袭。

案例分析:

这是一道很典型的任务驱动型作文题。题目分为两个部分,即"材料"和"任务"。要想很好地完成任务,必须根据要求,立足材料,就事论事。所以要在审题上取得突破,我们就必须学会如何分析"材料"。对于这道题来说,"材料"

也是分成两个部分的:事件讲述和各方评论。事件讲述部分,交代了事件的经过,借校方之口,强调了学生研究是一个独立的过程。

评论部分由五种各方观点构成。就评论者的身份分类:①②③是社会各方"吃瓜群众"的评论,④⑤是教育参与者的评论。就评论内容分类:①②针对小学生成长问题,③针对小学生开展研究的方式,④⑤针对教育组织方式。"任务"部分提出"请从上述观点中选取一个或两个进行思考分析",那么,对评论进行有效的分类整合就是写深刻的第一步,关键在于找到合理的分类标准,分类准确了,就可以选定角度、站定立场、稳定论述。这就像 2017 年高考全国 I 卷的作文题:提供六句名言,要求选择组合两到三句确立观点。这道题写好的关键一步,也就在于依据一种什么样的标准,选择合适的句子。

仅仅分类组合是不够的,深入地辨析观点更为重要。上面五种观点中,③是最大的陷阱。在实际考试的过程中,很多考生只看到"读懂苏轼"四个字,结果文章就以"读懂苏轼"为话题展开,讲了诵读苏轼、理解苏轼的若干方法,而忽略了"从词语使用频率、苏轼为什么喜欢某处风景名胜之类问题进行研究"这句提示,不知道在这个事件中,"苏轼"只是一个研究对象,事件本身的矛盾焦点并不在苏轼这个人,而是在小学生如何开展研究。③号观点,就是要从"研究方法"的角度解读这一事件。这就提示我们审题的时候,必须完整掌握材料中的每一个分句,并且精准辨析分句间的联系,切不可只抓"树木",不见森林。这也像 2014 年高考全国 I 卷的那则材料:"不少人因为喜欢动物而给它们喂食,某自然保护区的公路边却有如下警示:给野生动物喂食,易使它们丧失觅食能力。不听警告执意喂食者,将依法惩处。"大部分考生都只看到了"给野生动物喂食""使动物丧失觅食能力"两个信息,得出"溺爱就是伤害""放手才是爱""让孩子独立成长""磨砺成就生命",甚至"勇敢面对挫折"一类的观点。这些观点虽然和材料有一定关系,但是都只涉及材料的一个部分,而无视"警示牌"的存在和"将依法惩处"的警告。如果能将两个信息兼顾,来辨析爱与法的关系,那么,文章已经从作文的源头——审题立意环节高人一筹了。

例 2:

阅读下面的材料,根据要求写作。

王勃在《滕王阁序》中慨叹:四美具,二难并。关于"四美",一注为"良辰、美景、赏心、乐事";一注为"音以赏奏,味以殊珍,文以明言,言以畅神",四美就是指"音乐、饮食、文章、言语"。其实无论哪种理解,都表现出人们对生活中"美"的理解和追求。正如罗丹所言:"美是到处都有的,对于我们的眼睛,不是缺少美,而是缺少发现。"日常的学习生活中,处处蕴含着"美",而这些"美",在等待着我们去发现、去追寻……

请以"谈身边的美"为话题,写一篇文章。要求选好角度,确定立意;明确文体,自拟标题;不要套作,不得抄袭;不少于800字。

案例分析:

这道题材料内容明晰,任务指向明确,审题是不存在难度的,那么就要在立意方面下功夫了。请看下面的立意图示(图5-6)。

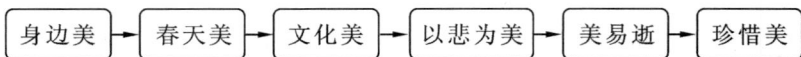

身边美 → 春天美 → 文化美 → 以悲为美 → 美易逝 → 珍惜美

图5-6 立意图示

在这个立意过程中,作者使用了多种方法,逐层加深,文章转合有度,文脉流畅。首先,他从"身边的美"出发,以春天的各种美景开头,通过"春天"这一定语,给"美"附加内涵。在考场上,大部分考生都只能做到这一步,顶多给"春天"并列上"夏天""秋天""冬天",想脱颖而出自然困难。这个时候,就需要将概念进行内涵迁移。这位作者就是这样,他在简单罗列春天美景的时候,就对应了很多描写春天的诗句,将"自然美"迁移到了"文化美"。写到这一步,也只是简单罗列,在文采上有一些突破而已。因此作者对属于春天的"文化美"又进行了特点挖掘——他发现,大凡写春天的诗歌,总是和"悲伤"联系在一起,所谓的"春天美"在文化的影响下,是以"悲"的形态呈现的,"以悲为美"才是"春天美"的真正内涵。行文至此,已经显示出作者与众不同的观察力了,但他还没有就此停止思考。他又在剖析"以悲为美"的原因。诗人为何会在生机勃勃的春天感到悲伤呢? 原来,春天的繁花似锦,往往非常短暂,美好易逝,生命易逝。这里,作者把对"美"的理解上升到了生命的高度。最终,他又回到自身,既然生命易逝,那么就要珍惜生命、珍惜身边的美好。

从上面可以看出,一个深刻的立意,可以有"附加内涵""内涵迁移""特点挖掘""剖析原因""回归自身"等多种方法。其中,"特点挖掘"和"回归自身"还可以形成很好的转折,将一篇议论文写得跌宕有致,达到引人入胜的效果,显示出作者优秀的思维品质。

例3:

阅读下面的材料,根据要求写作。

据近期一项对高三同学的调查,他们较为关注的关键词有:高考、做题、微信、网上购物、择友、赚钱、尊严、前途、美食、时政、军事。

请从中选择两三个关键词来呈现真实的高三生活,写一篇读懂高三学子的文章。要求选好关键词,使之形成有机的关联,确定立意;明确文体,自拟标题;不要套作,不得抄袭;不少于800字。

案例分析:

前面两道题,一道讲了"审题深刻",一道讲了"立意深刻"。这道题,就讲讲如何通过修改审题立意达到深刻,姑且称之为"修改深刻"吧。先看一位同学就这道题进行的三次立意尝试。

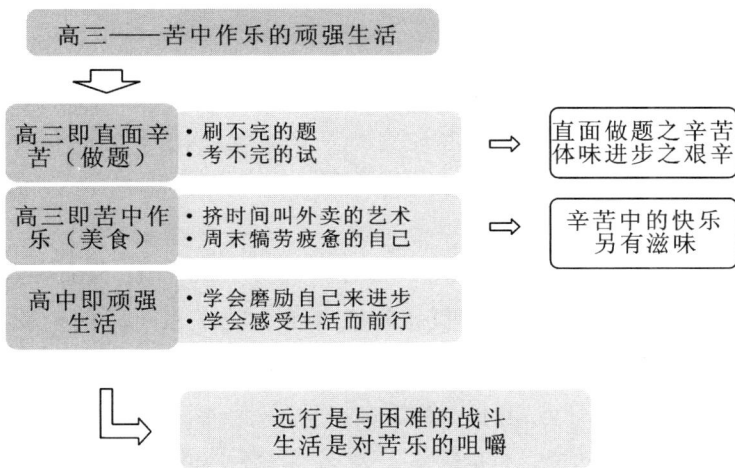

图5-7　第一次立意图示

第一次立意(图5-7):

作者在第一次立意时,对高三关键词进行了分类,分类的标准是高三生活的方方面面:辛苦、快乐、顽强。第三点"顽强"是对前面两点的融合,最终回归自身,落脚到"苦中作乐"这个论题上。这次立意,基本覆盖了材料中所提供的主要内容,完成了分类。但是采用彼此对立的两个类别进行横向分类,显得平面化,过于简单。文章结尾力图建立的"有机关联",也只不过是显而易见的道理,所以很难写得深刻。于是作者尝试进行修改。

第二次立意(图5-8):

第二次立意,作者试图用一个关于河流的比喻,按照奋斗的三个过程"拥有梦想""扎实奋斗""反思提升"进行纵向分类。虽然在建立"有机关联"方面有了进步,但是仍然缺少真正的深刻提升。

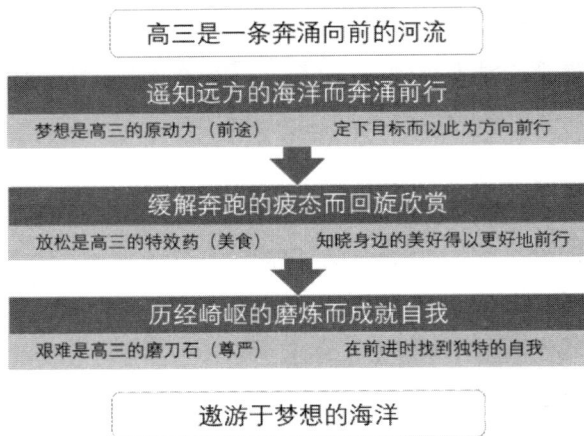

高三是一条奔涌向前的河流

遥知远方的海洋而奔涌前行
梦想是高三的原动力(前途)　　定下目标而以此为方向前行

缓解奔跑的疲态而回旋欣赏
放松是高三的特效药(美食)　　知晓身边的美好得以更好地前行

历经崎岖的磨炼而成就自我
艰难是高三的磨刀石(尊严)　　在前进时找到独特的自我

遨游于梦想的海洋

图5-8　第二次立意图示

第三次立意(图5-9):

第三次立意终于有了突破。"外"和"内"将分类抽象化,从而可以很好地利用材料所给的词汇给抽象化的概念附加内涵。"发"和"止"两个动词,起到了内涵迁移的作用。两个部分合而为一,更是把高三学子需要具备的品质有机融合,完成了题目所给任务,真正读懂了高三学子。

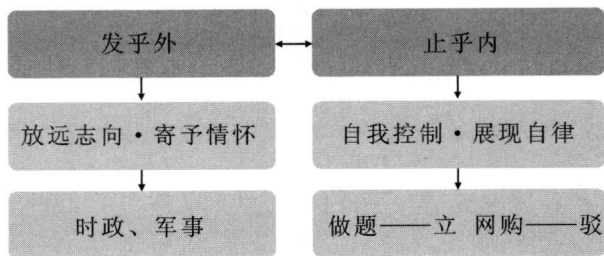

发乎外　　　　止乎内
放远志向·寄予情怀　　自我控制·展现自律
时政、军事　　　做题——立　网购——驳

图5-9　第三次立意图示

三次修改,每一次修改都解决了立意上的一些不足,最终通过抽象化的概念提升,增强了文章的深度。

【项目学习方法总结】

技法是死的,文章是活的。三道试题、三个例子分别从审题、立意构思、修改三个层面讲解了多种技法(平行展开、对比分析、原因探析、转折思维、抽象提升等)。但是平时遇到的试题千变万化,只有灵活运用提示的方法,才能以不变应万变。当然,日常的训练更要多观察、多思考、多尝试、多修改,只有这样,所有的技法才能为我所用,真正写出有思想深度的文章。

第六章 基于语文学习任务群的情境教学

　　语文课程是一门学习祖国语言文字运用的综合性、实践性课程。综合性指培养学生系统的、结构化的学科知识和技能;实践性指培养学生在生活实践中应用语言的能力。"综合性"和"实践性"是语文学科核心素养的两个重要特征,而这样的培养目标,在以基础知识和基本能力为本位的课堂上却很难有效达成。

　　《普通高中语文课程标准(2017年版2020年修订)》明确提出"以核心素养为本,推进语文课程深层次的改革"的要求。这种育人目标的转变,一方面要求教师要关注学生在整合学科知识、技能、方法和观念基础上形成的高阶思维和可迁移品质的培养,另一方面还要求教师从以往知识点和能力点的逐点单向教授和训练的模式中跳出来,以学生为主体,引导学生在真实的语言运用情境中,培养运用祖国语言文字的能力,提升学生的学科核心素养。

　　"真实的语言运用情境"在新课标中出现了两次。一次是在阐述课程性质时提出:"语文课程应引导学生在真实的语言运用情境中,通过自主的语言实践活动,积累言语经验,把握祖国语言文字的特点和运用规律,加深对祖国语言文字的理解与热爱,培养运用祖国语言文字的能力;同时,发展思辨能力,提升思维品质,培育社会主义核心价值观,培养高尚的审美情趣,积累丰厚的文化底蕴,理解文化多样性。"另一次是在阐述核心素养时提出:"语文学科核心素养是学生在积极的语言实践活动中积累与构建起来,并在真实的语言运用情境中表现出来的语言能力及其品质;是学生在语文学习中获得的语言知识与语言能力,思维方法与思维品质,情感、态度与价值观的综合体现。"另外,有30多处提及"情境",由此可见,真实的语言运用情境对核心素养下的语文课程改革非常重要,需要教师认真理解并在教学实践中予以贯彻实施。

其实,情境教学的概念于 20 世纪 90 年代初就已提出,并已经有了相对成熟的教学论著和实践成果。那么,新课标下的情境教学与之前的情境教学又有哪些不同呢? 和学习任务群的关系是什么呢? 在具体的教学实践中该如何贯彻实施呢?

第一节　情境内涵与任务驱动

一、情境教学的研究及实践历史

情境,《现代汉语词典》的解释是"具体场合的情形、景象或境地"。从广义上看,在教学中根据教学内容,注重创设具体的场景和情形,并主张教学内容要和实践结合的教学即可称为情境教学。从这个角度看,情境教学具有悠久的历史和广泛的共同基础。

（一）国外的情境教学

古希腊教育家苏格拉底常用一种称之为"助产术"的问答法,让被问的人处于问题的情境之中,步步深入,从而进行深入思辨,这是情境教育的经典范例。柏拉图最早提倡"寓学习于游戏";夸美纽斯倡导"教育要适应自然",提出直观性教学;卢梭的《爱弥儿》提倡自然教育;杜威指出"教育即生活、学校即社会、教育即生长、教育即经验",他主张必须有一个实际的经验情境作为思维阶段的开始,教学的艺术就在于能够创设恰当的情境。杜威认为,教育是一个主动建构的过程,要重视语言和实践的关系。"教育并不是一件'告诉'和被告知的事情,而是一个主动的和建设性的过程","如果学校脱离校外环境中有效的教育条件,学校必然用拘泥于书本和伪理智的精神替代社会的精神",杜威的教育思想和理念对情境教学的发展起到了很大的推动作用。

20 世纪 50 年代,保加利亚心理学家格奥尔基·洛扎诺夫,历经 9 年试验证实"暗示超常记忆力"的存在。他于 1965 年成立"暗示教学法小组",在成人外语学校中首创了暗示教学法,成果显著。洛扎诺夫说,什么是暗示教学? 暗示教学就是利用一定的情境来教学,创造高度的动机,建立激发个人潜力的心理倾向,从学生是一个完整的个体这个角度出发,在学习的交流过程中,力求把各种无意识暗示因素组织起来。可以说,洛扎诺夫的暗示教学法从理论和实践上把情境教学又推向了一个新的境地。

(二)国内的情境教学

结合生活的情境进行教育是我国古代常见的一种教学方法。孔子的"不愤不启,不悱不发",对"学以致用"的强调,以及经常针对一些具体的社会问题与学生探究等都是情境教学。如孔子对"仁"的阐释,每一次都是结合具体的情境做出针对性的回答,体现了孔子对创设情境的重视。孟子的"引而不发",东汉时期王充的"问难说",都是为了让学生理解学习内容,创设出可以激发学生思维的问题情境。南宋朱熹也强调读书不仅停留在口头上、书本上,还要身体力行,知识要和实践结合。清朝黄宗羲、王夫之等主张实践、经世致用等,这些都可以说是情境教学的重要思想。新文化运动时期,提倡务实的教育成为共识,注重知识和实践结合、学校与社会结合,培养学生的实际能力。现代教育家陶行知先生受杜威的影响,提出了"生活即教育,社会即学校,教学做合一"的理念。这些都可以说明,情境教学的理念和实践一直贯串在我国的教育发展之中。

当代的语文教学实践中,"情境教学"作为一种独特的教学方法被提出,其中颇有影响和代表性的是江苏省南通师范第二附属小学特级教师李吉林。她从"情"与"境"、"情"与"辞"、"情"与"理"、"情"与"全面发展"的辩证关系出发,提出了"情境教学"的概念,主张将情感活动和认知活动相统一。她认为:"情境教学是充分利用形象,创设典型场景,激发学生的学习情绪,把认知活动与情感活动结合起来的一种教学模式。"①

李吉林老师倡导的情境教学吸收了外语教学的情景教学理论,借鉴了西方的教育学、心理学理论,吸收了中国古代文艺理论"意境说",形成了自己独特的教学流派。她提出了情境教学的四大基本原理:"暗示倾向""情感驱动""心理场整合""角色转换",同时也指出了情境教学的四个阶段:创设情境,进行言语训练;带入情境,提供作文题材;运用情境,进行审美教育;凭借情境,促进整体发展。李吉林老师的教学理念和实践探索推动了语文学科的课程改革,具有积极的意义。

在情境教学理论研究领域,许多教育理论学者和实践教师也提出了自己的

---

① 李吉林.小学语文情境教学:李吉林与青年教师的谈话[M].北京:人民教育出版社,2003:120.

见解和主张,如语文教育家韦志成教授指出,"情境教学,指在教学过程中为了达到既定的教学目的,从教学需要出发,引入、制造或创设与教学内容相适应的具体场景或氛围,引起学生的情感体验,帮助学生迅速而正确理解教学内容,促进他们的心理机能全面和谐发展,提高教学效率"[①]。江苏语文特级教师冯卫东认为,情境教学是指在教学过程中,教师有目的地引入或创设具有一定情绪色彩的、以形象为主体的生动具体的场景,以引起学生一定的态度体验,从而帮助学生理解教学内容,并使学生的认知水平、智力状况、情感态度等得到优化与发展的教学方法。[②]

可以说,以上关于情境教学的理论和实践代表了大部分教师的认知和做法,其中的"情境"主要指形象化的直观性的典型场景,目的是激发学生的兴趣与思维。在教学实践中,这样的情境教学在某种程度上推动了教学的发展。但是,仅停留在这个层面,显然还有很大的局限性。李吉林老师在小学任教,小学生以形象思维为主的思维特点更容易接受、喜欢这样的情境教学。但在高中阶段,高中生的心理特点和语文课程内容就不易进行这样的情境教学了。例如,有教师在讲《鸿门宴》时,导入环节放一段与之相关的影视片段,仿佛要进行情境创设,但影视片段放完,接下来的学习与之毫不相关,课堂仍然进入传统的以基础知识和基本能力为中心的模式中了。平时的教学尚且如此,更不要说高三复习阶段,教师们基本上把所谓的情境教学抛到了九霄云外。

如果说以往的情境教学是从广义上理解的,那么,狭义上的情境教学就是指在以核心素养为本的新课标的指导下,教师创设真实的语言情境,指导学生进行语言实践活动,通过解决各种复杂的真实问题,形成核心素养的教学。

二、核心素养下的"真实的语言情境"

新课标在"学业水平考试与高考命题建议"部分,在提出"考试、测评题目应以具体的情境为载体"后,列出了三种情境:个人体验情境、社会生活情境和学科认知情境。之后,新课标指出了三种情境的具体内涵。

个人体验情境指向学生个体独自开展的语文实践活动,如在文学作品阅读过程中体验丰富的情感,尝试不同的阅读方法以及创作文学作品等。

[①] 韦志成.语文教学情境论[M].南宁:广西教育出版社,1996:25.
[②] 冯卫东.情境教学操作全手册[M].南京:江苏教育出版社,2010:45.

社会生活情境指向校内外具体的社会生活,强调学生在具体生活场域中展开的语文实践活动,强调语言交际活动的对象、目的和表述方式等。

学科认知情境指向学生探究语文学科本体相关的问题,并在此过程中发展语文学科认知能力。

这三种情境都包含了具体的语文实践活动,强调了语言交际活动的对象和目的,即让学生运用语言文字,感受语言文字的交际功能,内化、强化交际规则。这均与语言有关,所以称之为"语言情境"。但是,如果为激发学生兴趣播放一些与语言欣赏无关的视频,就不能称之为"情境教学"。

所谓语言情境要"真实",主要有以下两种含义:

第一,语言运用的情境必须"真实"。这个"真实"不是指言语活动的形式本身。现代学校教学学制下的语文学习环境,是独立于现实生活之外的课堂或教室,不可能也没有必要要求在"真实的物质环境"下。"真实"是指言语活动所发生的情境,要将学习内容、学习方式与自我成长、社会发展进行紧密的关联。学生只有将学科的知识结构转化为自己的认知结构,才能真正提升学科核心素养。

如 2020 年高考全国 II 卷的作文题:

阅读下面的材料,根据要求写作。(60 分)

墨子说:"视人之国,若视其国;视人之家,若视其家;视人之身,若视其身。"英国诗人约翰·多恩说:"没有人是自成一体、与世隔绝的孤岛,每一个人都是广袤大陆的一部分。"

"青山一道同云雨,明月何曾是两乡。""同气连枝,共盼春来。"……2020 年的春天,这些寄言印在国际社会援助中国的物资上,表达了世界人民对中国的支持。

"山和山不相遇,人和人要相逢。""消失吧,黑夜!黎明时我们将获胜!"……这些话语印在中国援助其他国家的物资上,寄托着中国人民对世界的祝福。

"世界青年与社会发展论坛"邀请你作为中国青年代表参会,发表以"携手同一世界,青年共创未来"为主题的中文演讲。请完成一篇演讲稿。

要求:结合材料内容及含意完成写作任务;选好角度,确定立意;明确文体,自拟标题;不要套作,不得抄袭;不得泄露个人信息;不少于 800 字。

这个命题作文中,要求学生作为中国青年的一个代表,在"世界青年与社会发展论坛"上发表以"携手同一世界,青年共创未来"为主题的中文演讲。这个语言情境对中学生来说,有点"不真实"(虽然有可能,但可能性很小),这个命题首先需要学生清楚这个情境需要的角色、主题、对象、场合、文体等任务,然后调动自己的认知结构和能力,运用自己的思维理解能力和语言表达能力,完成此项任务。所以说,这样的命题仍属于"真实的语言运用情境"。

第二,这个情境中运用的语言必须"真实"。在情境中运用的语言必须体现人真实的思想和情感,不能表达一些大话、空话、套话和假话。这不仅仅关乎语文的问题,更重要的是关乎"立德树人"的培养目标这一大问题。可以借鉴和学习优秀的语言范本,但必须记住,借鉴和学习是为了提升自己的思维能力和表达能力,是为了改善自己的认知结构。

"整合教学法"的提倡者罗日叶把情境从与生活的距离的角度分为四种情境类型①,如表6-1所示:

表6-1　四种情境类型

类型	真正的解决	模拟的解决
自然的情境	1.真实需求,任务结果和成品会真正使用	2.真实需求,模拟解决,方案或成品不反馈至真实的需求提出者,不实际使用
建构的情境	3.根据教学或评估需要,模仿现实生活建构情境,但任务结果和成品可能让相关主体受益	4.根据教学或评估需要,模仿现实生活建构情境,学生模拟解决任务,任务结果和成品不真正使用

可以用一个具体题目来对四种情境予以说明:

　　新冠肺炎疫情发生后,网络上舆情汹涌,引发全民关注。在有些省市,一些人嘴里喊着"武汉加油",但只要一听到身边有武汉人,就立马变脸,唯恐避之不及,甚至出现"悬赏"、驱逐武汉人的闹剧。针对上述行为,你想给当地报社写一封倡议书,谈谈你的看法和感悟。注意语言得体,不少于800字。

如果这是一道测试题,那么就属于情境4;如果你真的写了一封倡议书寄给

① 罗日叶.为了整合学业获得:情景的设计和开发[M].汪凌,译.上海:华东师范大学出版社,2010:99.

了当地报社,那么就属于情境1;如果教师为了训练学生的表达能力而虚构了这个任务,后来教师真的劝你把这封倡议书寄给了当地报社,那么就属于情境3;如果教师看到报纸上有这样的倡议书而设计了这样的练习,那么就属于情境2。

以上例子可以帮助我们了解情境中的"真实"问题。以上四种情境都能激发学生本有的认知结构,帮助学生置身于真实的解决问题的情境之中,真切提高学生的思维和语言运用能力。因此,都可称为核心素养下的"真实的语言情境"。

三、情境创设与任务驱动

指向核心素养的教学设计,第一步应该是创设真实的情境,让学生置身于真实的语言情境中。但是,需要明确的是,并不是所有的语言情境都是有效的,情境创设和任务驱动是紧密联系的。

(一)任务驱动是情境创设的出发点

缺少任务的情境创设是盲目的,情境创设的目的是帮助学生更好地解决任务。例如,有的教师在教学《念奴娇·赤壁怀古》时,播放了一段赤壁之战的视频,这是一种情境,但是并没有包含任务,如果仅仅出于调动学生情绪的目的,那就不是真实的情境。

因此,教师在设计情境时,一定要清楚这堂课的目标是什么,学生需要解决的任务是什么,什么样的情境更能接近学生的认知结构。如在教学《咬文嚼字》时,当确定目标是让学生理解"文艺评论随笔的特点"时,可以设置一个问题情境:"本文强调要有'无论阅读或写作,我们必须有一字不肯放松的谨严'但最后一段却说'以上只是随便举实例说明咬文嚼字的道理','谨严'和'随便'矛盾吗?为什么?请说明你的理由。"这就给学生创设了一个问题情境,提出了一个需要解决的问题。学生在此任务驱动下,可通过自主阅读、合作等方式进一步探究,从"谨严"的角度,可探讨文中论据的运用和论证的逻辑;从"随便"的角度,可探讨随笔语言生动灵活的特点。

由此可以看出,教师在设计情境时,要把语文学科的核心素养目标化解为学习任务群的目标,再分解到单元目标,再分解到课堂目标。只有在具体任务目标的引导下,创设的情境才能真实有效。

（二）情境创设是任务驱动的手段

高中课程改革更强调学科的育人价值，要让学生主动去解决问题，在解决问题的过程中培养综合能力，课堂定位要发生变化：从知识学习走向问题解决，从知识技能走向知识迁移。但是，教材里的知识有其自身的结构和逻辑体系，很多时候并不能与学生的认知结构很好地对接、融合。这就需要教师创设适宜适度的情境，分析什么样的情境才能更好地助力学生任务的解决。

以写作为例，我们可以比较一下下面的几种呈现方式：

（1）写一篇以"理想和现实"为话题的不少于800字的作文。

（2）小卜大学毕业要找工作，征求你的建议，请你写一封信，提出你的看法，字数不少于800字。

（3）阅读下面的材料，根据要求写一篇不少于800字的文章。

20岁出头的瑶族姑娘小卜，是瑶寨走出的第一个大学生。临近毕业时，小卜犯难了：家里的父老乡亲希望她能回去做教师，传播知识，为改变家乡的贫穷状况尽一分力；对小卜有录用意向的一家著名外企，则鼓励小卜加盟公司，发挥专业特长，创造优质生活；而小卜自己认为当前创业环境好，很想创办一家民族服装设计公司，实现自己的创业梦。

面对小卜的就业选择，你会给出什么建议？请结合材料内容及含意作文，表明你的态度，阐述你的看法。要求：选好角度，明确文体，自拟标题；不要套作，不得抄袭。

这三道题的任务都是写一篇关于"理想和现实"的作文，第一个创设的情境简单，除了字数和话题，其他就没有提到任务解决的条件，看似给了学生很大的空间，但没有针对性的任务很难调动起学生真正的兴趣，不能很好地与现实情境结合，很容易写成大话、空话甚至假话。

第二个创设的情境有了具体的要求，同时设置的任务又进一步具体化了，但是小卜什么样的状况，有什么样的选择，还是很不清楚。

第三个创设的情境真实而具体，把现实中的几种可能性整合在一起，非常符合学生的认知结构，所以在这样的情境创设下，学生对任务的解决也有了动力和具体的方向，写作时就有内容可写。

因此，情境创设的水平高低很大程度上影响着学生任务解决的好坏。情境创设和以往情境教学中单纯的课堂不同，需要教师站在课堂的高度，从教学环节走向整体化、综合化的学习任务设计。要依据新课标,围绕学科核心素养,创设基于任务驱动的真实情境。

第二节　情境导向与命题评价

"学习任务群"是 2017 版新课标提出的新概念,也是新课程下学生学习方式的重大改变。课标指出:"'语文学习任务群'以任务为导向,以学习项目为载体,整合学习情境、学习内容、学习方法和学习资源,引导学生在运用语言的过程中提升语文素养。"学习任务群的设计,旨在改变以往那种以知识为本、以教师传授为主的教学模式。因此,情境应以学生为中心,服务于学生任务的完成。那么创设的情境应该具有什么导向呢?

一、情境导向

(一)综合性

所谓综合性,一指核心素养目标的综合性,二指听说能力语言训练的综合性。语文核心素养包括"语言建构与运用""思维发展与提升""审美鉴赏与创造""文化传承与理解"四个方面,但是在确定教学目标时,教师不能像以前确定三维教学目标那样割裂开来,要整体考虑。在一堂课上,或许不能将语文核心素养的每一方面都表现出来,但语文课程的综合性应该在每一堂课上都有所体现。在创设情境时,我们不仅要考虑语言的运用情境,还要顾及思维逻辑、审美品位和文化传承。在指导学生解决任务时,教师要注意对学生听说读写能力训练的综合考虑,要尽可能全面培养学生的语文能力。比如在"当代文化参与"学习任务群中,当代文化多种多样、良莠不齐,有的文化可能学生非常喜欢,但是在审美品位、文化品质上并不太适合,教师不能只从符合学生认知结构角度考虑问题。除此之外,在为学生完成任务而创设情境时,尽可能要考虑到激发学生听说读写等多方面的兴趣。

(二)全程性

全程性是指情境的创设要贯串整个任务的始终,而不能只是教学的一个环节。在以知识为本位的课堂教学中,有的教师创设情境仅仅是为了课前的导入,这样就与语文课程的整体性背道而驰。下面这个案例是某位老师在"整本

书阅读与研讨"中创设的情境,很好地呈现出全程性的特点(图6-1)①:

　　作家方英文有一篇文章《谁是"一号人物"》,文中提出了《三国演义》中刘备、曹操、诸葛亮谁是小说中的"一号人物"的问题。从文学的角度来看,你认为谁才是《三国演义》中塑造得最精彩的"一号人物"?

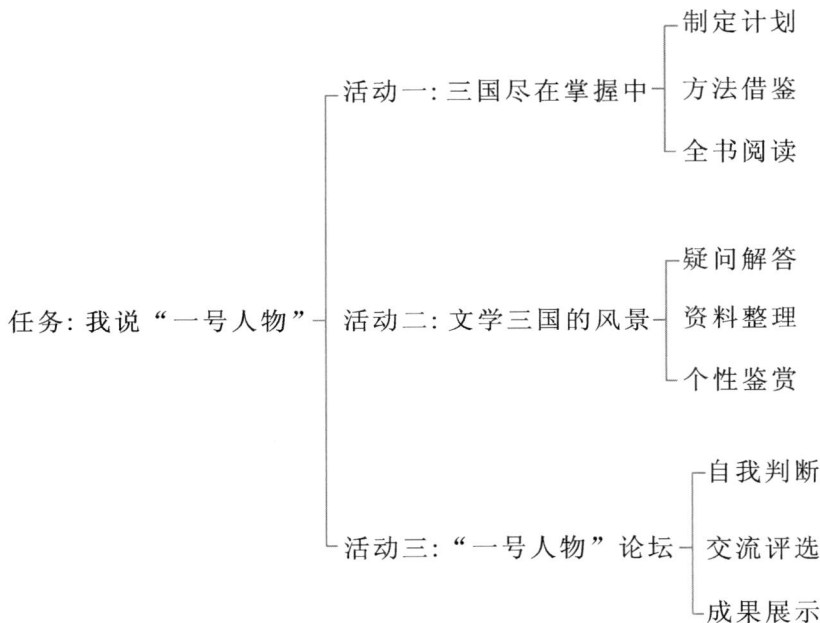

```
                                            ┌─ 制定计划
                        ┌─ 活动一:三国尽在掌握中 ─┼─ 方法借鉴
                        │                   └─ 全书阅读
                        │
                        │                   ┌─ 疑问解答
任务:我说"一号人物" ──────┼─ 活动二:文学三国的风景 ─┼─ 资料整理
                        │                   └─ 个性鉴赏
                        │
                        │                   ┌─ 自我判断
                        └─ 活动三:"一号人物"论坛 ─┼─ 交流评选
                                            └─ 成果展示
```

图6-1　《谁是"一号人物"》的情境创设

　　这个创设的情境从开始到结束,从导入到评价及成果展示贯串任务始终,激发了学生的兴趣,引发了学生一步步的探究和思辨。

（三）全员性

　　全员性指在创设情境时要考虑到激发每一个学生生成问题、解决问题的参与性。在设计任务时,一般都需要学生合作共同完成,由于任务环节和具体问题需要的能力不同,所以要完成一个任务,不同的学生所训练的能力也会不同。教师在创设情境和设计任务时要充分考虑到这一点,尽可能使每个学生都能得到提高。

---

　　① 陆志平.普通高中语文学习任务群教学指南[M].北京:北京师范大学出版社,2020:4-5.

（四）实践性

实践性指创设的情境要符合生活实践情境,真正提高学生在生活实践中语言运用的能力和素养。教材中的知识其实就是人类将几千年来获得的知识进行系统化科学化整理的内容,有其产生的背景和局限。教师在解码这些知识的时候,既要考虑当时的情境,又要和学生现在所处的生活环境相结合,让这些知识在现在的时空中"复活"。在创设情境设计任务时,要多考虑与学生生活实践有关的内容和形式。有人说,学生学语文"一怕周树人,二怕文言文,三怕写作文",其实,这三方面内容往往是语文教学脱离学生实际所造成的。因此,教师在创设情境时,一定要和学生的生活实践对接起来,不能让学习的内容、形式和学生的生活实践成了"油水分离"的状态。

（五）语言性

语言性指创设的情境应主要服务于语言实践活动任务,不能偏离"语言建构与运用"这个核心。语文学科核心素养是学生在积极的语言实践活动中积累与创建起来的,实践活动的范围不能脱离"语言"这个中心。有的语文课堂上,看似活动丰富多样,其实是"耕了别人的地,荒了自家的田",离开了"语言"这个中心就脱离了语文学科素养的方向。有的教师在讲《林黛玉进贾府》时,上课前播放了一段影视剧视频,学生的注意力集中了,但是如果后续没有以语言为目标的任务跟进,那么这个情境就脱离了语文教学的正确轨道。

（六）真实性

真实性指创设的情境要能真实培养学生解决实际问题的能力。课堂的真实情境并不是生活情境的真实,但是,生活情境中需要的能力可以通过教师创设的情境真实地培养出来。

如 2015 年高考全国 I 卷的作文题:

阅读下面的材料,根据要求写一篇不少于 800 字的文章。（60 分）

因父亲总是在高速路上开车时接电话,家人屡劝不改,女大学生小陈迫于无奈,更出于生命安全的考虑,通过微博私信向警方举报了自己的父亲;警方查实后,依法对老陈进行了教育和处罚,并将这起举报发在官方微博上。此事赢得众多网友点赞,也引发一些质疑,经媒体报道后,激起了更大范围、更多角度的讨论。对于以上事情,你怎么看? 请给小陈、老陈或其他相关方写一封信,表明你的态度,阐述你的看法。

　　要求:综合材料内容及含意,选好角度,确定立意,完成写作任务。明确收信人,统一以"明华"为写信人,不得泄露个人信息。

这个作文所创设的情境可以激发学生对规则、亲情、责任等话题的思考和探究,让学生从不同角色去思考面对此类问题该如何解决,在自主、合作和探究中提高学生的语文核心素养。

总而言之,好的情境可以激发学生兴趣,让学生产生问题,并具有解决问题的动力,从而在解决任务的过程中真切提高学科核心素养。在新时代的新课程下,教师一定要积极转换自己的观念,从以教师为中心,以知识为本位,以训练为主线,转化为以学生为中心,以素养为本位,以学习项目为载体,以学生实践为主线,教师要站在课程的高度,创设真实准确的情境,真正落实立德树人的根本任务。

二、评价反馈

为了纠正之前"考什么"决定"学什么"、"一切以升学考试为目的"的倾向,2019 年末,教育部考试中心宣布,现有高考体系的考试大纲和考试大纲的说明不再修订。与此同时,我们也可以看到,《普通高中语文课程标准(2017 年版2020 年修订)》中增加了"学业质量"部分,对"学业质量内涵""学业质量水平""学业质量水平与考试评价的关系"做了详细具体的阐释。而且,在"实施建议"部分对"学业水平考试与高考命题建议"进行了具体的说明。可以明显看出,新课标要改变以往教学和考试不对接的现象,要让"学什么"决定"考什么",促进教、学、考有机衔接,形成育人合力。

在新课标"学业水平考试与高考命题建议"的"命题思路和框架"中,第一条就明确强调"以具体情境为载体。真实、富有意义的语文实践活动情境是学生语文学科核心素养形成、发展和表现的载体"。下面以 1997 年和 2020 年高考对语言运用题的考查为例予以说明:

一、单选题(30 分)

1. 下列词语中加点的字,读音全都正确的一组是(　　　)(2 分)

A. 拘泥(nì)　　标识(zhì)　　暴殄(tiǎn)天物

B. 匹(pǐ)配　　戏谑(xuè)　　风光旖(qí)旎

C. 参与(yǔ)　　弹劾(hé)　　审时度(duó)势

D. 倾轧(yà)　结束(sù)　杞(qǐ)人忧天

2. 下列四组词语中都有错别字,其中只有一个错别字的一组是(　　)
(2分)

　　A. 浑浑噩噩　针贬时弊　狗苟蝇营　贪脏枉法

　　B. 脱颖而出　繁文缛节　回肠荡气　不径而走

　　C. 风声鹤唳　纷至踏来　积毁消骨　穿凿附会

　　D. 人才汇萃　草菅人命　风靡一时　步履维艰

3. 下列句子中标点符号的使用,正确的一句是(　　)(2分)

　　A. 这个经济协作区,具有大量的技术信息,较强的工业基础,巨大的生活资料、生产资料市场,较丰富的动植物、矿产、海洋、旅游等资源。

　　B. 当太阳完全被月亮的身影遮住时,与神女般若隐若现的"海尔－波普"彗星相比,清晰的水星亮晶晶地伴在被遮黑的太阳旁边,金星、木星也同现在天宇。

　　C. 出版社在1997年第一季度社科新书征订单上提醒邮购者:务必在汇款单上写清姓名及详细地址(汇款单附言栏内注明所购的书名、册数)。

　　D. 今年春季,这个省的沿海地区要完成3700万土方的河堤加高和河口截流改道工程,任务重、工程难、规模大。

4. 下列句子中加点的成语,使用恰当的一句是(　　)(3分)

　　A. 那是一张两人的合影,左边是一位英俊的解放军战士,右边是一位文弱的莘莘学子。

　　B. 这次选举,本来他是最有希望的,但由于他近来的所作所为不孚众望,结果落选了。

　　C. 齐白石画展在美术馆开幕了,国画研究院的画家竞相观摩,艺术爱好者也趋之若鹜。

　　D. 这部精彩的电视剧播出时,几乎万人空巷,人们在家里守着荧屏,街上显得静悄悄的。

5. 依次填入下列各句横线上的词语,最恰当的一组是(　　)(3分)

　　①新式标点符号指的是,萌芽于清末,诞生于"五四",_____到现在的标点符号系统。

　　②就在两年前,他还到四川雅砻江谷地_____,一天内攀登上500米高的山岭,又下降到1000米深的峡谷。

③他们请一些有经验的儿科大夫担任"电话医生",就有关儿童保健方面的问题_____咨询,解答家长提出的问题。

  A.延续　考察　进行　 B.沿用　考察　提供

  C.沿用　考查　提供　 D.延续　考查　进行

6.下列各句,没有语病的一句是(　　)(3分)

  A.为了全面推广利用菜籽饼或棉籽饼喂猪,加速发展养猪事业,这个县举办了三期饲养员技术培训班。

  B.他们在遇到困难的时候,并没有消沉,而是在大家的信赖和关怀中得到了力量,树立了克服困难的信心。

  C.储蓄所吸收储蓄额的高低对国家流动资金的增长有重要的作用,因而动员城乡居民参加储蓄是积累资金的重要手段。

  D.他平时总是沉默寡言,但只要一到学术会议上谈起他那心爱的专业时,就变得分外活跃而健谈多了。

7.下列各句中加点的虚词,使用正确的一句是(　　)(3分)

  A.由于改编者没有很好地理解原作的精髓,任凭主观想象,加入了许多不恰当的情节,反而大大地减弱了原作的思想性。

  B.晚会上,广播艺术团的演员满腔热情地歌颂了辛勤劳动的环卫工人,他们的节目,无论从创作到演出,都受到观众的称赞。

  C.这个城市交通拥挤的状况日益严重,许多人认为,采取货车在规定时间内不准进入城区的措施,未尝不是一个缓解矛盾的办法。

  D.问题的严重性还在于对种种不爱惜人民币的错误做法,以及随意将人民币放大后销售的违法行为,尚未引起社会的广泛关注。

8.填入下面横线上的两句话,与上下文衔接最恰当的一项是(　　)(3分)

  泰山的南天门又叫三天门,创建于元代,至今已有六百余年。_____为"门辟九霄仰步三天胜迹,阶崇万级俯临千嶂奇观"。

  A.元代石刻"天门铭"在门外西侧。一副石刻对联在门的两旁,

  B.门外西侧有元代石刻"天门铭"。门两旁有石刻对联一副,

  C.元代石刻"天门铭"在门外西侧。门两旁有石刻对联一副,

  D.门外西侧有元代石刻"天门铭"。一副石刻对联在门的两旁,

  ——以上选自《1997年普通高等学校招生全国统一考试(全国卷)》

阅读下面的文字,完成 17~19 题。

1899 年发现的殷墟甲骨文,是近代中国史料"四大发现"之一。殷墟甲骨文内容丰富,甲骨刻辞大多是占卜的记录,但占卜的范围很广,涉及祭祀、征伐、农业、田猎、气象、疾病等等,能够在一定程度上反映商代的社会生活。从目前的发掘情况看,甲骨文不止出现在殷墟,在北京、山西、陕西、山东、湖北,_____宁夏都发现了刻有卜辞的甲骨。殷墟甲骨文年代最早,数量最多。但它不是当时唯一的文字。《尚书·多士》记载"惟殷先人,有册有典",甲骨文有"典""册""聿(笔)"这样的文字,说明殷人祖先常规的书写材料是简册,书写工具是毛笔。只是用竹木做成的简册_____腐烂,似乎无法在北方的地下长期保存,所以至今_____没有发现商代的竹简。从出土材料看,甲骨文是商代晚期商王武丁以后才出现的,而商代早期、中期的青铜器上已有少量铭文。(   ),甲骨文字体简化较多。对于文字本身来说,汉代学者总结的"六书"的方法在甲骨文基本都已出现,已经说明它是成熟的文字。文字本质上是记录语言的,_____受书写材质和体裁所限,甲骨文不能全面记录当时的语言现象,但是已经能够反映汉语的基本语法、词汇系统。

17.依次填入文中横线上的词语,全都恰当的一项是(   )(3分)

A.以及   容易   尚且   然而

B.乃至   容易   仍然   虽然

C.以及   易于   仍然   然而

D.乃至   易于   尚且   虽然

18.下列填入文中括号内的语句,衔接最恰当的一项是(   )(3分)

A.由于相较于铸造的青铜器铭文,用刀在龟甲和兽骨上刻字比较困难

B.用刀在龟甲和兽骨上刻字比较困难,这是相较于铸造青铜器铭文而言的

C.由于用刀在龟甲和兽骨上刻字比较困难,所以相较于铸造的青铜器铭文

D.用刀在龟甲和兽骨上刻字,相较于铸造青铜器铭文而言,比较困难

19.文中画横线的句子有语病,下列修改最恰当的一项是(   )(3分)

A.就文字本身来说,汉代学者总结的"六书"的方法在甲骨文基本都

已出现,已经说明它是成熟的文字。

B.对于文字本身来说,汉代学者总结的"六书"的方法在甲骨文中基本都已出现,已经说明它是成熟的文字。

C.对于文字本身来说,汉代学者总结的"六书"的方法在甲骨文基本都已出现,说明它已经是成熟的文字。

D.就文字本身来说,汉代学者总结的"六书"的方法在甲骨文中基本都已出现,说明它已经是成熟的文字。

——以上选自《2020年普通高等学校招生全国统一考试(全国Ⅱ卷)》

上面对语言运用能力考查的不同命题形式对比鲜明,非常形象地说明了何为"以具体情境为载体",而且也说明了新时代新课程背景下学生培养目标的重大变化。

1997年高考的语用题考查,重在基础知识和基本能力,知识点、能力点清晰而零碎,点与点之间没有建构,如对字音和字形的考查。学生为了取得好成绩,必然会死记硬背积累一些字音字形,这对学生语言的建构与运用能力的提升意义不大。语言不是抽象的符号,而是承载着感情和思维的言语作品,我们不能只让学生单独地记这些知识,要让学生根据语境判断,并把这种能力予以迁移,这样才能真正内化为核心素养。

对于病句的考查,以往只是考查单纯的句子,学生在复习病句的时候,往往聚焦于语法的细致分析而忽略了语感的培养。如果一个人在表达自己情感思想的时候,脑子里都是主谓宾定状补的语言分析,估计就无法进行合理的表达了。与外语的学习不一样,在母语的学习和运用中,语法和语感是相互促进的。语感看起来是一种感觉,但却是习得和积累的结果。当然,语法是规律,这种规律需要学生自己梳理和总结,而不能靠机械的训练来获得。

而2020年高考的语用题考查,则把词语、语病和语句衔接放在了一个完整的情境之中,同样都考查词语、病句和衔接,学生在做题思考时,会更多地关注语境,关注这个词、这个句子的上下语境。通过对语境的细致分析,学生的能力自然就会聚焦于文段的整体含义,而不是零碎的知识点和能力点。这个文段构成的情境对学生在现实情境中的信息处理、准确表达等语言应用能力和思维能力的考查具有重要的意义。

三、命题评价

语文学科素养是在具体的阅读与鉴赏、表达与交流、梳理与探究等语文实践活动中形成与发展的,考试、测评题目应以具体的情境为载体。语文实践活动情境主要包括个人体验情境、社会生活情境和学科认知情境。我们要明确这三类情境背后学习目的和检测目的的差异,以及由于目的不同而体现的测试任务的差异。

新课标对"个人体验情境"这样说明:"个人体验情境指向学生个体独自开展的语文实践活动,如在文学作品阅读过程中体验丰富的情感,尝试不同的阅读方法以及创作文学作品等。"这个说明可以概括出试题设计需要注意的两个方面:

一是学生的学习方式:"个体独自开展"。在任务群的学习活动中,有自主、合作和探究三种主要方式,每一种学习方式都有独特的不可替代的作用。语言是全社会所有成员使用的一套符号系统,有共同的规律,但是它又承载着个人的情感体验和审美品位,具有个人的主观色彩和独特习惯。个人的情感体验和审美品位既是多样的,又是有边界的。所谓"一千个读者就有一千个哈姆雷特",但是"一千个哈姆雷特也是哈姆雷特而不是其他"。因此,在命题考查时,试题设计既要具有开放性,又要具有边界。

如 2018 年高考全国Ⅲ卷诗歌鉴赏中的一道题:

一般认为,诗最后两句的内容是以精卫的口吻表达的,你是否同意这种解读?请结合诗句说明你的理由。(6分)

这道题就属于个人体验情境类的题目,学生在回答这个问题的过程中,一方面要调动其诗歌的认知,另一方面要深入这首诗的情境之中进行体验,"同意或不同意以精卫的口吻表达"其实就是学生的认知体验和诗歌的情感内容对接的情境。这样的情境,既尊重了学生体验的自主性,又设定了文本本身解读的边界。

二是任务的内容:文学作品阅读和创作。在新课标18个学习任务群中,文学作品阅读和创作是特别适合考查学生的个人体验和感受的。有的学习任务群如实用性阅读与交流,虽然也强调丰富学生的情感体验,但毕竟以实用交际为主,更注重社会语言的一般规律,考查学生对信息的提取、概括、推理等能力。

为这类试题创设情境时,一定要注意学生的自主性和文本解读的边界。为了保证测试的信度和效度,在设计答案和评分标准时,一定要慎之又慎,不能为了盲目尊重学生的自主性而解读得漫无边界,也不能主观臆断,只凭借命题者自己的理解拟定答案,压抑学生的自主体验和表达。

新课标对"社会生活情境"这样说明："社会生活情境指向校内外具体的社会生活,强调学生在具体生活场域中开展的语文实践活动,强调语言交际活动的对象、目的和表述方式等。"这一说明有三个要素需要命题者特别注意:

首先是任务目的:"具体生活场域中""语言交际"强调了语文的实践性。语文不仅要丰富自身的情感体验,也要提高在生活情境中灵活运用语言沟通、交流的能力。沟通能力在 21 世纪日益复杂的生活和环境中显得尤为重要,也是世界各国都希望学生通过学校教育培养的能力。在语文学科中,有很多学习任务群都把语言交际能力作为培养目的,如"当代文化参与""跨媒介阅读与交流""思辨性阅读与表达""实用性阅读与交流"等。在命题时,要注意创设的情境是否符合社会真实情境,是否是现实中可能存在和需要的。

其次是任务形式:"语文实践活动"。社会情境中适合学生的实践活动多种多样,但应该聚焦于语文的活动,如阅读与鉴赏、表达与交流、梳理与探究等。在生活化的情境中设计的问题、任务要以测试学生的语言运用能力为主。如有的在《红楼梦》整本书阅读中,设置了对建筑、食物等与语文无关的考查,这就违背了语文课程的性质。

最后是任务指向:"语言交际活动的对象、目的和表述方式等"。在交际活动中,不同的对象和目的,需要有不同的表述方式,这样才能准确得体。试题的设计形式有多种多样,如书信、辩论、新闻、各种应用文等。

如 2018 年高考天津卷的一道题:

中学生刘星写给天津滨海新区文化中心图书馆馆长的电子邮件,在语言、逻辑等方面存在若干问题。请找出四个有问题的词或句子,写在答题卡上。(4 分)(具体内容略)

这道题的命题者创设了一个真实的生活情境。中学生给图书馆馆长发电子邮件,提出对图书馆工作的改进建议,但在表达上存在问题。这个情境下的任务既考查了学生准确、得体、理性表达的能力,也培养了学生参与社会服务、关心社区与城市发展的社会责任感,是一个"创设真实情境,突出语文实践"的典型例子。

新课标对"学科认知情境"这样说明:"学科认知情境指向学生探究语文学科本体相关的问题,并在此过程中发展语文学科认知能力。"这一说明需要注意两个因素:

一是任务领域:"学科本体相关问题"。这类情境所涉及的任务是学科本体知识,如古代汉语知识、文体知识、现代汉语知识等内容,这类内容往往没有额外的生活情境,需要从知识结构本身的特殊性予以考虑。

二是考查目的:"发展语文学科认知能力"。语文学科认知能力是语文学科问题解决过程中发展起来的专门能力,譬如知人论世、以意逆志等文本解读能力,需要学生调动学科规律性的认知能力去解决学科知识的问题。

如2019年高考全国Ⅰ卷的一道题:

《理水》是鲁迅小说集《故事新编》中的一篇,请从"故事"与"新编"的角度简析本文的基本特征。(6分)

这道题就没有相关的个人体验和社会生活情境,而是聚焦在了文体本身的特性上,创设了学科认知情境,提示学生"从'故事'与'新编'的角度",去分析"本文的基本特征",去理解鲁迅在《故事新编》中如何把"故事"进行"新编"这种具有相反相成的写作意图。同时,也让学生对历史与现实重新加以审视,准确地考查了学生的学科认知能力。

语文评价是为了促进学生语文核心素养的整体提升,科学的评价不仅可以为高效选拔人才提供依据和标准,而且可以为课标中新理念的实施落实指明方向。我们要通过设置真实的任务情境,让学生在真实的任务情境下解决问题,展现其素养水平。

第三节　情境教学与学习任务群实践

《普通高中语文课程标准(2017年版2020年修订)》指出:"'语文学习任务群'以任务为导向,以学习项目为载体,整合学习情境、学习内容、学习方法和学习资源,引导学生在运用语言的过程中提升语文素养。""学习任务群以自主、合作、探究性学习为主要学习方式,凸显学生学习语文的根本途径""学习任务群的设计,旨在引领高中语文教学的改革,力求改变教师大量讲解分析的教学模式"。可以说,学习任务群的设计在教学模式、学习方式、课程组织、学习内容等方面与以往的教学有了很大的不同,情境教学要服务于任务群的学习,贯串学生活动的始终。

基于学习任务群的教学设计,在目标、内容、方法、过程、评价等环节如何创设情境呢?下面按照一般教学设计的基本流程来强调一下情境创设需要注意的因素:

1. 确定目标

教师要分解层级目标,把语文课程核心素养目标转化到具体的学习任务群,再转化到单元目标,再转化到课堂目标。由于每一个学习任务群是一个相对完整的主体,所以,教师要以学习任务群为创设情境的开始,注意创设情境的整体性和综合性,然后再根据任务的不同,创设大情境下的小情境,让学生在不同的情境下激发兴趣、产生问题,积极地进行语言实践活动,提升语文素养。

2. 内容选择

不同的内容,需要不同的情境,这要求教师对每个学习任务群的内容和目标认真研究。如"整本书阅读与研讨"学习任务群主要是让学生建构阅读整本书的经验,形成自己的阅读方法和习惯。教师在选择阅读的作品时,不仅要注意作品的题材和类型,还要注意符合学生的认知结构。创设情境时要有一个让学生静下心来的时间和氛围,要尊重学生的自主体验和感悟。而在进行"当代文化参与"任务群学习时,创设情境就需要学生从书里走向当代的文化生活,教师要整合课内外、校内外的一切资源,引导学生关注和参与当代文化生活,在积极参与中提升能力,增强文化自信。

3. 方法指导

教师"如何教"取决于学生"如何学",学习任务群改变了学生的学习方式,教师的教学方法重点就应该放在如何创设情境让学生更好地学习上来。教师要解码教材中的知识,通过任务情境让学科知识"活"起来,帮助学生建构学科内容,不能像以往的情境教学那样,把学生当需要喝药的病人,把"知识"当药丸,把"情境"当药丸外面的糖皮,想方设法把知识灌输到学生的脑子里。现在的情境教学,是教师要创设一个情境,把学生既当作病人又当成医生,激发学生的兴趣,把自己的身体情况(自身的认知结构)和相对应的医疗知识(学科知识结构)对接,通过自主、合作和探究的方式,自己治疗自己的身体(自己完善自己的认知结构)。

4. 教学过程

情境创设要贯串教学过程始终,教师要有全局视角,创设的情境之间要有呼应、联系,学生的认知能力能在整个情境中循序渐进,不断提高。而且要注意情境创设的多样性和灵活性,在过程中根据学生的状态和表现不断调整,情境创设的目的是让学生更好地完成任务,而不是显示教师的才艺,一定要牢记以学生为主体。

5. 教学评价

反观以往的教学,课程实施和课程评价是两个独立的课程环节,但新课标在评价建议中则指出"评价的过程即学习的过程",这无疑是新课改的一种新的提法,也符合学习任务群下的教学。丹尼·哈特认为,"当一个评价使学生进入一个具有重要意义的任务中时,这个评价就是真实的。这样的评价看起来像是学习活动,而不是传统的测验""给学生呈现复杂的、不确定的、开放式的问题以及整合知识和技能的任务"①,他对评价的阐述更符合学习任务群下的语文教学。当然,在实际的教学中,除了课堂中教师和学生对学习过程的表现做出及时评价,更多的还是平时作业和测试,如果在作业和测试中不注意创设情境,很难把"学习即评价"的理念落到实处。

附:基于学习任务群的情境教学案例

仿佛神山如可见

——跟着叶嘉莹先生读《小词大雅》②

一、走进任务

古典诗词有如海阔天遥、苍波远处的神山,普通读者只知其美而不知其何以为美,欲窥"神山"面目而苦无路径。

《小词大雅》是叶嘉莹先生的演讲实录,这本书举例丰富、说理恺切,借着叶嘉莹先生的指点,读者可以一窥诗词"神山"的奥妙。读《小词大雅》这本书,"仿佛神山如可见",请将你领略到的奥妙凝结成简洁的文字,编写《小词大雅》简书。

二、学习资源

主要资源:

(1)叶嘉莹《小词大雅——叶嘉莹说词的修养与境界》,北京大学出版社 2015 年版。

(2)《叶嘉莹:唐宋词十七讲》视频。

参考资源:

(1)王国维《人间词话》,上海古籍出版社 2014 年版。

---

① 哈特.真实性评价:教师指导手册[M].国家基础教育课程改革"促进教师发展与学生成长的评价研究"项目组,译.北京:中国轻工业出版社,2004:16,17.

② 陆志平.普通高中语文学习任务群教学指南[M].北京:北京师范大学出版社,2020:14-21.

(2)陈振寰《读词入门》,上海古籍出版社 2010 年版。

(3)沈祖棻《宋词赏析》,中华书局 2008 年版。

(4)吴世昌《唐宋词概说》,北京出版社 2015 年版。

(5)夏承焘《唐宋词欣赏》,北京出版社 2011 年版。

(6)朱光潜《诗论》,生活・读书・新知三联书店 2012 年版。

(7)龙榆生《词曲概论》,中华书局 2017 年版。

(8)傅庚生《中国文学欣赏举隅》,生活・读书・新知三联书店 2018 年版。

(9)豆瓣上关于《小词大雅》的讨论。

三、学习活动

(一)独上高楼

1.阅读笔记

在课外浏览全书的基础上,在三课时内完成论著的阅读。建议首先阅读目录,揣测目录中各讲排序原因,以及其与内容之间的关系;其次,细读每个章节,注意勾画点评,概括归纳词作鉴赏理论的关键词,记录疑问;最后,注意把握作者的观点、态度和语言特点,理解作者阐述观点的方法和逻辑,从论点论据、论证方式、文化情感等角度评点文章。将以上内容汇总成为章节阅读笔记。

2.检索释疑

通过图书馆借阅、论文检索、网站搜索等方式,整理作者信息、作品背景、相关评价等资料,深入研读作品,自己努力解答自己的疑惑,修改和完善自己的阅读笔记。

请将准备参加交流讨论的那一章笔记填写在下表中。

章节简介	
摘抄点评	
关键词解释	
疑问记录	
释疑过程	

3.交流讨论

各人根据自己的兴趣,按章节分组,组内交流各自的阅读笔记,以叶嘉莹身份介绍这一讲的内容，评选出最佳阅读笔记。通过交流获得更全面的认识，通过讨论进一步理解严谨的论证逻辑，筛选出最有讨论价值的问题。

组员姓名	章节简介（简明扼要）4分	摘抄点评（精当深刻）4分	关键词解释（细致准确）4分	疑问记录（引人深思）4分	释疑过程（有理有据）4分	总分20分

学习策略：

借助具体阅读任务，整体把握阅读学术论著的方法。通过各种方法和手段，理解并掌握论著核心观点和论证思路，进一步熟悉相关的专业术语，形成自己对中国古典诗词的认识和判断，为深度阅读、创造阅读、拓展阅读做铺垫。根据阅读要求，在探索中积累阅读学术专著的经验，并锻炼自己阅读学术著作的意志力。

在初读学术论著的过程中，你可能会遇到一些问题，比如阅读理解有困难，不能理解相关论述和论点，从而产生畏难情绪和放弃心理，面对这些情况，你可以积极向老师求助，更要重视和其他同学的讨论交流，形成阅读共同体，在相互促进中共同学习，还可以利用网络资源和网上平台，与更多的《小词大雅》读者相互交流。同时需要注意的是，如果有一些难点你一时难以领会，可以先搁置难点，待阅读量扩大、形成专业阅读背景之后，再解决先前的难点就会变得容易。

（二）为伊消得人憔悴

（1）分辨作者对张惠言和王国维理论的辨析评价，探讨其思路及理论依据；归纳作者提出个人观点的方式，注意中心论点与分论点的关系，注意材料与观点之间的逻辑关系。

①分组归纳论著中涉及张惠言和王国维的词学理论，通过例子阐释其内涵。

②分组讨论叶嘉莹如何评价辨析以上两位的理论，关注叶嘉莹说理的角度和方法。

③归纳总结叶嘉莹提出自己观点的方式,她是如何通过论证联系材料与观点的。

张惠言:

王国维:

叶嘉莹:

(2)能倾听他人发言,做发言记录,学会与同学、老师合作探究。

(3)借鉴阅读《小词大雅》的方式,每人至少再读一本词学方面的专著(以浏览加有重点的精读方式为主),如沈祖棻《宋词赏析》、吴世昌《唐宋词概说》、夏承焘《唐宋词欣赏》等,摘抄搜集与叶嘉莹论点不尽相同的其他词学观点,比较它们之间的异同,做出自己的评价。

学习策略:

活动一解决的是作者在说什么,活动二重在阐述作者是怎么说的。具体可以分为以下几个步骤:首先,叶嘉莹先生是如何转述他人观点的,请你思考举例和观点之间的关系;其次,叶嘉莹先生是如何分辨评价他人观点的,叶先生评论的角度是什么,评析的过程是怎样的;再次,叶先生是如何在比较中阐述自己观点的;最后,适当扩展阅读,打开眼界,通过阅读其他名家作品,加深对《小词大雅》的理解和认识,通过比较同一类型不同名家的著作,促进自己的深度阅读和审美判断,通过讨论交流促使自己深入思考和严谨表达。

(三)回头蓦见

(1)探讨交流《小词大雅》内容如此安排顺序的理由,从整体上把握论著的脉络结构。

(2)分组整理、归纳总结每一讲中涉及的鉴赏理论和方法,小组之间分享交流,同学质疑补充。

(3)每人编写自己的简书,阅读、辨析、梳理、探究之后,将自己的阅读发现整理成简洁精练的文字。

学习策略:

活动三是在活动一和活动二的基础上,形成整体回顾和观照,解决"只见树木,不见森林"的问题。阅读总是从细节到整体,再从整体到细节,最终再回归整体,这样回环往复的阅读,可以加深我们对概念的理解,对细节处的透彻认识可以帮助理解整体,对整体的正确把握又可以反哺对细节的体会,最终把书读薄,掌握鉴赏方法。所以,要梳理清楚《小词大雅》的脉络并能够运用专业术语,简洁有效地整理出鉴赏理论和方法,编写成简书。

（四）天光云影共徘徊(选做)

(1)阅读一本关于诗或者曲的专著,如朱光潜《诗论》、龙榆生《词曲概论》等。发现诗词曲在表达方式上的异同,进一步提升对古典诗词的感受力、理解力。

(2)寻找两三首不同作家同一母题的诗词,从微言大义、意境境界、情思气氛等角度,借鉴所读专著等的评论鉴赏方式,写一篇短评。

(3)寻找两首具有相同主题的诗和词或者词和曲,比较两种体裁在表达相同主题时表达方式上的异同,借鉴所读过的专著的评论方式,写作一篇短评。

(4)把短评发送到简书上,与简书上的读者分享、交流。

学习策略:

活动四重点是培养知识的迁移能力。将你阅读《小词大雅》的经验迁移到对其他古典诗词曲专著的阅读中,进一步提升对古典诗词曲的感受力、理解力,在诗词曲异同的比较中发现诗词曲各自体裁的独特性,更好地明确"词"的特质。在活动三的基础上,能写出具有文学评论性质的诗词短评。

写文学评论不容易,但也不难。发挥你自己的想象力,在探讨理论术语时,有意识地结合诗词分析,这样既可以加强对术语的理解,又可以练习对术语的使用。你可以从仿写开始,初步领会赏析文章的写法,再慢慢从段落写到篇章,循序渐进,达成目标。

四、综合测评

请以"词的修养与境界"为主题,从《小词大雅》或自己喜爱的词作中选择不少于20首词,重拟标题,分组编辑,以生动的文字做简要的解说。

五、梳理与反思

(1)读《小词大雅》之前,你读诗词的方法是什么? 读完《小词大雅》,你发现鉴赏诗词的理论、方法和路径还有哪些?

(2)一位同学向你抱怨学术论著难以读懂,请你将自己阅读《小词大雅》的经验与他分享。

(3)在小组内部交流、全班交流的过程中,哪位同学的发言给你的启发最多? 写一个表达感谢的便条给他(她)。

第七章　基于语文学习任务群的主题阅读教学

第一节　主题阅读的概念界定与价值

一、主题阅读的概念

主题阅读,即以某个主题为中心或主线组织多个文本,由教师、学生共同完成的阅读活动。主题阅读有广义与狭义之别。狭义的"主题阅读"是指针对文本中的中心意图、情感主旨、题材选择、价值取向等思想层面所开展的阅读活动。"主题"是"文学、艺术作品中所表现的中心思想,是作品思想内容的核心"[①],是作家对现实生活的认识、体验、评价甚至理想的最终表现。在该定义范畴下,生存与死亡、战争与和平、进步与落后、成长与衰老、发展与倒退、创新与保守、科技与人文、忠诚与欺骗、公平与偏见、正义与邪恶、苦难与幸福、快乐与悲伤、悲悯与冷漠、爱情与仇恨、故乡与游子、英雄与平民、善良与凶狠……作家作品所展现的其内心的一切态度,包罗万象,力量十足。

也有研究者认为主题阅读内涵丰富,维度多元,对其概念的理解应当放宽,我们暂且称之为广义的主题阅读。广义的主题阅读既可以是内容或思想层面的;也可以是表达形式层面的,如以象征手法为主线组织文本;还可以是题材选择方面的,如以"城市""乡村""车站""音乐"等为主线组织文本;还可以是作家层面的,如以"鲁迅""杜甫""苏轼"等作者为主线组织文本;或是时代层面的,如以"民国初期"或"十七年文学"等时间概念为主线组织文本;或是空间层面

---

① 中国社会科学院语言研究所词典编辑室.现代汉语词典[M].7 版.北京:商务印书馆,2019:1712.

的，如以"关中""东北""北京"等空间概念为主线组织文本；或是风格特色层面的，如以"幽默讽刺""含蓄隽永"等为主线组织文本；或是阅读策略层面的，如以"粗读""泛读""精读"为主线组织文本；等等。

二、学习任务群下的主题阅读

主题阅读教学下的学习任务群，更加突出了"群"的特征。课堂内容要由"群"组成，课程设计要由"群"串联，课堂活动要由"群"组织，而主题阅读是最能直接激发学生兴趣进行群文阅读的方式方法之一，同时也是最能直接快速呈现"群"学习成果的阅读途径。

学习任务群中的主题阅读教学，更加增强了"主题"的深刻性与丰富性。多个文本的组合是实施主题阅读教学的基本条件。主题阅读教学必须以比较阅读为前提。同时，"群任务"的目标推动，"群策略"的共同实施，"群交流"的彼此碰撞，促进了主题阅读在学生头脑中的发展，使主题阅读的内涵和意义不断生发、开花、结果、繁盛，从而拓展了主题阅读的覆盖面，极大地强化了学生思考的深度。由此可见，"群"的建构意义在主题阅读教学中的作用不可或缺，并成为主题阅读教学延伸发展的关键。

三、主题阅读的教学价值

主题阅读教学方兴未艾，随着教育理念的不断深化，主题阅读教学的推广正在不断加强，一些地区和学校的主题阅读教学蔚然成风。那么，开展良好的主题阅读活动能产生怎样的教学价值和意义呢？

（一）唤醒精神世界，塑造独立人格

主题阅读教学不仅是语文学习活动的转变，更是思想提升的有效途径，这是主题阅读教学的独特魅力。

学生如果仅依靠现行教材所提供的篇目进行阅读活动，只是杯水车薪。加之高中生升学压力大，课业负担重，除了语文课本的文章，大部分学生很难兼顾系统性的课外阅读，从而导致质量参差不齐的作品渗透进学生的课余时间。高中生正处于三观逐步成熟的关键时期，如果不加选择地盲目阅读，对他们的成长无疑是有害的。而许多一线教师，在工作之外也并未充分地系统化阅读。师生的阅读现状，呈现"浅阅读"。"浅阅读"是一种浅层次的阅读形式，它以简单

轻松、实用性甚至娱乐性为最高追求。它的特点是快餐化、跳跃性、浏览娱乐式以及碎片化。它恰好顺应了当下学习、生活节奏快，压力大，闲暇时间少给人们精神生活上带来的新变化——需要在间断、短暂的时间中迅速获得有效的信息和足够的娱乐资源，如符号化的微博、微信等，而这必然导致信息和思维的碎片化。

主题阅读在短时间内能让师生品味大量文本，极大地扩大了师生的阅读面。师生共同确定教学内容、补充阅读文本和资源，在有品质的、精选的、系统化的文本中获得精神养分，从而展开更深入的思考，避免阅读的浅表化，有利于培养良好的阅读习惯。在独立的阅读过程中，也更容易与作者产生思维上的碰撞，促使新认知产生，使阅读能力得到有效提升。主题阅读教学以多样化的主题串联起阅读，让学生在自主阅读中全面提高语文核心素养，丰富学生的精神世界。一个人的精神发育史就是这个人的阅读史，爱阅读、能阅读的人，他对文本理解的深度和广度远远高出不阅读的人。

如以"自由"为主题将帕特里克·亨利的《不自由，毋宁死》、陈独秀的《敬告青年》、王小波的《一只特立独行的猪》等文章组合在一起，让学生体会"人生而自由"的伟大，明白人作为个体的独特性，进一步深层理解个人与集体的关系。

在"我就是我"的主题阅读教学中，教师提供了马丁·路德·金的《我有一个梦想》、舒婷的《我的歌》、许地山的《我想》、蒙田的《自画像》等一系列讲述"我"自己的故事文本，使学生进一步确认"我"的身份，帮助孩子们成长，寻找自己的独特性。

以"男子汉形象"为主题，将苏轼的《方山子传》、袁枚的《书鲁亮侪》、海明威的《桥边的老人》、萧红的《回忆鲁迅先生》等作品组合，让学生感受独立人格的魅力，学会自我人格的塑造与自我灵魂的建立。

同时，主题阅读教学活动极为强调学生的体验与体悟，重视学生的阅读氛围、情感状态，要求学生抵达一定程度的思维状态，从而唤起他们的经历、回忆和联想："我自己是这样吗？我经历过这些吗？如果是我自己，我会怎么想？如果是我自己，又会怎么做？为什么这么做？我又会如何评价他人的所作所为？我又该如何处理他人的所作所为？……"经过一系列的思考、沉淀、体悟、定型，使学生"自觉地"而非"他觉地"明白，培养自我体悟的学习意识，从而学会对自我内心的关照，并从中获得人生启示与帮助。

（二）融入现实生活，滋养生命成长

主题阅读教学来源于现实生活，从现实生活中孕育，从学生的生命体验中出发，陪伴学生的成长，由此开启学生的生命教育。其通过学生对丰富的文学文本进行阅读和理解，帮助他们增加见识、开阔视野，在阅读中深化和丰富他们对社会与人生的体验和认识，从而使他们的生活更加美丽生动有趣。

如将韩愈的《祭十二郎文》、欧阳修的《泷冈阡表》《祭尹师鲁文》、袁枚的《祭妹文》、恩格斯的《在马克思墓前的讲话》、孙犁的《亡人逸事》以及曹雪芹的《芙蓉女儿诔》放在一起读，便是极佳的一次生命教育。青春学子距离"死亡"这一沉重的话题尚远，但面对它，我们又该如何思考，如何解脱？看看古今中外，无论是韩昌黎的哀痛、文忠公的悲戚、袁子才的惋惜，还是西方思想家的冷静，或是小说作品中贾宝玉的赞美与愤恨，都是难得的人生体验，他们用自己的经历与深情，用自己饱蘸情怀的笔墨为学生呈现了人事分离、沧桑变化的匆匆人生与悲伤本源。

以"动物"为主题将布莱克的《虎》、里尔克的《豹》、丁尼生的《鹰》、巴金的《狗》、老舍的《猫》、贾平凹的《云雀》、席慕蓉的《燕子》、陆蠡的《蟋蟀》以及沙叶新的《中国动物各阶级分析》编为一个阅读体系，让学生去体会不一样的动物在不同作者的笔下，有着怎样不同的形象和不同的寄托。

以"四季"为主题将川端康成的《春》、纪伯伦的《夏》、郁达夫的《故都的秋》、林语堂的《秋天的况味》、夏丏尊的《白马湖之冬》等组合为阅读教学专题，让学生感受四季之变、四季之同、四季之乐、四季之悲。

以"天气"为主题将季羡林的《雾》、杨绛的《风》、余光中的《鬼雨》、汪曾祺的《昆明的雨》、泰戈尔的《雪》、莫泊桑的《雪夜》等组合为阅读教学专题，学生从中体会人与自然的和谐统一，学会如何将自然作为自己的情感寄托。

以"生命如火，强者之歌"为主题将司马迁的《报任安书》、海伦·凯勒的《假如给我三天光明》、史铁生的《我与地坛》、欧·亨利的《最后的常春藤叶》、钱钢的《渴生者》等组合为阅读教学专题，以期磨砺学生精神，强化学生意志，为学生的健康体魄与崇高灵魂打下良好的阅读基础。

这些主题阅读教学带给学生的，不是单篇文本的一次心灵启迪，而是多个文本下反复强化的人生认知、不断体验的人生况味，以及不同文本对比下的多维度的现实情境的代入，让学生真正体会到生命的复杂与多变，感悟到生命的真实与可贵。

（三）增强文化自信，培养家国情怀

《普通高中语文课程标准（2017 年版 2020 年修订）》要求，"文化传承与理解"作为语文学科核心素养之一，需在学生学习过程中，"继承和弘扬中华优秀传统文化、革命文化、社会主义先进文化，理解和借鉴不同民族和地区的文化，拓展文化视野，增强文化自觉，提升中国特色社会主义文化自信，热爱祖国语言文字，热爱中华文化……"①而主题阅读教学则在文化自信和文化包容上有着得天独厚的优势与条件。

在以"祖国之根"为主题的阅读教学专题中，我们把杜甫的《秋兴八首》、艾青的《北方》、舒婷的《祖国呵，我亲爱的祖国》、阿赫玛托娃的《祖国土》等作品组合，以此激发学生的爱国热情、培养学生的爱国心。

在以"华夏之城"为主题的阅读教学专题中，我们把萧乾的《北京城杂忆》、沈从文的《边城》、木心的《上海赋》、余秋雨的《白发苏州》、贾平凹的《西安这座城》、扎西达娃的《聆听西藏》等作品组合，让学生感受祖国大地不同的风土人情、南腔北调的风俗文化。

在以"乡关何处"为主题的阅读教学专题中，我们将《采薇》《奥德赛》《苏武传》《想北平》《乡土中国》等作品组合，让学生记得住历史、记得住乡愁，延续历史文脉，增强民族文化自豪感，担负起传承传统文化的历史重任。

主题阅读教学能够展示追忆历史、赓续传统、思考当前、眺望未来的中国，对于新时代传承中华文脉、全面提升人民的文化素养和家国情怀、增强国家文化软实力、坚定文化自信等，都具有十分重要的价值。

（四）提高审美能力，提升鉴赏水平

在深层次、系统化的主题阅读基础之上，学生通过不断的积累、思考、质疑，能有效提高对作品的评鉴能力。评鉴能力是在阅读理解能力基础上发展起来的较高级别的阅读能力，包括阅读评价能力和鉴赏能力。小学、初中阶段的语文课程主要是学习语言的基本知识，大部分学生经过九年的学习已经掌握了一定的语文知识，而高中主要是在初中语文的基础上进行拓展。高中生相较于小

---

① 中华人民共和国教育部.普通高中语文课程标准（2017 年版 2020 年修订）[S].北京：人民教育出版社,2020:5.

学生、初中生,更需要通过阅读提升更高层次的评鉴能力。高中生需要在理解文章的基础上,对作品的形象进行鉴赏和再创造,对文章的意义或价值做出判断,对作品内在的旨趣和意蕴进行体悟。传统语文课堂中,教师注重单篇教学,解读文本的方法也比较单一,导致学生对作家、作品的评价和鉴赏也相对单一和刻板,提到孔子就是仁,说到苏轼就是乐观旷达,讲到鲁迅就是"俯首甘为孺子牛",而讲到诗歌时,只是机械翻译,不会动用想象和联想进行共情体味、涵泳品咂。而在主题阅读教学中,凡是在某些方面有共同点的文章都可以整合在一起,成为一个新的有机联系的整体,而非互不关联的材料。通过对这些文本的不断深挖和师生间的互动交流、质疑评点,学生结合自身经验进行的主观创造、评价的结论不再是固有的,而是更加多元化。它突破了单纯的文字理解,进入了阅读创造的层次,具有主观性、思辨性和审美创造性。这在本质上是学生的一种自我表达,教师可以从中洞察学生认知和情感的发展水平。

如在以"亭台楼阁"为主题的阅读教学中,我们把曹植的《铜雀台赋》、王勃的《滕王阁序》、王羲之的《兰亭集序》、李白的《登金陵凤凰台》、杜甫的《登岳阳楼》、欧阳修的《丰乐亭记》、王禹偁的《黄冈竹楼记》、苏轼的《超然台记》、归有光的《沧浪亭记》放在一起,让学生在理解作者人生境遇、时代抱负外,能体会到一种中国文化独有的文化熏染与审美情趣。

(五)提升思维发展,训练思考能力

主题阅读具有较强的目的性与指向性。围绕一个特定主题进行课程设计,目的是带领学生有主题有目标地进行读书,围绕主题读书可以使学生读书的意图更强烈,更容易领会文本的思想内容。

传统课文的学习注重精读与泛读,而今后语文考试阅读量的增加,未来社会对于语文阅读量提高的要求,都说明阅读量的增大,有利于学生提高阅读速度和阅读能力,而如果仅仅停留在教科书的阅读和单篇课文的阅读上,显然是远远不够的。

主题阅读给学生提供了默读、回读、略读等阅读方式的训练机会和训练时间,给予学生充分学习的机会与方法,其围绕一个主题,促进学生一边思考、一边记录、一边研读,提高阅读的效率和速度,可以使学生在对比中的阅读效果更有广度与深度。

（六）深化文本内涵，拓宽文本意义

相较于主题阅读教学对于学生主体的影响意义，其对于文本价值的贡献也是不容忽视的。一个孤立的文本，其价值的生发是相对静止的，而一旦进入了群文阅读，其价值则呈现出动态化特征。如在《拿来主义》一文中，学生可以清楚地感受到鲁迅先生对于东西文化的态度是"运用脑髓，放出眼光，自己来拿""或使用，或存放，或毁灭"；但若与乔治·萨顿的《东方和西方的科学》、陈炎的《中国与西方的文化资源》和翁乃群的《麦当劳中的中国文化表达》这三篇文章做对比阅读后，我们便可以在审视传统与看待新生、拿来与接纳、认识与沟通几个维度上，对中西方文明对话、交流、冲突的"前世今生"有所了解，而且既有宏观的抽象论述，又有微观的个案分析，由此，每一个孤立的文本经由学生与教师的教学活动，相互之间产生了"信息互通"与"信息补足"，最终实现了文本意义的"增值"，即主题阅读任务群增加了单篇文本的价值。

第二节　主题阅读的教学组织与策略

学习任务群的应用，使学习方式和教学内容发生深刻的转变，传统的以文本知识传授为主的语文教学，转变成具体的语言实践，学生的主体地位被充分显现出来。

主题阅读是符合当前语文阅读教学潮流与方向的一种教学方式。它是一种比较复杂的探究性教学，教师通过指导学生进行多文本阅读，引导学生主动发现问题、解决问题，鼓励学生大胆质疑，勇敢表达自己的想法，多元化地延伸、扩展主题内涵。在此过程中，师生共同探究，对主题进行分析与理解。它既能在师生的阅读互动中实现个性化阅读，又能让学生在自主探究中发展自主阅读的能力。

目前我国高中语文阅读教学的实际是，学生的阅读面很窄，阅读积极性普遍不高，阅读效果普遍低效，学生无法很好地理解作品。导致这种现状的主要原因就是教学与考试中过于强调功利性。要开展主题阅读，需要教师先改变功利的指导思想，认识到阅读教学的重要性，引导学生认识阅读的意义。

在语文学习任务群的背景下，如何组织主题阅读教学呢？我们认为，应该从主题的确定（前期）、过程的指导（中期）、结果的评价（后期）三个维度去

考虑。

一、主题的确定

对于主题阅读来说,首先要选好主题。

(一)确定阅读主题的原则

针对当前高中语文阅读教学的实际,我们认为,阅读主题的确定,应当遵循以下三个原则:有适当的广度,有适当的开放度,有适当的层级。

1. 有适当的广度

一个好的主题,应该能够让学生自由地发表观点、表达见解。有些主题的范围太窄,学生没有过多的生活经验与之联系,有些主题的范围又太广,学生能说的太多,思维的缰绳太长,讨论缺乏明确的中心。因此,教师须尊重学生心理特点与阶段发展需要,还要考虑教学时间的限制。教师在选择主题时需要特别注意的是,主题的广度要把握在一个合适的范围内。过于泛化的主题容易显得空洞,讨论也会变得虚浮,无法让主题阅读教学真正落到实处。例如以"人间大爱"为主题,尽管学生可能对此很感兴趣,想要表达的东西也很多,可以说是"有话可说"的主题,但是实际教学效果却未必理想。这是因为这一主题太宽泛,包含的内容太多,可以谈爱情、谈亲情、谈友情,学生能说的话太多,就会使学生的思维过于发散,这样,课堂就会缺乏明确的教学中心。因此,我们有必要进一步缩小主题的外延。结合人教版高中语文必修教材中的课文和学生的生活实际,若将主题改换为"父母与孩子之间的爱",这就符合了16—18岁的中学生最切实的需要,也保证了这个主题能在有限的课时里得到充分讨论与探究。因此,教师在确定主题的时候,应该根据实际,选择广度适宜的主题组织教学。

2. 有适当的开放度

适当的开放度是指学生可以将所选主题与自身生活实际和已有的阅读经验相联系,能对主题有个性化的理解,能从多角度去理解主题。我们还要注意,所选择的主题不应该出现明显的思维偏向。以"生活"这一主题为例,教师如果将主题定为"苦难生活"的话,容易将学生的思维引向空洞的悲怜上,而对当代的高中生来说,他们的生活应该是充满快乐的。所以不妨将主题定为"生活的苦与乐",这既符合常识,也符合当代高中生的心理需求。这就是一个具有适当的开放度的主题,有利于学生多角度去理解主题。

3. 有适当的层级

主题阅读的"主题",是对话题或概念的总称,是指导学生阅读材料的方向,也为师生互动提供共同语境。因此,主题阅读的主题必须要精心编排,形成序列化,有适当的层级。这个层级,可以是递进式的,也可以是并列式的,不必拘泥于一种,但是应该有一定的内在逻辑联系,不能毫无关系,随意跳跃。具体来说,如苏教版必修一课本的四个主题分别是"向青春举杯""获得教养的途径""月是故乡明""像山那样思考",这其中有它自身的考虑:第一个主题"青春",进入高中的高一新生,进入了青春期的后期,对青春有了自己的认识和理解,在进入新的学段之后,自然要从重新认识自己开始;第二个主题"求学",认识了自己所处的阶段之后,就必须明白现阶段的任务,那就是矢志求学;第三个主题"思乡",照应了这一学期有"中秋节",并向内看,思考自己与家人、故乡的关系;第四个主题"思考",则是向外看,放眼世界,思考自己与他人、社会的关系。如此看来,苏教版必修一的主题,是有内在联系的。我们在选择主题的时候,也要注意这一点。

（二）确定阅读主题的途径

明确了确定主题的三个原则之后,怎样确定适当的主题呢?我们认为,高中阶段的主题阅读的"主题"编排,可以从教材拓展主题、作家作品主题、乡土文化主题、时事热点主题、学科交叉主题等方面去确定。

1. 教材拓展主题

教材是一座有待发掘的宝矿,我们在确定主题时,往往可以从教材中所选的课文出发,拓展主题、题材、体裁等方面有关联的篇目。以人教版必修一为例,第一单元选择了现代诗,我们可以从徐志摩、戴望舒、艾青等人的作品出发,进一步阅读胡适、郭沫若、臧克家乃至海子、洛夫、北岛、汪国真等人的作品,以求对现代诗歌的发展有一个较为全面的了解。

2. 作家作品主题

作家作品主题,就是围绕一个作家或者一类作品确定主题,并且形成序列化,是比较简单并且行之有效的主题确定方法。因为每位作家有着自己相对固定的写作风格,这样一来可以让学生接触到更多的作家作品,另一方面,也可以通过比较的方法,使学生了解每个作家的写作技巧。比如以鲁迅为主体的主题阅读,我们便可以选取鲁迅较为经典的小说、散文、诗歌、杂文、书信等文学样式,对它们进行编排,然后再将鲁迅的生平经历、思想轨迹等按照序列进行排列,这样一来,学生就能对鲁迅的思想、作品风格、语言特点、写作技巧等,有一个全面的整体性的理解,在今后的写作中也能够更好地运用。

3. 乡土文化主题

何为乡土文化? 中国的传统文化就是扎根乡土的文化,它产生并服务于中国的农耕社会。从原始意义上看,"乡土"是众多作家的物质家园,而其中对故乡、土地、村庄的怀念,又转化为一种对物质家园的精神追求。因此,"乡土"也成了感情寄托的地方,成了文明的发源地。从现代意义上看,"乡土"是人类的精神家园,古今中外莫不如此。乡土文化,就是我们在确定主题阅读的主题时可供利用的一大重要资源。比如,北京的师生,可以以"京味儿"为主题;西安的师生,可以以"长安"为主题;南京的师生,可以以"金陵"为主题;临水而居,可以以"河文化"为主题;傍山而住,可以以"山文化"为主题。如此种种,凡是此地风物,皆可为我所用。

4. 时事热点主题

新的时代,新的世界。社会发展蒸蒸日上,新事物、新现象层出不穷。高中生在学习的过程中,除了学习课本内容,也要放眼世界,关注时事,培养国际视野和现代意识,促进思维的全面发展与提升,成为现代意义上的世界公民。社会生活中的大事件、大问题,都与高中生的生活息息相关,选取此类素材,找准切入点,能极大地激发学生的阅读兴趣。例如,我们可以开展以"中美关系"为主题的阅读活动,选取有关中美双方关系论点的文章,开展阅读,让学生在阅读与课堂讨论交流之后写出自己的看法。再比如,我们可以以"镜头里的诗词"为主题,选取有关的评论文章,发现《中国诗词大会》等新兴热点节目的优点与不足。这些新闻热点,能够激发学生的兴趣,学生讨论的热情往往会很高涨,有了交流的欲望,有了思维的碰撞,自然就有了更多的收获。

5. 学科交叉主题

学科交叉是一种"跨学科"或"学科际"的活动,学科的交叉和综合是综合性、跨学科的产物。自然界的各种现象之间本来就是一个相互联系的有机整体,同时,人类社会也是自然界的一部分,因而人类对于自然界的认识所形成的科学知识体系,也必然具有整体化的特征。基于这样的认识,我们在选择主题阅读的主题时,很有必要考虑学科的导向,考虑跨学科的阅读。例如,我们可以以"宇宙"为主题,选择文本,组织学生阅读相关科普文章乃至科幻小说,通过这样的语文、物理跨学科阅读,提高学生人文与自然方面的综合素养。

在主题阅读的前期,除了主题的确定,我们还要做好资源的整合。阅读资源的整合与补充,是确定阅读主题之后的一项重要任务。在具体的实施过程中,我们主要遵循以下几个原则:首先,精选阅读文本。只要是符合要求、能够给予学生精神滋养的好文章,不管它"考不考",都值得学习。其次,充分利用网络。教师编写阅读讲义、补充阅读资源时,要充分利用互联网,尽量覆盖古今中外的不同时代、不同地区、不同文体的文章。此外,在整合资源时,还可以适当加入一些本地作家的文章和乡土文化资源,让学生在熟悉的语境中获得文字的滋养。

二、过程的指导

主题阅读不是自由放养式的阅读,教师也要在一定程度上参与到学生的阅读过程中,教师应该把技术层面的知识教给学生,把具体的可操作性的阅读策略教给学生。文本的阅读有一些"技术性"的知识,作为教师,需要循序渐进地引导学生去理解和接受关于阅读的技术性知识。

在主题阅读的过程指导中,教师尤其要重视文学理论和阅读策略两个方面的教学,通俗地说,就是不但要让学生开始读,更要让学生知道怎么读。

(一)文学理论方面

教师指导学生运用文艺学理论来解读研究主题阅读的文学作品,这是文学理论和主题阅读的结合。教师在教学中把二者结合起来,有利于学生开展多角度的、有创意的探究性阅读,会使学生具有更积极的阅读态度,更加注重个体的审美体验,更加有利于发展学生独立阅读的能力,提升阅读的品质。

文学理论既丰富又抽象,在指导学生进行主题阅读的过程中,教师只能选择成熟的并且操作性强的理论,潜移默化地引导和启发学生。北京师范大学童庆炳教授主编的《文学理论教程》一书将"文本"分为文学话语层面、文学形象层面、文学意蕴层面。文学话语层面是指文学文本首先呈现于读者面前、供其阅读的具体话语系统;文学形象层面是指读者在阅读文学话语系统中经过想象和联想在头脑中唤起具体可感的生活图景;文学意蕴层面是指文本所蕴含的思想、感情等各种内容,属于文本结构的纵深层次。语文文本的解读可从这三个层面入手,而这三个层面的解读是环环相扣的。此外,从当代文学批评的发展历程来看,按时间顺序依次形成了以作者为中心、以文本为中心、以读者为中心的三个阶段。伴随着这三个阶段,也产生了文本解读的三种理论。

通过上面的论述,结合教学实践,一般来说,操作性比较强的文学理论主要有文本细读、接受美学、对比分析法、叙事学、比较文学文论等,这些"专业技术支持",一定程度上提高了学生进行主题阅读的兴趣,提升了学生的文学鉴赏和文学批评的能力。

主题阅读教学和教材文本的一般化教学有不同的地方,主题阅读更加强调自由的、开放的、个性化的解读,更加重视个体独特的阅读体验,更加强调答案的"非唯一性"。因此,教师确实很有必要给予学生一些"专业技术支持",把大学中文系的一些理论知识引入高中语文教学实践中来。其实,目前的高中语文教材早已开始了相关的实践,比如人教版高中语文选修教材《外国小说欣赏》中就引入了众多的叙事学理论。教师在教授《桥边的老人》《变形记》等文本时,若能够从叙事学的角度授课,学生就会产生"陌生感",这种"陌生感"不会降低学生学习文本的兴趣,反而会激发学生的学习兴趣,有利于学生参与度的提高,有利于教学目标的达成。

(二)阅读策略方面

阅读策略是读者在阅读文章时所运用的方法、技能。掌握阅读策略后,可以更好地理解所阅读的文章。真正的阅读是通过文字提取意义,读者需要运用不同的阅读策略去寻找、思考、理解信息。熟练的高明的读者往往都会运用有效的阅读策略来帮助他们理解文章,他们所使用的阅读策略是可以被教授的。而且,当学生学会这些策略时,他们的理解能力也会得到更大的提高。

在主题阅读方面,我们需要特别关注的阅读策略有预测、联系、比较、整合。

1. 预测

拿到主题范围内的文章或书本后,不要马上开始阅读,首先应该对文章或者书本的整体有个直观的了解。假如拿到一组文章,就要看各篇文章的标题。如果是一本书,就要看封面、封底、作者介绍、目录、前言、后记等相关信息,从一定程度来说,这就是整本书的布局。看了这些,我们就可以对内容进行预测。这种读之前的预测,其实是要求我们站在作者的立场去思考这个主题,以及这个主题不同的写作角度。

2. 联系

主题阅读是一种"以一带多"的阅读,通常的做法是教师先让学生明确阅读主题和教学目标,再一篇篇精读,进行主题归纳和小结后,由学生阅读其余的篇目,从这种阅读实践中获得阅读的方法、加深对主题的理解。这样的阅读,天然地需要运用"联系"的方法,将新的文本与旧的知识储备联系起来,这种联系可以是新文本与个人已有的知识、经验之间的,也可以是新文本与旧文本之间的,还可以是新文本与生活中的话题、事件之间的。在阅读教学中,教师要指导学生通过阅读"群文",运用联系的策略理解新的知识。

在这里,我们不妨举一个例子来说明联系的重要性。进行"东坡"主题阅读时,就可以将人教版高中语文教材中所选入的《赤壁赋》《念奴娇·赤壁怀古》《方山子传》三篇文章和朱刚先生《苏轼十讲》这本书中的相关章节组合在一起教学。其中《方山子传》在主题理解上涉及"苏轼为何要为方山子作传"这个问题。学生不容易理解,教师就可以联系《赤壁赋》和《念奴娇·赤壁怀古》,让学生发现身处黄州的苏轼是苦闷的,于是才有了"寄蜉蝣于天地,渺沧海之一粟""多情应笑我,早生华发。人生如梦"这样的句子。而黄州时期的苏轼,慢慢地也获得了精神上的安然,所谓"此心安处是吾乡"。他的好友方山子,遁隐山林,同时心有所安,这正是苏轼非常欣赏的生命姿态,所以为其作传。这不仅是一篇人物传记,也是苏轼谪居黄州时的抒怀之作。

3. 比较

主题阅读是一种群文共读式的多文本的阅读,一定会涉及"比较"的方法,比较就包括求同和求异。多篇文章有同样的主题,但各自的主旨却不一定相同,写法更是迥异。即使是同一作者,由于人生经历和所处人生阶段的不同,他写出的文章内容和风格也是不同的。做比较,首先就要从字词这样的微观层面入手,在语言层面去感悟,去发现不同,这是我们比较的起点。其次,还要比较"形象"、比较"情感"、比较"主旨"。最后,还要比较"写法",除了关注"写了什么",还要特别关注"怎么写的"。在这样多层面的比较中,读出"同"也读出"异"。

4. 整合

在基于学习任务群的主题阅读中,整合是尤为重要的一种阅读策略。有了预测、联系、比较,最后还需要做的就是整合。有了比较的结果,有了对文章各方面的"同"和"异"的认识,接下来回归到我们选择的主题上,就需要整合,它是对比较阅读的总结和提升。主题阅读教学,是一种群文式的阅读教学,它不是单篇教学,因此不必对整篇文章做一字一句的详细梳理,它更加注重整体的理解,我们要鼓励学生在大量的文字中找到关键信息并比较分析,在阅读中得出更丰富、更多元的认识。

三、结果的评价

"评价"是主题阅读教学中重要的组成部分,是主题阅读课程实施过程中的重要范畴。评价的根本目的,不在于通过学生的学习进行区别、选拔,而是激发学生参与学习的积极性,唤醒他们的潜在欲望。在主题阅读教学中,教师要强化对学生学习过程的评价,从而充分激发学生的学习热情,提升课堂教学的效果。

怎样做好结果的评价呢?我们认为应该做好以下三个方面的工作:

(一)关注个体差异

在主题阅读活动中,不同的学生有不同的成长方式和独特的个人体验。学生的成长环境和知识背景不同,兴趣点也不一样,表现在"群文群读"的主题阅读上,自然会有很大的差异。有的学生天生内向,不敢在众多的同学面前大胆发言和朗读,那么教师可以将大胆发言、直抒己见作为其主要的评价目标,鼓励他勇敢说出想法。相反,有的学生天生外向,有什么说什么,这样的发言或许能有一得之见,但是也会存在操之过急、条理不清的问题,面对这样的学生,教师要鼓励他多思考,三思而后说。每个学生都有自己的长处,教师的评价应该能让学生发现自己的优点,扬长避短,并且针对自己的弱势进行训练,尽可能使自己全面发展,不断提升。教师对于学生阅读效果的评价,应该基于尊重和理解,告诉学生他的感受是独一无二的,他的想法是有价值的,哪怕它是错误的或者不成熟的,都有它的意义。

(二)善用评价语言

教师在评价过程中,要善于使用能够促进学生发展的评价用语,这样的评价用语应该是多样的、有针对性的,而不是一个字:"好"。好的评价能鼓励学生讲出更多有价值的观点,激励学生找到成功解读文本的方法。教师在评价时要站得高一点,才能看得远一点,要善于发现学生语言中的闪光点。但同时,不能为了调动学生的积极性,或为了鼓励而鼓励,一味说"好"。岂不知,学生并不喜欢听到教师只说一个"好"字,到底为什么好,好在哪里,教师要说明白,在座的其他学生也想听明白。总之,教师的评价要让学生明白自己的优点,同时又要正视自己的不足,认识到自己的发展潜力。

（三）在评价中引导

主题阅读离不开对主题的理解,在读完文章后的评价过程中,我们还要关注学生对主题的认识。培养学生高尚的道德情操、健康的审美情趣,使其形成正确的价值观和积极向上的人生态度,是语文教学的重要内容,教师不应把它们当作外在的附加任务。基于这样的认识,教师对学生的评价,不仅要关注语言的训练、内涵的感悟等层面,更要对学生表现出来的情感态度价值观进行点拨和引导,以培养学生积极的人生态度、正确的价值观。

第三节　主题阅读的教学设计与实施

案例 1 ："英雄有梦"主题教学

【篇目】《烛之武退秦师》《荆轲刺秦王》《大铁椎传》《老人与海》

【主题任务分析】

中国人历来崇拜英雄、歌颂英雄、传唱英雄。我们的民族血液里流淌着为国为民、侠之大者的英雄主义。

英雄是为了完成具有重大意义的历史任务而表现出英勇坚强、自我牺牲等精神和行为的人们,他们引领社会正义,承担更大责任,敢于与反动、专制、黑暗势力以及自然界进行坚强不屈的斗争。古罗马朗基努斯在《论崇高》一书中谈到,英雄般的人格塑造非常值得重视,若没有这样伟大心灵的回响,那么人便会失去对崇高的感应与体悟,进而变得麻木、冷漠、猥琐,甚至阴暗卑下,与自由、正直、美好彻底绝缘。我们今天要唤醒中国人骨子里的那种英雄主义和侠义精神,我们要体会荆轲身上的弱小、个体反抗强暴的勇气及理想献身主义精神,这种牺牲精神千古流芳。所以留存英雄、呼唤英雄、热爱英雄,让每一个学生提升生命内涵、拔高人格灵魂,是我们的任务与使命。

【主题教学目标】

（1）鉴赏英雄的悲剧美。

（2）探究"英雄"形象及其现代意义，学会从现代公民的视角去理解和评价，让学生正确认识历史，客观评价人物性格特点，了解英雄的不同意义和价值取向。

（3）通过对"英雄"形象及其价值的比较、辨析、评估、质疑，促成思辨素养的提升。

【其他目标】

（1）《烛之武退秦师》：学习烛之武在国家危难之际置个人安危于不顾，维护国家安全的爱国主义精神；了解《左传》有关的文学常识；侧重学习本文中精彩的人物语言——说理透辟，善于辞令，以及起伏跌宕、生动活泼的情节。

（2）《荆轲刺秦王》：侧重分析荆轲这一英雄人物的性格特点；了解《战国策》有关的文学常识；让学生掌握古代记叙散文塑造人物形象的手法。

（3）《大铁椎传》：把握大铁椎这一人物性格，赏析大铁椎这一侠客形象，学习大铁椎除暴安良、豪爽侠义的精神品质。

（4）《老人与海》：培养不屈服命运，凭着勇气、毅力和智慧在艰苦卓绝的环境里进行抗争的精神，结合文中人物的经历和语言分析和揣摩本文的哲理和象征意味，大致了解海明威的作品和风格。

【教学资源】文本、多媒体课件、视频等

【教学课时】7 课时

【教学过程】

一、学生准备

（1）你们都知道哪些英雄？

（2）总结一下你们心目中的英雄是怎样的？有哪些标准或特征？

学生自主在网络上搜索关于英雄的名言，每人十条以上，选取其中一条做成PPT，写出自己的理解、感想、评价，准备课堂演讲；学生自主搜索两篇以上有关英雄的文章，认真阅读，说说打动自己的是什么。

二、材料选取

教师提前下发四个文本材料。

提问：

（1）从四个文本中找出自己最喜欢的一位英雄。

（2）说出自己为什么最喜欢这位英雄。

三、过程开展

（1）自主阅读教师印发的选文材料,概括每篇文章的主要内容,并画出或摘录自认为精彩的段落和语句,互相交流。（1 课时）

（2）网络搜索有关英雄的文章,认真阅读,每人积累 5000 字左右,鼓励编辑成文档。（1 课时）

（3）制作关于英雄的名言 PPT,要求是:名言＋释义＋自主解读＋感悟评价＋联系具体英雄人物际遇分析。（1 课时）

（4）邀请 6—8 位学生展示学习成果。展示过程中师生一起点评,依据内容适当展开,着重思辨分析、理解、评价。（1 课时）

（5）以"最_____的英雄"（如"悲壮""寂寞"）为标题,每位学生制作一份英雄人物排行榜,用星级表示排行,说出排行理由,给每人写一段颁奖词。由课代表带领四五位同学组成编委会,精选排行榜,出一期班报。（1 课时）

四、重点选文的阅读任务设计及课堂研讨（1 课时）

（一）《烛之武退秦师》

（1）烛之武是在什么情况下"退秦师"的?

（2）秦晋围郑的原因及形势与整个故事的发展有何关系?

（3）烛之武为什么能三言两语退秦师,其游说妙在何处?（将烛之武的游说之词划分层次,分析他先说了什么,后说了什么）

附：知识拓展

如此辞令,真无一字不妙,无一着不牢靠圆密。春秋时祖此者甚多,此不特千古辞命之祖,亦千古处难济变之师也。拜服,拜服!

——魏禧《左传经世钞》卷四

退秦词令,势透机圆。

——浦起龙《古文眉诠》卷三

烛之武为国起见,说秦之词,句句悚动,有回天之力。其中无限层折,犹短兵接战,转斗无前,不虑秦伯不落其彀中也。

——林云铭《古文析义》卷一

（二）《荆轲刺秦王》

（1）荆轲刺秦王是在怎样的形势下发生的? 课文写当时形势的语言有何特点?

（2）荆轲刺秦王的谋划,表现了他怎样的性格特点? 写太子丹"不忍"有何作用?

(3)太子及宾客为什么"皆白衣冠以送之"? 音乐描写有什么作用? 作者是怎样描写易水诀别这一场面的?

(4)总结荆轲、太子丹、樊於期的人物形象。

(5)讨论荆轲刺秦失败是偶然还是必然。

(三)《大铁椎传》

(1)大铁椎是什么身份? 有什么特征?

(2)作者是如何去塑造他的?

附:知识拓展

侠 客 行

李 白

赵客缦胡缨,吴钩霜雪明。银鞍照白马,飒沓如流星。十步杀一人,千里不留行。事了拂衣去,深藏身与名。闲过信陵饮,脱剑膝前横。将炙啖朱亥,持觞劝侯嬴。三杯吐然诺,五岳倒为轻。眼花耳热后,意气素霓生。救赵挥金槌,邯郸先震惊。千秋二壮士,烜赫大梁城。纵死侠骨香,不惭世上英。谁能书阁下,白首太玄经。

(四)《老人与海》

(1)人们称海明威的作品具有"电报式风格",在本文中,这种特点有哪些表现?

(2)老人为什么说:"可是一个人并不是生来要给打败的","你尽可把他消灭掉,可就是打不败他"?

(3)文中的独白有什么特点? 在文中起什么作用?

(4)体会本文的哲理和象征意味。

五、写作(1课时,任选一个任务)

(1)请以"与心中的英雄生活一天"为题写一篇文章。写作前先充分思考以下问题:

这是哪位英雄? 他打动你的是什么? 你怎么评价他的英雄气质? 是什么原因让他成为英雄? 你是在什么情况下或什么地方与他相遇的? 你最想对他说什么? 你想就他的事迹对当今的人说什么? ……设计情境,想象生活在一起的一天。

(2)《水浒传》《三国演义》等文学作品中有多位"英雄"或"好汉",思考一下,"英雄"和"好汉"在现代的语境下有没有不同含义?以"我最喜欢的文学英雄"为题写一篇评价性文章。

"英雄"是一个意域深广的人文话题,可思辨的方向和内容很多。以它为线索,能紧紧串联名篇阅读教学和写作教学,读写共生,言语和思维交织,文化和审美融合,真正体现"素养为纲、实践为主线"的新课标教学理念。

案例 2:"乡关何处"主题教学

【篇目】《采薇》、《奥德赛》(节选)、《苏武传》、《想北平》、《乡土中国》(节选)

【主题任务分析】

一部文学史,多少思乡情。"故乡"在英文里译为 homeland,即家所在的土地,中国人叫作"乡土""故土",而"乡愁"在英文里译为 nostalgia,指对过去的怀恋之情。乡愁乃因地理的隔离而引起,所以,古人认为,出门是大事,一别往往经年,山川阻隔,千里迢迢,那种想见而不得的愁情,真是摧肠揪肝。3000 年前的《诗经》里,先民们就吟唱着有关乡愁的诗句:"昔我往矣,杨柳依依。今我来思,雨雪霏霏。"唐诗宋词里那些抒写乡愁的千古名句,读了更是令人肝肠寸断。"乡土情结"几乎是中外游子的普遍心态,中国人更是普遍有着依恋故乡的情结。故乡与游子,似乎是一首永远唱不完的歌。人们对故乡的一山一水、一草一木,甚至是一抔黄土,都寄托着深厚的情怀。一纸乡书,一句乡音,往往让游子们激动不已。

家国文化是语文教育独特而重要的资源,进行家国文化教育是实现"当代文化参与"和"家国情怀"目标的重要手段。

【主题教学目标】

(1)理解乡土情怀的深刻内涵。

(2)通过对古今中外具有代表性的思乡主题作品的理解、比较、分析,增进民族文化身份认同,培养学生的家国情怀。

【其他目标】

(1)《采薇》:进一步认识诗歌的文体特点,在把握情感的基础上,能读出诗歌的节奏、韵味。了解家园之思的文化内涵,进一步认识故乡对一个人成长的重要意义,以此滋养自己的精神世界。

（2）《奥德赛》（节选）：通过文本学习，深刻领会作品中人物强烈的思乡之情，特别是对亲人的思念之情。加深对"家园之思"是文学作品中永恒的主题的理解。与文本对话，努力探索作品中蕴含的民族心理和时代精神，了解人类丰富的社会生活和情感世界。

（3）《苏武传》：了解作者对苏武的赞美之情，体会文章简洁整饬的语言、生动入微的细节和对比手法的作用。学习苏武对家国的热爱与不屈的信念，品味文中体现的文学审美价值。

（4）《想北平》：深刻体会作者对北平刻骨铭心的眷恋思乡之情；了解散文的衬托手法，学习作者从平凡的事物入手，抒写自己的主观感受和感情的写法。

（5）《乡土中国》（节选）：认真阅读节选文本，从文化角度、家庭与家族角度、政治角度、血缘角度、精神角度等理解中国人对家乡的认识。

【教学资源】文本、多媒体课件等

【教学课时】7 课时

【教学过程】

一、学生准备

学生自主在网络上搜索关于自己家乡的名胜古迹、自然美景、先辈乡贤，以此为基础，写出自己对家乡的理解、感想，做成 PPT，准备课堂演讲，向同学们介绍自己的家乡。

（1）你们的家乡在哪里？那里有什么名胜古迹、英雄人物？

（2）请说一说家乡的什么东西给你留下了最深的印象？为什么？

（3）学生自主搜索两篇以上有关思乡的文章，认真阅读，互相交流。

二、材料选取

教师提前下发五个文本材料。

提问：

（1）五个文本中，你最喜欢哪一个？为什么？

（2）如果你来写自己的家乡，你会选择家乡的哪一点来写？为什么？

三、过程开展

（1）自主阅读教师印发的选文材料，概括每篇文章的主要内容，并画出或摘录自认为精彩的段落和语句，互相交流。（1 课时）

（2）网络搜索有关家乡的文章，认真阅读，每人积累 2—3 篇，鼓励编辑成文档，打印出来，在班里同学之间交流。（1 课时）

（3）制作关于思乡之情的名言名句PPT，要求是：名言名句＋释义＋自主解读＋感悟评价。（1课时）

（4）展示学习成果。展示过程中师生一起点评，依据内容适当展开，着重思辨分析、理解、评价。（1课时）

（5）邀请学生在班上做推荐阅读，介绍作品或文章内容，展示精彩片段，并对"家国之思"做评价，师生一起点评。（1课时）

四、重点选文的阅读任务设计及课堂研讨（1课时）

（一）《采薇》

（1）如果把这首诗歌当成是一个剧本，现在我们每个人都是导演，你会拍摄哪些场景来反映这首诗歌呢？

（2）为什么战士们即将归乡了，诗歌却不是喜悦的，而是显得如此悲伤？

（3）"采薇"这个行为和诗歌主题有什么关系吗？

附：知识拓展

宣王之世，既驱猃狁，劳其还师之诗，前四章皆兴也，下二章皆赋也。

——申培《诗说》

谢公因子弟集聚，问："《毛诗》何句最佳？"遏称曰："昔我往矣，杨柳依依；今我来思，雨雪霏霏。"公曰："訏谟定命，远猷辰告。"谓此句偏有雅人深致。

——刘义庆《世说新语·文学》

"昔我往矣，杨柳依依；今我来思，雨雪霏霏。"以乐景写哀，以哀景写乐，一倍增其哀乐。

——王夫之《姜斋诗话》

盖以诗中明言"曰归曰归"及"今我来思"等语，皆既归之辞，非方遣所能逆料者也。

——方玉润《诗经原始》

（二）《奥德赛》（节选）

（1）节选部分几乎由对话组成，请划分层次并分别说一说每个层次写了什么内容。

（2）奥德修斯是一个什么样的人物形象？

（3）（解决完第一个问题后）奥德修斯是一个热切思家、追求执着、机智勇敢的英雄人物，他眷念故土，思念妻子，抱定能返回故土、重建家园的思想，他知道,"温柔之乡"是他乡,所以他从内心抛斥女神的苦苦挽留,他"流泪不断""消磨着美好的生命""用泪水、叹息和痛苦折磨自己的心灵"。请你谈谈文章是如何表达这种情感的?

(4)找出本文最能体现乡愁的句子,分析其妙处。

(三)《苏武传》

(1)传主苏武是什么身份? 有什么特征?

(2)苏武身上体现出的精神特质有哪些?

(3)作者是如何塑造这个形象的?

附:知识拓展

今足下还归,扬名于匈奴,功显于汉室,虽古竹帛所载,丹青所画,何以过子卿!

——李陵

使于四方,不辱君命,苏武有之矣。

——班固

苏武在匈奴,十年持汉节。白雁上林飞,空传一书札。牧羊边地苦,落日归心绝。渴饮月窟冰,饥餐天上雪。东还沙塞远,北怆河梁别。泣把李陵衣,相看泪成血。

——李白

苏武魂销汉使前,古祠高树两茫然。云边雁断胡天月,陇上羊归塞草烟。回日楼台非甲帐,去时冠剑是丁年。茂陵不见封侯印,空向秋波哭逝川。

——温庭筠

盖诗者,乐之苗裔与。汉之苏、李,魏之曹、刘,得其正始。

——欧阳修

(四)《想北平》

(1)阅读文章,老舍笔下的北平是什么样子的,它有哪些特点?

(2)思考老舍与北平的关系,作者为什么爱北平,并把对北平的感情上升到爱母亲的地位?

(3)像北平这样历史悠久的大都市,可写的地方很多,老舍为什么会把笔伸向普通北平人的院子、墙根,只选择那些日常生活中的果果菜菜来写呢? 是不是显得小气了一点?

（4）作者是如何"想"北平的,这个问题解决没有? 作者反复说自己对北平的爱"说不出",到底说出来没有? 怎么说的?

（5）老舍以平民的身份写北平写家乡,那么请同学们以"想家"或"想家乡"为话题畅谈你们家或家乡的那些牵挂的人、景、物。

（五）《乡土中国》（节选）

（1）了解费孝通其人其书,读《序》和《后记》。

（2）什么是乡土本色、差序格局? 你认同这些理论吗? 为什么?

（3）在你的生活经历中遇到的人或事,是否还存在文中描述的情况? 能否补充一些例子呢?

（4）阅读《乡土中国》,了解中国的基层社会,具体了解中国乡村社会的面貌,深入地理解中国乡村文化的特性,用自己的语言阐述观点。

五、写作（1 课时,任选一个任务）

（1）请以"想_____"（横线上填你的家乡）为题写一篇文章。

（2）制作一份介绍家乡的、带有宣传性质的电子报刊（或画册）,或者提交一份有关家乡发展状况的研究报告（电子文稿）。

可围绕下列问题进行制作:

①家乡有哪些重要资源（包括自然资源、社会资源和人才资源等）?

②家乡哪些方面发展得较好? 取得了哪些成就? 家乡人们的生活状况如何?

③家乡有哪些特色? 最值得向别人介绍的是什么?

④展望一下,10 年之后家乡会有什么样的变化?

"日暮乡关何处是。"中国人安土重迁,依恋故土,最具代表性的是我们中国式的春运,年年如此,每年的主题都是"回家过年"。在机场、火车站、汽车站,一张张焦急又欣喜的面孔,洋溢着中国人对家的思念。不唯中国如此,在海外一些地区,人们亦有这样的情愫。在这里,我们以故乡为线索,串联起古今中外的名篇,在语言的咂摸和情感的品味中,培植学生的"家国情怀",正是新课标的题中应有之义。

案例 3 : "历史镜鉴"主题教学

【篇目】《六国论》《阿房宫赋》《伶官传序》《小狗包弟》

【主题任务分析】

法国思想家雷蒙·阿隆说:"历史展示出现在与过去的一种对话,在这种对话中,现在采取并保持着主动。"历史,对于一个国家来说,是经验,是汲取,是借鉴,是沉淀的教训,是未来的指引;对于一个人来说,更是最好的老师,使人们融会贯通、惩前毖后,它是学习的源泉,是进步的信心。

文学与历史的关系极为密切。人的记忆,就是构建历史的过程。子曰:"质胜文则野,文胜质则史。文质彬彬,然后君子。"这句话不仅高度概括了文与质的合理互补关系和君子的人格模式,而且客观上表明了文学与历史的关系。历史不能没有文学的虚构润色,文学不能脱离历史的约束与取材。在文学作品中提取历史、学习历史、研究历史、明白历史,是中学语文课堂上不可或缺的教学目标之一。集中化、系统化地学习与历史相关的文学作品,对于学生提升辩证思维能力,提高审美修养,培养文化自信,有着非常重要的作用。

【主题教学目标】

(1)体会"微而显,志而晦"的春秋笔法,学会理解藏在字里行间的作者对历史的意图。

(2)明白文本对于作者所处时代的警策意义,体悟历史对于今天的借鉴意义。

(3)学习历史人物的形象,感受文学作品中历史人物与真实历史人物的区别。

(4)学习历史评价议论型文学作品,理解作者的寄托,同时,初步尝试历史评论、时事评论的写作。

(5)提高学生的思辨能力,培养历史文化素养,增强学生的现代公民意识。

【其他目标】

(1)进一步提高筛选主要观点、论据、论证等信息的能力;学习通过举例论证、对比论证来说理的写作方法。

(2)学会借古讽今、借古喻今的方法。

(3)理解"赋""论""序"等文章体裁的特点,体会这些文体特征下表现出的语言风格特色。

【教学资源】文本、多媒体课件、报纸、时评、论文等

【教学课时】7课时

【教学过程】

一、学生准备

(1)读过哪些与历史相关的著作(或文章)?看过哪些与历史相关的评论

节目、纪录片？知道哪些古今中外的历史学家？

（2）整理出这些历史作品的书（篇）名、出版社、作者、目录、主题，搜集更多历史研究者的生平、代表著作、常见观点，搜集历史评论节目或纪录片信息，并写出自己从这些历史作品、历史评论节目中学到了什么。

（3）如何看待对《史记》"史家之绝唱，无韵之离骚"的评价？

二、材料选取

教师提前下发四个文本材料及其他补充材料（包括视频材料）。

提问：

（1）你觉得一篇好的历史评论，应该具备怎样的特点？请在下发的文本材料中举例佐证。

（2）这些文本中，你觉得哪篇文章最具有冲击力？为什么？

三、过程开展

（1）分组邀请同学做历史推荐阅读，介绍作品或文章内容，展示精彩片段，师生一起点评。（1课时）

（2）自读课文，根据注释和工具书疏通课文大意，圈画出认为重要的文言知识点，将自己理解困难的地方标记出来。（课下完成）

（3）梳理每篇文章的逻辑思路，制作每篇文章的思维导图。（1课时）

（4）分组讨论，交流对课文的理解、对历史问题的看法，探讨各自遇到的疑难问题。梳理并学习文章的论述结构和论证方法。明确作者的写作目的，理解其观点的历史意义和现实意义。（1课时）

（5）邀请学生展示下发的文本学习成果。展示过程中师生一起点评，依据内容适当展开，着重思辨分析、理解、评价。（1课时）

（6）根据学习内容所得，完成新的时事评论、历史评论的写作，1500字左右。（1课时）

四、重点选文的阅读任务设计及课堂研讨（1课时）

（一）《六国论》

（1）"论"是一种怎样的文体？

（2）你心中"六国破灭"的原因是什么？

（3）与之前学过的《过秦论》相比，《六国论》在论证方法上有什么不同吗？

（4）你是否认同苏洵对于六国破灭原因的分析？

（5）要求学生选读苏轼《六国论》、苏辙《六国论》、李桢《六国论》，寻找不同文本的侧重点并评价意义所在。

（二）《阿房宫赋》

（1）"呜呼"一词用在段首，有什么作用？表现了作者怎样的感情？"呜呼"之后的四句话说出了一个什么道理？"嗟夫"后用假设语气要说明什么？

（2）我们发现文章的主体不是在议论，而是在大量描写，为什么？

（3）作者认为六国与秦灭亡的原因是什么？请用一句话概括本段段意。

附：知识拓展

　　京房宴见，问上（元帝）曰："幽、厉之君何以危？所任者何人也？"上曰："君不明，而所任者巧佞。"房曰："知其巧佞而用之邪，将以为贤也？"上曰："贤之。"房曰："然则今何以知其不贤也？"上曰："以其时乱而君危知之。"房曰："若是，任贤必治，任不肖必乱，必然之道也。幽、厉何不觉寤而更求贤，曷为卒任不肖以至于是？"上曰："临乱之君各贤其臣，令皆觉寤，天下安得危亡之君？"房曰："齐桓公、秦二世亦尝闻此君而非笑之，然则任竖刁、赵高，政治日乱，盗贼满山，何不以幽、厉卜之而觉寤乎？"

——《汉书》

　　盖幽、厉尝笑桀、纣矣，炀帝亦笑周、齐矣，不可使后之笑今如今之笑炀帝也。

——《资治通鉴》

（三）《伶官传序》

（1）欧阳修为什么为伶官作传？

（2）本文的论点是什么？作者是通过什么手法来证明自己的论点的？

（3）作者对庄宗得天下与失天下的原因是怎样表述的？

（4）行文到第三小节已得出结论，论证似乎可以结束了，那么最后一小节是否多余？为什么？

（5）庄宗得天下与失天下的对比对现实有什么指导意义吗？

（6）拓展思考：历史上已经有了《五代史》，欧阳修为什么要编纂《新五代史》呢？

（四）《小狗包弟》

（1）包弟究竟是怎样的一条小狗？

（2）为什么开头要描写"半死不活的艺术家"？

（3）送走小狗前后，作者的心理有怎样的变化？

（4）阅读下面这段选文,赏析作者细致描写环境的用意。

　　整整十三年零五个月过去了。我仍然住在这所楼房里,每天清早我在院子里散步,脚下是一片衰草,竹篱笆换成了无缝的砖墙。隔壁房屋里增加了几户新主人,高高墙壁上多开了两扇窗,有时倒下一点垃圾。当初刚搭起的葡萄架给虫蛀后早已塌下来扫掉,连葡萄藤也被挖走了。右面角上却添了一个大化粪池,是从紧靠着的五层楼公寓里迁过来的。少掉了好几株花,多了几棵不开花的树。我想念过去同我一起散步的人,在绿草如茵的时节,她常常弯着身子,或者坐在地上拔除杂草,在午饭前后她有时逗着包弟玩……我好像做了一场大梦。满园的创伤使我的心仿佛又给放在油锅里熬煎。

附：知识拓展

　　她第一次参加这种急风暴雨般的斗争……她张皇失措、坐立不安……她怕人看见,每天大清早起来,拿着扫帚出门,扫得精疲力尽,才回到家里,关上大门,吐了一口气。但有时她还碰到上学去的小孩,对她叫骂"巴金的臭婆娘"。我偶尔看见她拿着扫帚回来,不敢正眼看她,我感到负罪的心情,这是对她的一个致命的打击。不到两个月,她病倒了……

——巴金《怀念萧珊》

五、写作（1 课时）

（1）选择央视《新闻周刊》,要求学生观看某期,看完后选择节目中近期的一个极其热门的事件,尝试写一篇新闻时评。

（2）选择《南方周末》《新京报》《中国青年报》等纸质媒体、"澎湃新闻评论""人民热评"等电子媒体中与任务一同话题的新闻评论,让学生对照参考学习,对任务一进行点评,并修改完善。

（3）就某一历史问题提出自己的看法,并进行分析。

　　英国的史蒂芬·斯宾得说:"历史好比一艘船,装载着现代人的记忆驶往未来。"诗人雪莱也写道:"历史,是刻在时间记忆上的一首回旋诗。"以史为镜,发现错综复杂的历史事实之间的内在联系,理出事件的主要线索,达到借鉴史实、古为今用之目的,从而提高学生的历史文化修养、思想境界以及审美情趣,"历史镜鉴"板块的目的也就实现了。

第八章　基于语文学习任务群的比较阅读教学

　　比较阅读是深受语文教师重视并广泛运用于语文教学的一种教学方法,也是一种很有效的教学方法。比较阅读是指教师在授课时,依据设定的教学目标,精心选取合适的比较点,通过篇内比较或者将数篇有联系的课文放在一起进行研读,在一定的问题的引领下,引导学生深入理解文本、解决问题的教学方式。在这个过程中,学生对需要比较的文本进行分析、归纳、总结、阐释,从而加深对文本的理解,锻炼思维,最终达到提升语文素养的目的。比较阅读从学生层面讲,可以扩展阅读内容、激发学生对语文的学习兴趣,有助于培养其思维品质;从教师层面讲,可以激发教师对课程开发的思考,在教学方式方面进行创新,提高语文课堂的有效性。语文学习任务群也强调"以任务为导向,以学习项目为载体,整合学习情境、学习内容、学习方法和学习资源,引导学生在运用语言的过程中提升语文素养"。温儒敏先生是这样说的:"它(学习任务群)在教学中强调的不是以课文为纲,也不求知识的完备与系统,训练也不再是纯技巧的分解,而是任务群驱动下的多文本学习。"因此在语文学习任务群的背景下,比较阅读显得尤为重要,也与语文课程目标更加强调以核心素养为本的基本理念相吻合。

第一节　比较阅读的理论依据

一、比较阅读的理论分析

　　文本间性这一概念,最早是由法国后结构主义批评家茱莉亚·克里斯蒂娃提出的。她说:"任何文本都位于若干文本的交汇点,它是这些文本的阐释、集中、浓缩、转移和深化。"也就是说,任何一个文本都存在于一个开放的文学体系中,而非独立存在。文本间性观淡化文本与文本的边界,强调文本之间是开放联系的。因而文本间性理论视野下的语文教材文本观是动态、开放的,教材文本向所有文本开放,提倡单篇与单篇的整合、单篇与单元的整合,进而打破教学过程中只关注"这一篇"的惯性,将视野扩展到其他文本,注重文本之间的联系和比较。比较阅读法十分强调文本间的联系,我们在阅读探究某文本时,目光不局限于"这一篇",而是以比较对象为出发点,参照与之有联系的其他文本,在比较文本与参照文本的互涉与互释中解读文本,这样我们的探究会更加准确、深入、全面,文本的意义也更加丰满。因此,文本间性理论为比较阅读法提供了最直接的理论支撑。

俄国教育家乌申斯基曾指出:"比较是一切理解和思维的基础,我们正是通过比较来了解世界上的一切的。"比较是指人们通过分析和类比判定两种具有关联性的事物之间的共性和个性的活动。它是一种意识活动,也是一种认知方法,具有锻炼思维、训练能力的功能。比较是指对比几种同类事物的异同,合理的比较应该包含比较对象、比较点、比较对象之间的联系这三个方面。阅读是从文字或语言中获取信息和意义的动态思维过程和实践行为。在阅读材料的刺激下,阅读主体自觉或不自觉地启动自身已有知识结构中与之相联系的心理图式。

建构主义提倡在教师指导下的、以学习者为中心的学习,强调学习者的认知主体作用。学生是信息加工的主体、是意义的主动建构者,而不是外部刺激的被动接受者和被灌输的对象。通过阅读,读者把文本从一种语言符号解读为一种充满意义的思想,从中获得信息,再进行编码,并进一步深加工。在这个过程中,会产生属于每个读者自己的个性化理解。可以说,每一次有效的阅读,是读者通过文本达到与作者沟通的过程。要把当前学习内容所反映的事物尽量和自己已经知道的事物相联系,并对这种联系加以认真思考。"关联"与"加工"是意义构建的关键,这一过程中,恰当地进行文本的扩展延伸、对比阅读及整合分析多种信息,有助于学生主动建构意义,提高其思维品质和能力。

著名的教育家叶圣陶先生指出:"读了某一体文章,而某一体文章很多,手法未必一样,大同之中不能没有小异;必须多多接触,方能普遍领会某一体文章的各方面。或者手法相同,而相同之中不能没有个优劣得失;必须多多比较,方能进一步领会优劣得失的所以然。"这句话道出了比较阅读的重要性。比较阅读法的核心就是辨析异同,通过分析、综合等思维过程,归纳出文本之间的相同点和不同点,以此更深入地理解文章内涵。语文学习任务群的编排设计,目的就是提供一种在比较中学习的思路,促进学生完善自己的知识结构,提高学生的学习效率。

比较阅读在心理学上也有充分的依据。发现学习论认为学习者通过新旧知识的联结来构建自己的知识体系,是学习活动的主体,发现学习需要提高学生的学习主动性,而比较阅读就能很好地做到这一点。相较于传统教学方法,比较阅读引入了新的学习材料让学生比较异同,教师在看似平淡或学生容易忽略的地方精心设置比较点,有助于激发学生的好奇心理。比较阅读法可以说是发现学习的一种具体实施方法,体现了发现学习的优势。

比较阅读教学,可以把一篇课文和曾经学过的与之相关联的课文进行比较,也可以将多篇不同的文章进行比较,还可以篇内进行比较,在比较阅读的过程中帮助学生对知识进行梳理,形成自己的知识体系,更好地掌握语文知识结构,同时还能促进新旧知识的融合,培养学生的思维。

二、比较阅读的现实要求

比较阅读的开展有现实要求,包括课程标准的要求和学习任务群的要求。第一,从学生学习能力训练方面来说,课程标准中的语文课程目标点明了语文教育必须进行逻辑思维训练,提出高中生要提高辨识、分析、比较、归纳和概括能力,提升批判思维,增强思维的敏捷性、批判性、深刻性、灵活性和独创性。比较阅读这一学习方式正是培养学生逻辑思维和批判思维的有效载体。如果引导学生使用比较阅读法阅读现代文,就必须先让学生分析文章与文章之间或文章前后部分之间存在的内在联系,反复思索文章中存在的逻辑关系,对不同观点进行分析与筛查,直到通过比较得出一定的学习成果。这样反复的过程涵盖了多种形式的逻辑关系,学生在运用各种逻辑关系的同时也锻炼了多种阅读能力,因此,比较阅读的运用能够促进学生包括逻辑思维能力在内的多种能力的提升。

第二,从教师教学能力培养方面来说,运用比较阅读法进行教学有利于打破教师拘泥于"这一篇"的语文教学方式,课程标准在"文学阅读与写作"学习任务群的教学提示中也指出了教师可以运用比较阅读等方式设置情境,从而激发学生阅读兴趣,促进学生阅读。从语文课程标准角度来说,比较阅读是当前语文课程改革中的重要教学方式,教师必须改变以往的机械化教学方式,学会运用有利于激发学习者学习热情,能够为学习者创造具体情境的教学方法进行语文教学,提升自身学习能力,转变教学理念,创新教学方法,建立教学体系。

按照新课标要求,新教材是以"学习任务群"来整合单元教学的。这样做的好处就是突破单篇阅读精讲细析的固定模式,放手让学生自主学习,建构语文核心素养。把过去较为零散的课文教学分为若干"学习任务群",以学习任务群来组织单元教学,这样,教学目标就会比较集中而且清晰,教学就不至于流于空泛,同时也避免了"同质化"弊病。因此,备课就应当根据"任务"去组织教学,这将有助于克服语文教学的随意性。

采用"学习任务群"的单元教学,目的是减少灌输式讲解,减少"刷题",多匀出时间让学生自主学习,能够发现问题,拓展阅读面,扩大阅读量。学习任务群的这些特点要求我们在实际教学过程中采用比较阅读的方式,更好地拓展学生的视野,提升其思维水平。

三、比较阅读的实践意义

(一)由此及彼,实现迁移

就一篇文章进行教学,优点就是授课内容集中,但因为缺少前后勾连,视野不够开阔,容易"只见树木,不见森林"。单篇课文教学,呈现的是散点式的教学,相较于结构化、模块化的群文教学,存在诸多不足。课堂阅读鉴赏不应局限于单篇文本,要从"这一课、这一篇"辐射到与之有关联的"那一课、那一篇",在比较中辨析异同,以达到正向迁移的功效。如学生学习了《赤壁赋》一文之后,了解了"赋"这一文体的基本特征和常见类型,在后期学习《阿房宫赋》时便可引入之前所学的《赤壁赋》,将两文相比较,从而促进学习的正向迁移,更加深入地体会"赋"这一文体特征。教师还可以搜集整理一些典型的赋体文章,如司马相如的《子虚赋》、欧阳修的《秋声赋》。比较阅读这种由点及面、由此及彼的阅读方式持续构建,最终就会成为学生的阅读习惯。随着碎片、纷乱的知识向集约化、网络化发展,学生知识的链条也越来越长,由课内到课外,逐步拓展,举一反三。这就能够有效提高学生的阅读水平、增强其阅读能力,达到提升学生语文核心素养的目的。

（二）深层探究，提升能力

比较阅读法引导学生对不同文本或者同一文本的不同之处进行比较，具有探究性质，将其运用于课堂教学时，其突出的特点在于以一种更加直观且深入的方式加深学生对文本的理解与感受。语文教材中的每一篇不管是内容上还是形式上都有自己的突出特征，这是教学的突破口和重点，通过比较的方式将单篇文章的鉴赏重点得以凸显，使得这一篇的独特性放大，从而激活学生的思维，使学生更好地感知和理解这一篇，取得更为理想的学习效果。如统编版语文必修上册第十六课课后学习提示：

《赤壁赋》和《登泰山记》都是古代写景抒情的名篇，在读通、读懂的基础上，体会两篇文章中景与情的关系。

《赤壁赋》通过铺陈、排比形成整饬之美，要反复诵读，逐步领会。文章写景充满诗情画意，并采用"主客问答"的说理方式，逐层阐述作者的观点，思想认识逐步深化。阅读时要注意梳理文中情感起伏变化的脉络，抓住文章写景、抒情、说理完美融合的特点，体会作者复杂矛盾的内心世界和旷达乐观的人生态度。

《登泰山记》全文不到五百字，却充分展示了雪后登山的别样情趣。文章善于取舍，将小细节与大印象结合，描写、叙事简洁明快，阅读时要注意体会这些特点。我国古代还有不少写景、记游名篇，如王勃《滕王阁序》、王禹偁《黄冈竹楼记》、徐霞客《游天台山日记》等，可以找来阅读、比较。

这段学习提示就特别关注到了课内篇目之间或课内与课外之间的比较阅读，引导学生拓宽视野，深层探究。学生在比较阅读过程中要深入文本内部，文本个性及共性在比较过程中得以放大，两者相得益彰，这将有助于学生对文本的独特性和此类文章的共性有清晰的理解与认识。

（三）激活思维，提高效率

比较阅读中常常用到求同和求异思维，教师恰当地选择"比较点"容易激活学生的思维。求同就是找出几个知识点中的共同点，这是培养学生综合归纳能力、学会认识事物规律性的一种重要手段。《孔雀东南飞》一诗的结尾"松柏梧桐""枝叶交加""鸳鸯相向""夜夜和鸣"，象征焦、刘二人对爱情的忠贞不渝，寄托了人民群众的美好愿望。这一情节与关汉卿《窦娥冤》的结尾有相似之处。正是这些浪漫主义的写法，创造了浓郁的悲剧气氛，构成了全剧的高潮，充满了激动人心的艺术魅力。求同之妙在于可以使学生从归纳比较中掌握同类知识的规律性,从而完成由特殊到一般的认识过程,提高学生的逻辑思维能力。同样,比较阅读中也要用到求异思维。求异思维具有不拘泥于常规俗见、追求新颖独特的特点,是创造性思维的核心。因此,运用求异比较教学,对语文教学有着重要的意义。学习《荷塘月色》这篇文章时,可与初中所学的《爱莲说》一文进行比较。从内容表达来说,《爱莲说》借赞扬莲花"出淤泥而不染,濯清涟而不妖"来寄寓自己的高尚情操;《荷塘月色》则是通过月下荷塘及塘上月色的生动描绘,表现作者在特定历史背景下的心境。通过比较阅读,有利于培养学生的比较、概括、分析能力,有利于提高学生迁移能力、扩展课堂容量,进而提高教学效率。

（四）整合资源,开发课程

比较阅读教学的受益者不仅仅是学生,教师精心构思有关比较阅读的教学设计,也是专业成长和提升能力的重要方式。比较阅读教学,可以让教师立足教学实际,立足学生的发展,不断拓宽教师的知识面,重新构建教师的知识结构。教师在进行教学设计时需要不断精研文本,扩展资料来源,整合资源;也需要研究学生、了解学情,发现学生的兴趣点,找出学生真正的发展需求。在进行比较阅读教学的过程中,唤醒教师的课程意识、资源意识和学生的中心意识,促使教师去开发适合学生发展需要的课程。

比较阅读多文联读,本身就是教师的一种研究方法,也是一种搜集资料的方法。比较阅读的教学设计过程,与其说是完成一个教学方案的过程,不如说是一个研究与思考、辛苦与享受的过程,这个过程中充满着意趣,将这种方法用于课堂阅读教学,有一种特别的美趣。

教师在进行比较阅读环节时,为了让学生自主建构知识,需要给他们足够的思考时间,让学生真正投入到对问题的思考中,学生充分思考之后或许还能给教师带来预设外的新收获,从而实现课堂生成、教学相长。

第二节　比较阅读的设计策略及实施原则

"（国文教学）不再像以往和现在一样,死读死记,死摹仿程式和腔调;而将在参考,分析,比较,演绎,归纳,涵泳,体味,整饬思想语言,获得表达技能种种事项上多下功夫。"叶圣陶先生的话强调了在语文教学过程中比较教学的重要性,通过文本之间的比较,可以有效提升学生的语文核心素养,有利于学生在对文本内容进行深度解读的基础上提高分析解决问题的能力。那么在教学实践中,如何根据学情和文本特点进行比较阅读呢? 笔者结合自己的教学实践从比较点的选择和实施原则两方面来进行阐述。

一、比较点的选择

比较点选择的恰当与否在很大程度上决定着比较阅读教学能否取得成功,因此教师在使用比较阅读教学时,选择一个好的比较点是非常重要的。实际上,语文学习的外延很广阔,因此比较点选择的范围也十分广泛,笔者将其主要归纳为文体之间的比较、语言表达形式之间的比较、人物形象之间的比较、情景环境之间的比较、写作风格之间的比较、不同媒介之间的比较、选文与原文之间的比较、相似情节之间的比较等。

(一)文体之间的比较

在比较阅读教学过程中,无论是相同文体的文章之间还是不同文体的文章之间都有比较的可能,只是比较的方式和角度有差异而已。文体之间的比较,能在看似平淡无奇之处峰回路转,还能在看似没有可比性的地方找到相似点,激活学生的思维,发现别样风景。

1. 同一文体之间的比较

同一文体之间的比较是指在同一种文体之间进行的探寻其相同点与不同点的教学活动和方法。同一文体之间进行比较,有利于锻炼学生对于文体规律的掌握,能够发展学生的求同思维和求异思维,能够快速掌握某种文体的创作特征,从而提高学生对文本的理解能力。

《雨巷》和《再别康桥》都是现代诗歌,可以从以下几个方面进行比较阅读教学。从思想内容方面来看,两首诗均表达了作者对于理想、美好事物和人生的向往与追求,同时传达出了作者内心深处忧伤幻灭的情绪。这两首诗均围绕某个地点展开抒情,《雨巷》以雨巷为主要情感抒发地,通过姑娘、油纸伞等意象,抒发诗人追求梦想中的心上人却求而不得的苦闷寂寥之情;《再别康桥》以母校康桥为主要情感表达地,通过云彩、金柳等意象表达作者对康桥的留恋之情。从语言方面来看,两首诗均体现了诗歌这种文体独特的音乐美,富有节奏感、韵律感。词语中饱含浓厚的情绪色彩,例如寂寥、哀怨、彷徨、凄清、惆怅、凄婉等,为全诗创造了一种舒畅悠长、徘徊低沉的旋律。《再别康桥》每节换韵,首节与末节采用了回环复沓的形式,节奏相同,语境相近,诗歌中使用了叠词,例如轻轻、悄悄,有一种舒缓徘徊的旋律感。从意象方面来看,两首诗均体现了诗歌这种文体独特的绘画美,两首诗的意象都可以构成一幅幅独特的画面,给人以无限想象的空间。《雨巷》里主要的意象"丁香姑娘"传达了作者对于梦想的神往,"丁香"虽然娇美却又是易逝的,它能够渲染出作者内心的忧愁和哀怨。另外,"雨巷"这一意象渲染了幽深寂静的氛围,表现出一种朦胧美;"油纸伞"具有怀旧、复古的特点,与"雨巷"联系起来,更是增添了一份凄清之情;"篱墙"是颓圮的,一种哀怨之情油然而生,整首诗的意象串联起来营造了一种凄美朦胧的意境。《再别康桥》中的意象,如波光、云彩、艳影、夕阳、青荇、青草、彩虹等都具有一定的动态美。将这些意象串联起来构成了一幅幅流动感很强的画面,营造了一幅幅美妙的画面,烘托了诗人内心的留恋不舍。

像这样将两篇文体相同的文章放在一起进行比较阅读,透过文本探寻其背后的文体特征能够一举两得,对于语文教学能够产生事半功倍的效果,也让学生充分理解诗歌这一文体的特征。把握了文体特征,就能举一反三,更好地理解其他抒情性的诗歌了。

如果把视域再扩大一些,同一文体不同国度的作品进行比较,就能更深入地理解文化的差异性。如朱光潜先生在《中西诗在情趣上的比较》一文中写道:

陶潜和华兹华斯都是著名的自然诗人,他们的诗有许多相类似。我们拿他们俩人来比较,就可以见出中西诗人对于自然的态度大有分别。我们姑拿陶诗《饮酒》为例:

采菊东篱下,悠然见南山。山气日夕佳,飞鸟相与还。此中有真意,欲辨已忘言。

从此可知他对于自然,还是取"好读书不求甚解"的态度。他不喜"久在樊笼里",喜"园林无俗情",所以居在"方宅十余亩,草屋八九间"的宇宙里,也觉得"称心而言,人亦易足"。他的胸襟这样豁达闲适,所以在"缅然睇曾邱"之际常"欣然有会意"。但是他不"欲辨",这就是他和华兹华斯及一般西方诗人的最大异点。华兹华斯也讨厌"俗情""爱邱山",也能乐天知足,但是他是一个沉思者,是一个富于宗教情感者。他自述经验说:"一朵极平凡的随风荡漾的花,对于我可以引起不能用泪表现得出来的那么深的思想。"他在《听滩寺》诗里又说他觉到有"一种精灵在驱遣一切深思者和一切思想对象，并且在一切事物中运旋"。这种彻悟和这种神秘主义和中国诗人与自然默契相安的态度显然不同。中国诗人在自然中只能见到自然，西方诗人在自然中往往能见出一种神秘的巨大的力量。

同为文言文这一文体，也可以就内容、手法、历史背景等角度进行比较。学习了《左传》，可以将烛之武与之前学习过的《邹忌讽齐王纳谏》中的邹忌、《触龙说赵太后》中的触龙放在一起，就劝谏艺术进行比较，进而体会《左传》和《战国策》作为先秦优秀历史散文的代表，其塑造人物形象的高超技法。

烛之武：以利诱人。烛之武的高明之处就在于见到秦伯后，闭口不谈自己国家的利益，却替秦国"展望"郑亡以后到底有没有实际利益。"越国以鄙远，君知其难也。焉用亡郑以陪邻？邻之厚，君之薄也。"指出亡郑后真正得到实惠的是晋国，秦国只是替他人做嫁裳。当烛之武指出灭郑对秦不利后，又反过来说明"存郑"对秦有利："若舍郑以为东道主，行李之往来，共其乏困，君亦无所害。"这一无一有之间，攻郑与存郑的利弊就非常明显了。在经过一番拉拢引诱的铺垫后，烛之武察言观色，又不失时机地从秦、晋两国的历史关系说明晋国曾对秦国有过河拆桥、忘恩负义之举，并做出推论：如此贪得无厌的晋国，灭郑之后，必然要进犯秦国："若不阙秦，将焉取之？"经过这一发挥，秦伯感到帮晋灭郑不但对自己无益，反而有大害，立即改弦更张，不但停攻郑国，还与郑国订立了盟约，孤立了晋国。使秦师退后，晋师也跟着撤退，收到了一箭双雕之效。从这一番说辞可以看出，烛之武的高明之处在于，他善于从纷繁复杂的矛盾态势中理出最关键的头绪：既然你秦国是为"利"而来，那么我就以"利"诱之，使你就犯。其实真正的获利者是郑国。《左传》用短短的100多字的篇幅就刻画出了烛之武的说辩之功，也让读者体会到了文言叙述的简洁之美。

邹忌：以喻醒人。邹忌敏锐地发现了自己的一件家事与国事之间的相似点，经过一番深思熟虑后，决定以设喻的方法巧妙地讽谏，取得了很好的效果。齐王之所以能爽快纳谏，关键在于邹忌含蓄委婉而又颇有感染力和说服力的讽喻式劝谏手段。

触龙：以情感人。触龙见赵太后，与烛之武见秦君一样，都是在国家危亡的关键时刻。只不过烛之武是见敌国国君，而触龙是见事实上执政的本国太后。太后已有交代："有复言令长安君为质者，老妇必唾其面！"可触龙还是求见了太后。初见，他看到太后盛气的样子，不慌不忙，有意显出老病之态，并由己推人，交代自己只是担心太后的身体,特来看望,深藏真实目的。接着由饮食到散步,大谈保养身体之道。这是一种真切的关心,拉近了彼此的距离,使太后的戒心打消了一些,"太后之色少解"是转化的契机。场面缓和后,触龙便不失时机地提出让自己的小儿子入宫当禁卫军,这就更给太后造成了错觉,以为触龙此来是央求她办事的。这种怜子之情打动了太后,她即刻答应,并深有感触地问:"丈夫亦爱怜其少子乎?"不知不觉中"主动"将话题引到孩子身上,这种洋溢着人间亲情的过渡是非常自然的。至此,触龙已经成功地"请君入瓮","迂回"之势已成,便行"包抄"之策,"老臣窃以为媪之爱燕后,贤于长安君"。接着在善意的辩论中发出"父母之爱子,则为之计深远"的高论,指出太后虽然深爱女儿燕后,非常想念燕后,但为了燕后的长远利益,却经常祭祀祈祷,希望她不要回来。这说明太后是真正为燕后着想的,是一种大爱而不是溺爱。既而触龙又推而广之,说到赵国及其他诸侯国的子孙因"位尊而无功,奉厚而无劳"而没能长保富贵这一事实,在对比中讲清了只有令长安君"有功于国",才能使他将来"自托于赵"的道理。一番有情有理又极富策略的说辞完全打动了太后,还没等触龙说完,就痛快地答应让长安君到齐国为人质。

纵观三个人的说谏艺术,可谓纵横捭阖,各呈其妙。烛之武以利诱人,邹忌以喻醒人,触龙以情感人,但他们的说辞本质上又有一致性:都能以理服人。他们的成功一半来自他们巧妙的谈话技巧和策略,一半来自他们的话中有道理存焉。也可以说,最终让秦伯、齐威王、赵太后真正折服的,是实实在在无可辩驳的道理,他们只不过把良言说得顺耳罢了。如果他们三人没有为国家社稷着想的大义忠心,没有丰富的政治经验与练达的人情世故,只凭"三寸不烂之舌",恐怕也难以说服对方。

通过这样的比较阅读,学生就会更加深入地体会到《左传》和《战国策》这两部历史典籍的经典之处,在深入学习的过程中,对如何说理、如何让对方接受自己的观点也有了一些切身体会,在潜移默化中提升了语文素养。

现代散文中,郁达夫的《故都的秋》是一篇经典之作,学生对郁达夫笔下的北平的秋天印象深刻,"清、净、悲凉"深入人心,进而也对作者有一些固化的认识,笔者将《故都的秋》与郁达夫同时期的另外一篇作品进行比较阅读,让学生更加全面地感知创作者的丰富性,绝不能以贴标签的形式去认识理解作者。和《故都的秋》写作时间大致相同的另一篇作品《我撞上了秋天》,文风与《故都的秋》截然不同。《我撞上了秋天》的基调是洋溢着欢乐和幸福的,透露出一种拥有爱情的幸福感,这在被视为颓废的郁达夫的作品中,实在是绝无仅有的。正是因为爱情带来的幸福感,他才觉得一切都是美好的,不但人是美好的,连狗都是生动的。不但雅致的情调充满诗意,就连世俗的小吃也充满诗意。双重的诗意,用文雅的书面语言来表现是不够的,还要用口语来表达。这既与《故都的秋》雅俗交融的情调相统一,又和其悲凉的衰亡美不同,洋溢着充满灵气和调皮的幸福感。两篇文章写于同一时期,文体也一致,但二者又有着显而易见的区别,这有助于避免类型化、标签化,引导学生更好地深入篇章的唯一性中去。

2. 不同文体之间的比较

同种文体之间的比较是一线教师经常采用的教学方法,但如果对不同文体的文本进行深入研究,找到有价值的比较点进行比较阅读,会对激发学生的探究兴趣作用很大。

不同文体之间的比较是指两种或两种以上的文体之间进行的探寻其相同点与不同点的教学活动和方法。将不同文体但有相通之处的篇章放在一起进行比较,能够打破文章体裁的限制,激发学生的兴趣,进一步提高学生的现代文阅读理解能力,更好地理解不同文体的特征。

例如朱自清的《荷塘月色》是一篇散文,与孙犁的小说《荷花淀》属于不同的文体,但就文章内容来说,均有对"荷花"的描写。通过比较两篇文章中的"荷花",就能更好地走进文本,感受两位作者不同的情感表达和艺术追求。可以从写作背景这一方面进行比较,《荷塘月色》写于 1927 年,大革命失败,中国社会处于黑暗之中,朱自清的内心始终"颇不宁静",充满着对黑暗现实生活的无奈、悲愤,内心是矛盾的、彷徨的,通过对清冷的荷塘月色的描绘借以抒发内心对宁静生活的渴望。《荷花淀》写于 1945 年,是以抗日战争为题材的小说,但全篇并没有用过多笔墨渲染战争的惨烈,而是通过对白洋淀妇女与丈夫共同作战击败敌人的描写,赞颂了中国劳动妇女,表现了冀中人民在战争中的乐观主义精神。

从写作地点来看,两篇文章均围绕"荷塘"展开叙述和描写。《荷塘月色》中的"荷塘"是朱自清的精神寄托,在夜深人静之时,内心"颇不宁静",独自一人来到荷塘观赏夜色,试图远离尘世的喧嚣,寻求内心的一丝宁静;《荷花淀》中的"荷塘"则是推动小说情节发展的具体场景,白洋淀的妇女们来到荷花淀中并非想要欣赏美景,而是在敌人猛追的紧急情况下慌忙地躲进了像"铜墙铁壁一样"的一望无际、密密麻麻的大荷叶中去,她们的心情是紧张害怕的,此时的"荷塘"是作战的掩护地点,为小说进入高潮渲染了紧张气氛。

从写作景物来看,两篇文章中均对"荷花""荷叶"展开了细致的描写,但由于具体场景不同,对于"荷花""荷叶"姿态的描写也是风格迥异的。《荷塘月色》中荷花、荷叶像"亭亭的舞女的裙""碧天里的星星""一粒粒的明珠""刚出浴的美人""仿佛在牛乳中洗过一样""又像笼罩着轻纱的梦",字里行间都能够让人们感受到荷花、荷叶组成的优美静谧的美丽画卷,也能够让人们感受到作者内心的复杂情绪,既有看到荷塘的欢喜,也有积蓄在心里的淡淡的哀愁。《荷花淀》中的荷叶像一个"大"字,"一望无际""密密层层""像铜墙铁壁",荷花则像"粉色的荷花箭高高地挺出来",孙犁将其比作"监视白洋淀的哨兵",字里行间呈现出来的姿态与《荷塘月色》中的唯美优雅全然不同,更多的是一种强劲刚健之美。

这两篇不同文体的作品在对"荷花"这一景物进行描写时运用了不同的笔法,既是文体的特征使然,也是两位作者不同心境的具体表现。通过这样的比较阅读,就能够让学生对这类相似题材产生更多的想象与理解,也锻炼了学生的文本解读能力。

(二)语言表达形式之间的比较

朱光潜先生在《咬文嚼字》一文中有这样一段话:"一般人根本不了解文字和情感的密切关系,以为更改一两个字不过是要文字顺畅些或是漂亮些。其实更动了文字就同时更动了思想情感,内容和形式是相随而变的。"这段话非常经典,语言是思维的工具,同时也承载着作者的情感,语言形式的变化背后恰恰是情感和思想的变化。因此在解读文本时,通过对语言表达形式的比较辨析,往往能收到以一敌十的效果,成为学生理解文本的突破口,常见的比较方式有辨析比较、删减比较、更换比较、赏析比较、归类比较等。

鲁迅先生的《祝福》里四嫂对祥林嫂说了"祥林嫂,你放着罢"和"你放着罢,祥林嫂"两句话,这两句话字数相同,只是将前后顺序颠倒了,但在情感上代表了不同的含义。同样一句话语序不同,在现代汉语中可以表达不同的强调效果,"祥林嫂,你放着罢"强调的是"祥林嫂","你放着罢,祥林嫂"强调的是"你放着罢",语言表达形式的不同,反映出四嫂对祥林嫂态度的变化。极普通的句子只要恰当准确地运用到具体语言环境中,也会有巨大表现力,也能让我们体会到语言的妙处。第一句先说人名,后下命令,语气较为缓和;而第二句先下命令,后说人名,可见四嫂慌忙之至、忌讳之深,也可见四嫂态度严厉之极。"你放着罢,祥林嫂"这句言辞虽简,分量却很重,捐了门槛的祥林嫂仍不能赎罪,它宣告了祥林嫂悲剧的必然性。

又如,将《雷雨》中的"什么? 鲁大海? 他! 我的儿子?"改为"鲁大海原来是我的儿子?",通过这样的替换比较,能够明显看出原文语气中表现出的吃惊和愤怒,原文通过三个问号和一个感叹号写出了语气中的着急、激动,而"鲁大海原来是我的儿子?"是相对平淡、疑惑的语气,表现不出周朴园内心的复杂感情。诸如以上这样对于语言表达形式的比较在高中现代文教学中是必不可少的,也是一种效果十分显著的教学方式,教师在进行现代文字词句分析时,可以恰当采取这样的比较,有利于引导学生迅速抓住作者的创作意图,从而对课文内容进行更为深入的掌握。

(三)人物形象之间的比较

人物形象的比较是指通过人物形象之间的比较,分析人物性格特征的一种教学活动。其目的在于指导高中生准确掌握人物形象,辨析人物性格,一般包括同一篇文章中多个形象之间的比较分析和不同篇章中相似形象之间的比较分析。《老人与海》与《鲁滨逊漂流记》有着诸多相似之处。首先,故事发生的自然背景相似。《老人与海》中,桑提亚哥在大海上漂流;《鲁滨逊漂流记》中,鲁滨逊流落于茫茫大海中的孤岛上。其次,两人都被作者放在远离现代文明的环境下,两人面临的都是强大的对手,面临着似乎不可征服的困难。前者是大的无可比拟的马林鱼以及凶猛的鲨鱼,后者是远离人世、荒无人烟的孤岛。最后,两位主人公都需独自面对自然,必须忍受孤独,勇敢顽强地与困境做斗争。在《老人与海》中,海明威有意安排让桑提亚哥没有什么装备还处于极端的环境中。老人连续 84 天没钓到一条鱼,但他面对周围人的嘲笑毫不气馁,也不因自己年老体弱而放弃希望。他独自一人,"走出去很远",到远离陆地的海中央,在并不是捕鱼季节的九月去冒险。作者塑造了一个充满男子汉气概的迟暮的英雄形象:"除了眼睛以外,他哪儿都老了",但"他那双眼睛还是海一样的蓝,那样令人兴奋,那样不可战胜"。老人就是这么一个虽饱经风霜却始终斗志昂扬的战士:"人不是为失败而生的。"他有着正视困难的勇气和在逆境中奋勇进取的坚毅耐力、必胜信心。这样的人才能够超越年老、病痛等人类自身的局限,不断地向困难发出冲击,永不言败。海明威笔下的桑提亚哥正是这样一个硬汉神话。笛福的小说《鲁滨逊漂流记》的主人公鲁滨逊也是处于艰苦卓绝的环境中,独自在荒无人烟的孤岛上,他碰到种种困难,有些甚至看来是不可克服的,但为了生存下去,他以坚强的毅力、百折不挠的决心,逐一解决了居住、食物、工具等方面的问题。在荒岛上他用自己的双手开辟出属于自己的家园,在他身上体现了人类创造性的劳动和与自然勇敢搏斗的精神,彰显了人的尊严。

　　尽管两位小说家讲述的都是人与自然做斗争的故事,对象都是大海,但在主题内涵的深化方面还是有所区别的。海明威在《老人与海》里,用老人桑提亚哥这个老而不衰、虽有不幸但不可打败的英雄形象,表达了自己一贯推崇的勇敢、坚毅等精神,体现了一种奋斗的人生观:即使面对的是不可征服的大自然,也许结果是失败的,但仍然可以得到精神上的胜利。《鲁滨逊漂流记》中我们也看到了一位不畏艰险、不屈不挠、不断追求、勇于面对挑战的人物,但同时令我们印象深刻的还有鲁滨逊在荒岛上的行动不断走向更高的支配形式。比如对自我的支配,对动物的支配等,实际上表现了资本主义获取、操纵和支配外在世界的价值观念,是资本主义发展初期的典型代表。

　　(四)情景环境之间的比较

　　情景环境的比较是指对不同的景物、环境描写进行比较阅读,对比分析其特定作用的一种教学活动。其目的在于指导学生掌握文章的景物、环境描写的作用,从而了解文章写作趋向。对于情景环境的比较阅读应遵循典型性原则,选取文章中的典型景物、环境,或是写作线索进行比较分析。

　　例如,《林教头风雪山神庙》这篇课文里对"风雪"进行了三次直接描写。第一次关于"风雪"的直接描写是在林冲初次来到草料场的时候,文中写道:"正是严冬天气,彤云密布,朔风渐起,却早纷纷扬扬卷下一天大雪来。"其中的"纷纷扬扬"一词写出了当时雪之大,"卷"能够看出朔风之劲,此刻的"风雪"为后文铺垫蓄势。第二次关于"风雪"的直接描写是在林冲到市井去沽酒的路上,文中写道:"雪地里踏着碎琼乱玉""那雪正下得紧","碎琼乱玉"写出了雪景之美,"紧"写出了大风大雪的呼啸猛烈,预示着雪势越来越大。就是因为这大雪,林冲才会想到通过喝酒来抵御寒冷,这样才能引出后文,从而推动故事情节逐步向前发展。第三次关于"风雪"的直接描写是在林冲去市井沽酒归来的途中,文中写道:"看那雪,到晚越下得紧了",正因为风越来越大,雪越下越急,林冲才想到山神庙暂时躲避风雪。这三处关于"风雪"的直接描写放在一起进行比较阅读,很容易发现其中的内在联系:"风雪"与小说故事情节的发展是紧密相关的,在故事向高潮演进的过程中,雪势是逐渐增大的,"风雪"给读者营造了一种紧张的氛围,风大雪紧,主人公的命运未可知,"风雪"预示了人物命运与性格的走向,起到了揭示文章主题的作用。

以上的例子充分说明了在对情景环境进行教学时,使用比较阅读的教学方式能更好地对文章进行归纳总结,发现情景环境与文章主题、人物的关系,从而引导学生关注一些反复出现的语句并能认真品析,找到理解文章的突破口。

(五)写作风格之间的比较

写作风格的比较是指对作家作品所体现的艺术特色和思想特征进行比较,从而归纳其写作规律的教学活动。其目的在于剖析作者写作方向,了解作品写作意图,比较多种写作方式的异同,能够让学生在对作品有了一定掌握的基础上,进一步训练其感知文本、理解文本的能力。

《记念刘和珍君》是中学课本里非常经典的一篇文章,在学习这篇文章时,我们可以引入鲁迅的兄弟、同为现代散文大家的周作人所写的同一题材的散文《关于三月十八日的死者》,做一次比较阅读。尽管此时周氏兄弟已经失和,但就主要思想倾向而言,两篇文章所表达的思想感情是同大于异的,无论是对爱国学生的同情与赞颂,对北洋军阀政府的愤慨和抗争,对所谓"学界名流""诬陷"的义愤与揭露,以及对"人的生命价值"的重视,对"请愿"之举的保留……都有着诸多相似之处,真正的差异在于周氏兄弟不同的气质、不同的情感表达方式而产生的不同风格。

周作人在《关于三月十八日的死者》一文开头就以平实的语气陈述自己在事件发生过程中心绪的变化:先是由于"逐个增加"的"悲惨人事""堆积在心上",既多愤激,又存期望。到了现在已是残杀后的第五日,人们从最初的愤激中冷静下来,抛却了无益的幻想,不再说"彻底查办"之类的梦话,也将"心思收束"到对于"死者"本身的思考,终于可以执笔作文,说这样平心静气的"话"了。"平心静气"当然是"反语",周作人其实并不能真正"平心静气"。但已经从事件本身中"超越"出来,进入理性思考。感情经过理性的过滤,自然滤尽了其中的愤激焦躁而变得"平静"。表面看起来是情感浓度的淡化,力度的减弱,其实是一种情感的深化。

《记念刘和珍君》第一节所显示的是:将欲发,又觉"无话可说";仿佛已是"痛定之后",却因"学者文人"的阴险论调平添阵阵"悲凉";决心显示"最大哀痛"，又顾忌"非人间"的"快意"；直至无可逃遁，才将一腔悲痛全数掷出，化作灵前至哀至烈的声声哭诉。既是火山的爆发，又是冷气的注入，情感的热浪与冷流交错对流，汇合成了心灵的大颤动，与周作人感情的平稳流泻形成了鲜明对比，进而显示了兄弟两人气质上的差异。与鲁迅的"诗人"气质相反，周作人本质上是一个"智者"。

鲁迅在《记念刘和珍君》里宣称："真的猛士，敢于直面惨淡的人生，敢于正视淋漓的鲜血。这是怎样的哀痛者与幸福者？"这里的"真的猛士"当然指作者所要悼念的先烈，同时也在说自己，还有对更多青年人的期待。作为一个"敢于直面人生"的"猛士"，鲁迅绝不可能有周作人那样的平稳和理性，而是将自我生命全部"投入"。

周氏兄弟的两篇悼文在语言上也存在明显差异。相对来说，周作人的《关于三月十八日的死者》更多地采用口语，文风趋于平实，而鲁迅的《记念刘和珍君》则于口语之中多杂以文言成分，并多用对偶、排比，混合着散文的朴实与骈文的华美与气势。例如：

当封棺的时候，在女同学出声哭泣之中，我陡然觉得空气非常沉重，使大家呼吸有点困难……（《关于三月十八日的死者》）

四十多个青年的血，洋溢在我的周围，使我艰于呼吸视听，那里还能有什么言语？（《记念刘和珍君》）

前者全用口语，并一律用陈述句；后者杂以文言句式，陈述句中兼用反问句，更多变化。

第二天上午十时棺殓，我也去一看；真真万幸我没有见到伤痕或血衣，我只见用衾包裹好了的两个人，只余脸上用一层薄纱蒙着，隐约可以望见面貌，似乎都很安闲而庄严地沉睡着。（《关于三月十八日的死者》）

始终微笑的和蔼的刘和珍君确是死掉了，这是真的，有她自己的尸骸为证；沉勇而友爱的杨德群君也死掉了，有她自己的尸骸为证；只有一样沉勇而友爱的张静淑君还在医院里呻吟。（《记念刘和珍君》）

前者在客观叙述中自然含有主观评价与情感倾向，却有意引而不发，在隐晦之中追求含蓄味与简单味；后者既是情感火山般的喷发，又着意将散文与骈文、长句与短句、陈述句与反问句互相交错使用，极富有节奏感，饱含浓烈的情感，取得了声情并茂的效果。当然这两者都是美的，在我国现代散文艺术园地里都有一席之地。

文章风格的不同,背后也有着语言的不同、作者气质情感的不同等,因此,在对文章写作风格进行比较阅读教学时,一方面要充分考虑教学目标,确定比较阅读的方向及意义;另一方面要对文章进行深度解读,在充分领会作品创作意图的基础上对其风格进行剖析。

（六）不同媒介之间的比较

在进行比较阅读的时候,思路还可以更开阔一些,尤其在传播媒介如此发达的今天。我们面对被称为"网络原住民"的年轻学生,更应该积极从网络上寻找资源,既拓宽了学生的视野,又增加了学习的兴趣。笔者在为高三学生讲解小说中物象的作用这一专题时,就引入了一个微电影 *The Other Pair*,收到了很好的效果。

The Other Pair 既是影片,又可视为一篇非常优美的短篇小说。这个微电影描绘了这样一个故事:一个常在火车站附近玩耍的穷小子,因为家境贫寒,时常穿着一双拖鞋。一位同龄的富家少年,穿着新皮鞋,与父亲一道来火车站台搭乘火车。上车时,在拥挤的人群中富家少年的一只鞋子掉了。穷小子拾到了这只新皮鞋,十分喜爱,他犹豫了一小会,还是决定追赶火车送还鞋子。富家少年见穷小子给他送鞋,非常高兴地向穷小子挥手为他加油。可火车越开越快……穷小子想把鞋子扔给它的主人,可惜未能如愿。火车渐行渐远,富家少年把自己的另一只鞋脱下来,扔给穷小子。这样一个温暖的短片,既能指引学生加深对"物象"作用的理解,也能给予其真善美的熏陶。

首先,引导学生梳理"鞋"在整个情节推进过程中的作用,让学生思考"鞋"这一物象对于塑造人物形象有何作用,对于主题有何作用。在此基础上,进入对刘庆邦小说《鞋》的分析。学生因为对微电影感兴趣,课堂气氛很热烈,对"鞋"这一物象的理解很深入,自然而然就迁移到了对小说《鞋》的理解上。通过这样一次跨媒介的比较,给学生留下了深刻的印象,也对小说中物象的作用理解得深刻到位。

教师要主动寻找教学资源,除了一些视频资料,其他与文本相关的插图也可以作为教学资源来使用。在学习《沁园春·长沙》时,书中正好有一幅毛泽东的书法作品,内容就是《沁园春·长沙》。笔者让学生结合书上的插图来理解这首词的关键词。这首词劈头一个"独"字,让人读到的不仅仅是一个人站着,还会联想到独领、独出、独具、独步、独特、独孤等一系列与"独"字相关联的词语,甚至还可以联想到陈子昂登幽州台时所唱的"念天地之悠悠,独怆然而涕下"。如果再和下面的"看""怅""问"等联系起来想象,一个具有革命先觉、胸怀天下、特立独行的青年毛泽东的昂然身影就呼之欲出了。将诗歌中的"独"所蕴含的诗人的情志与诗人的书法作品进行比较,从这首词矫若龙蛇的横幅来看,头一个"独"字写得巨大而突兀,仿佛要从纸上跃起,诗人与书法家的情感是有一致性的。

再比如在讲授《诗经》中的经典篇目时,可以引入有关陕北民歌的一些视频资料,通过二者之间的比较,让学生感受《诗经》"赋比兴"的手法和重章复沓、一咏三叹的特点。

（七）选文与原文的比较

教材在编选的过程中,出于多种原因会对一些作品进行删减,这给学生更好地理解文本带来了困难。因此在实际教学过程中,可以将选文与原文做一些比较阅读,这样定会大大激发学生的学习兴趣,在这种比较中学生可以更深刻地理解人物、解读主题、品味文风,课堂上也许会有意想不到的收获。

《装在套子里的人》是一篇节选文,如果将原文引入课堂,能够更全面地感受人物形象。选文中三处对华连卡的描写着墨不多,极其简省。虽然经过分析学生也能感受到华连卡这缕黑暗中的阳光,这个活泼自由、具有无拘无束个性的人物,但如果我们把原文中对华连卡的描写给学生补充进来,学生在理解这个人物时就会容易得多。请看原文对华连卡这个人物的一些细节描写:

在那些死板板的、烦闷得要命的、把赴命名日宴会也看作应公差的教师中间,我们突然看见一个新的阿佛洛狄忒从浪花里钻出来了:她走来走去,双手叉着腰,扬声大笑,引吭高歌,翩翩起舞。……她带着感情歌唱《风在吹》,后来又唱一支抒情歌曲,随后再唱一支,把我们大家都迷住了,甚至别里科夫也包括在内。

那么别里科夫呢? 他也常到柯瓦连科家里去,就跟常到我们家里来一样。他到了他家里,就坐着,一言不发。他沉默着,可是华连卡给他唱《风在吹》,或者用她的黑眼睛沉思地瞧着他,或者忽然发出一连串笑声:"哈哈哈!"

读了这些文字,一个热情、快活、带着生命的激情与活力的女人形象就会跃然纸上。我们把原文中的这些细节介绍给学生，不仅可以让华连卡这个形象更可感，而且可以使学生更好地理解为什么像别里科夫这样的人居然也想到了结婚。

引入原文进行比较阅读还能帮助学生更深入地理解主题。选文结尾部分是这样的：

> 我们高高兴兴地从墓园回家。可是一个礼拜还没有过完，生活又恢复旧样子，跟先前一样郁闷、无聊、乱糟糟了。局面并没有好一点。实在，虽然我们埋葬了别里科夫，可是这种装在套子里的人，却还有许多，将来也还不知道有多少呢！

原文中有这样的描写：

> 我们住在空气污浊、极其拥挤的城里，写些不必要的公文，老是玩"文特"，这岂不也是一种套子？至于我们在懒汉、好打官司的人和愚蠢而闲散的女人当中消磨我们的一生，自己说，也听人家说各式各样的废话，这岂不也是一种套子？

> 于是自己由于容忍这种虚伪而被人骂成蠢货；自己受到委屈和侮辱而隐忍不发，不敢公开声明站在正直自由的人一边，反而自己也弄虚作假，还不住微笑，而这样做无非是为了混一口饭吃，为了有一个温暖的小窝，为了做个不值一钱的小官，不行，再也不能照这样生活下去！（以上出自兽医伊凡·伊凡内奇之口）

在教学过程中，我们把这部分呈现给学生，学生在理解小说主题时就可能更全面、更深刻。当时社会中的人们为了保全自己、为了一己私利而丧失人格、丧失做人的尊严，每一个人都不把自己当成可以改变社会现实的人，而甘心被辖制、被奴役。作为深刻洞察俄罗斯人心理特性和民族劣根性的伟大作家，契诃夫除了向我们描绘当时俄国社会的现实，人们的压抑、苦闷和无聊，还倾力表现俄国人的奴性及其产生的根源，并用看似轻描淡写的笔墨向我们展示社会进步力量的一丝曙光。他热切地呼唤自由："啊，自由呀，自由！哪怕有享受自由的一点点影子，哪怕有那么一线希望，就使得人的灵魂生出翅膀来。"他借伊凡·伊凡内奇之口严正地喊出："再也不能照这样生活下去了！"表现了对沙皇专制制度的否定，对未来美好生活的热烈向往。

从艺术上着眼，契诃夫小说最大的特色是讽刺手法的大量运用。在选文中，作者首先以夸张的笔墨给别里科夫画了一张惟妙惟肖的漫画，还运用巧妙的对比手法,使他荒谬绝伦的思想和一本正经的语言形成一种对比,让人忍俊不禁。原文中还有几处精彩之笔,表现了契诃夫绝妙的讽刺艺术。下面仅举一例。

> 在描写别里科夫葬礼的时候:
>
> 如今他躺在棺材里,他的神情温和、愉快,甚至高兴,仿佛他在庆幸他终于放进一个套子里,从此再也不必出来了似的。是啊,他实现了他的理想! 在他下葬的时候,天气似乎也在对他致敬,阴霾而有雨,我们大家都穿着雨靴,打着雨伞。

看似漫不经心的一笔,却奇妙地嘲讽了别里科夫,这个一直战战兢兢生活的人,只有在死了的时候才有了温和、愉快的表情,仿佛是暗自庆幸自己终于装进了一个套子里,从此再也不必出来了。是啊,他的理想实现了。作者向我们暗示:只有棺材,才是别里科夫这种人最好的归宿。

鲁迅先生说过:"我总以为倘要论文,最好是顾及全篇,并且顾及作者的全人,以及他所处的社会状态,这才较为确凿。要不然,是很容易近乎说梦的。"将契诃夫的小说原文与课文选文做比较阅读,有助于学生升华认识,养成深入探究的阅读意识和习惯。

(八)相似情节之间的比较

中学课本的选文大多篇幅较短,在较短篇幅内若出现相似情节,往往值得仔细品味,读出其中的同与不同。詹丹老师对《林教头风雪山神庙》一文中两次"偷听"的分析,给我们做出了很好的示范。

李小二夫妇在陆谦等人密谋时背后偷听,设置了情节的悬念;林冲在山神庙里偷听到他们再一次谈话,则把悬念消解了。悬念的设置和消解,都是源自偷听,这里确实具有重复性,这种情节的"撞衫"现象,或者传统评点家所谓的"犯",可以引发读者比较这两次偷听的差异。

这里的关键是,前一次听不仔细,后一次听得极仔细。为什么? 具体有如下两个原因。第一,从时间看,这是事件发生在不同阶段必然的状况,也是造成差异的最主要因素。把林冲调入草料场当看管,然后趁他夜晚熟睡后,把他烧死在草料场,这是管营、差拨同陆谦等人商量的计策,需要事先绝对保密。所以事前讨论计划的人,必然谨慎小心,唯恐被人察觉,如果计划不隐秘,转而让林冲知晓,计划不但无法实施,还可能使林冲因此而报复。这样,李小二妻子有意去听,内容听不仔细,就在情理之中。所以最后梳理信息,要把听到的和看到的综合起来,才能得出一个大致的判断。而当事情发生后,特别是认为林冲已经葬身火海,实施计划的人聚在一起谈事情的经过时,已无戒备之心。不需要看到什么,只要林冲竖起耳朵来听,就能听得明明白白,也是合理的。一个看似不经意的细节描写两次出现,对差拨、陆谦等人最终谈话时放松戒心,起着特殊的暗示作用。

第二,从空间看,当事人处在不同位置,可能带来不一样的心态。李小二夫妇在酒店偷听陆谦等商量计划,虽然从事情最初发展看,林冲在明处,密谋的奸人在暗处,但当他们在酒店密谋时,他们其实置于一个空间相对中心的位置,在这样的中心位置,边缘性的闲杂人等就处在了他们所不知晓也难以掌控的暗处。因此,他们自然戒心重,有旁人在场时不愿多说,没有旁人时也只是交头接耳低声说,就非常自然。

在山神庙则不然。差拨、陆谦等人本来想进庙门,但因为林冲之前用石头顶住了门,他们进不去,就站定在门外聊起来,这让门里的林冲听到了全部真相。这当然可以说因为火烧草料场已经实施,他们以为林冲死定了,所以就放松了警惕。但这里空间位置的特殊性,也是造成他们心里放松的一个微妙因素。也就是说,山神庙门固然分割出门里、门外两个空间,但当差拨、陆谦他们站定在庙门前时,门里的那个空间在他们心里是忽略不计的。因为站在庙门前,可以直接看到草料场的火光,他们把自己置于一个边缘、边界的位置。站在这个位置,他们可以围观这场大火,相对于他们所站的位置,草料场的大火,大火中他们想象已经被烧死的林冲,才是这组空间的中心位置。他们没有执着地走进庙门,也许他们本来就没打算真要进去。从山神庙门前的廊下直接欣赏这场大火,欣赏由他们一手策划的害人杰作,还有比这个更令他们弹冠相庆、得意扬扬的吗?随后,他们被突然出现的林冲吓呆在原地,居然没有马上四散逃开,最终被林冲一一杀死,也写出了奸人从胜利喜悦到突然跌入深渊的戏剧性逆转。而从读者接受心理看,这不是简单从悬念设置到消解的完成,而是在消解悬念的过程中,同时带来心理震慑的效果。

看似相似的情节,仔细品味却能读出很多的不同,这样的比较才能引导学生深入文本,读出经典作品的经典之处。

二、比较阅读法的实施原则

"只要比得恰当,越比理解得越清楚,印象越深刻,掌握得越牢固。"张志公先生曾如是说。确实如此，只要比得恰当、符合学生实际，便可达到事半功倍之效。但若用得不好，即那种流于形式的、泛滥的、无目的的比较阅读，反而会对学生的语文学习起到反作用，导致事倍而功半，分散学生注意力的同时，又增加学生的阅读负担，削弱阅读兴趣，对阅读产生不利影响。到底什么才算恰当呢？我们必须明确在语文教学中实施比较阅读的原则，即思考在语文课堂中实施比较阅读法是否恰当的问题。笔者结合比较阅读法的概念给出了三个原则，也就是说开展比较阅读教学必须符合以下原则。

（一）材料间的可比性原则

比较阅读是有条件的，它是以两篇或多篇文本在内容或形式上存在共性为前提的，即比较对象及参照对象之间在内容或形式上有一定的共性。拥有共性才具有可比性，否则比较阅读活动不可能展开。如《赤壁赋》与《念奴娇·赤壁怀古》都作于苏轼被贬黄州期间，且都描绘了赤壁风光。这种相似性就可以作为比较阅读的出发点。《兰亭集序》《春夜宴从弟桃花园序》与《滕王阁序》都属于序文中的宴集序这一文学体裁。《陈情表》《祭十二郎文》《项脊轩志》三篇文章皆是语文教材中少有的表达作者对至亲怀念之情的古文佳作。以上这些都是材料间实质的共性，构成了比较阅读的基础。基于此，教师便可将文本组合在一起，让学生对几篇文本进行见同见异的分析比较。

总之，材料间的可比性是比较阅读法形成的大前提，因而这是在古文教学中实施比较阅读法的首要原则。这一原则告诫教师在古文阅读教学中不能为比较而比较，不能把互不相干、没有关联的材料随意甚至生拉硬拽地堆砌在一起胡乱比较。这种随意的、没有可比性却要硬比的比较阅读造成的负迁移，一方面挫伤了学生的学习热情，另一方面增加了学生的课业负担，可谓得不偿失、华而不实。看似扩展延伸，实则是随意填满课堂，容易导致学生对文本的理解肤浅，不够深入。

（二）比较点的教学价值原则

什么是比较点呢？在学习《前赤壁赋》时，我们发现苏轼在《前赤壁赋》与《后赤壁赋》中都有对赤壁风貌的描摹，但两者呈现的景色却不同，以此可以比较两篇文章在描写赤壁景色方面有何不同。两篇文章的共性是都在描摹赤壁风貌，比较点就是基于共性（都描写赤壁风貌）探讨两者景色描写的不同。也就是说，比较点是基于两篇文章的共性所探讨的具体话题，哪些点可称之为比较点呢？可以说比较点的选取没有定法，多种多样。教师可以基于教学目标，根据文章的特点、亮点、疑点来选取。总的来说有两个方面，一是文章的形式，例如文体、写作手法、谋篇构思等；二是文章的内容，如思想感情、主旨立意等。

教师在精读文本的基础上最先确立的是教学目标，接着依据目标确定教学内容、选择教学方法。所以说在课堂短暂的 45 分钟内，教师所采用的任何一种方法都要指向教学目标的达成，比较阅读法亦然。比较阅读法是基于比较点展开课堂探究的，比较点体现比较意图，带有鲜明的目的性。自然，比较点的设计要有教学价值、要有利于教学目标的达成。它或直接导向文本的核心问题，或提高课堂教学效率，或激发学生的阅读兴趣、探究兴趣，或扩展学生的阅读视野。只有这样，比较阅读教学才有效。如有教师教授苏洵的《六国论》一文时，教学目标中必定有一条是，要求学生认识到苏洵此文强烈的现实针对性，即现实关照性。以下是一位教师的比较阅读环节课堂实录：

师：苏氏父子三人都曾写过《六国论》，也就是说他们都写过韩、魏、赵、燕、齐、楚六国被秦所灭的原因，下面请同学们阅读苏轼与苏辙的《六国论》，看看苏洵与他们不同的地方在哪？

（阅读）

生1：苏洵是立于国家兴亡这一角度来写的，角度比苏轼、苏辙大。

生2：三篇文章虽然同是写六国破灭之因，但苏洵的现实意义更为深刻，他写这篇文章是在指导北宋朝廷应该怎么做才更好。

师：太厉害了！最本质的区别就如同这位同学所说，三篇文章虽然都是以六国为议题，但苏轼、苏辙都在就事论事、就史实论史实；苏轼写《六国论》是在讨论六国善于养士，苏辙写《六国论》是在讨论六国破灭的原因在于不团结，只有苏洵不是，苏洵的《六国论》中有强烈的现实关照，他是在一种忧患意识下对历史悲剧做出的反思，反思与研究不同，反思就意味着必须关照现实。

在这一比较阅读环节，教师所设计的比较点精妙地引导学生独立发现了苏洵《六国论》借古讽今的特色，达到了本文的学习目标。不仅如此，还扩展了其阅读视野，正可谓一举两得。因而这一环节的比较阅读是有其教学价值的。总之，比较点的教学价值原则是在语文教学中实施，比较阅读法的重要原则，是保证比较阅读有效的基础。在运用比较阅读法时，教师一定要精研文本，比较点一定要选准、选妙，保证学生"比有所得"。此外教师需要注意的是，在学生阅读初期阶段,往往由于阅读数量有限,难以开展比较阅读,这时候教师切不可为比较而比较,否则易造成学生思维混乱。当学生阅读量慢慢扩展以后,也可让学生根据自己的想法选择比较点,教师做评价。

(三)可操作性原则

在比较阅读教学过程中,学生始终处于思考的状态,阅读的厚度、深度在进一步加强。在这样一个背景下,教师要注重在课堂中的操作,具体如下:

1. 保证学生学习的主体地位,留足思考时间

很多教师在语文课堂上常常忽视学生、不回应学生,只关心自己有没有按照教案走完全程,学生的主体地位被剥夺,沦为知识的被动接受者。学生在这种环境下,久而久之也就形成阅读惰性,他们疲于思考、懒动脑筋。但我们知道课堂中如若没有思考就不会有思维的碰撞,学生也就很难有探究的驱动力。比较阅读教学是以"教师为主导,学生为主体"的课堂模式,教师在比较阅读过程中要给予学生充分的自主性,但这并不意味着教师可以置身事外,应该始终引导着学生,配合着学生,指导着学生,与学生产生互动,积极了解其学习动态,并及时给予合理的反馈。

此外,在进行比较阅读环节时,为了让学生自主建构知识,教师需要给学生足够的思考时间,让学生真正投入到对问题的思考中。学生充分思考之后,或许还会给教师带来预设外的新收获,从而实现课堂生成、教学相长。综上所述,比较阅读作为教学手段是有条件的:首先,文本材料间必须是可比的;其次,这种比较是有教学价值的;最后,教师操作是合理的。比较阅读的实施要以学生在语言、思维、审美、文化等方面产生最大化收获为标准,从而实现课堂阅读效益最大化。久而久之,让学生学会这种深入文本的阅读方法。

2. 符合最近发展区理论

比较阅读这一环节要符合学生的最近发展区。举个例子,基于某一个问题的比较阅读,结论就像长在树上的一个苹果,这个苹果不能长得太高,也不能太低,要保证学生跳一跳就能摘到。也就是说问题的设计不能太难或极易,难度过大的话会增加学生的阅读负担,挫伤大家的阅读积极性;难度过低的话,则没有比较的意义。眼中有学生,心中有文本,这样才能更好地开展比较阅读教学。

第三节　比较阅读典型案例分析

案例 1：他生命中的泰山、长安和岳阳——杜甫《望岳》《春望》《登岳阳楼》比较阅读①

如果按照时间顺序，把杜甫的一生简单地划分为青年时期、中年时期和老年时期，那么《望岳》《春望》和《登岳阳楼》三首诗，就恰好能够表现出诗人的青年之志、中年之忧和老年之慨。教学时将这三首诗放到一起进行比较阅读，学生就能够更清楚地了解杜甫坎坷的一生，进而了解杜甫积极用世的儒家思想和忧国忧民、以家国为重的高尚情怀，并透过个人的经历，窥视时代的风云变幻给一代知识分子带来的深远影响。

一、仰望中的泰山

巍巍泰山，千年岱宗。众生倾慕，志士仰望。一首《望岳》，让世人第一次认识了青年时期的杜甫：

> 岱宗夫如何？齐鲁青未了。
>
> 造化钟神秀，阴阳割昏晓。
>
> 荡胸生曾云，决眦入归鸟。
>
> 会当凌绝顶，一览众山小。

面对这座被赋予了太多神奇内涵的大山，诗人由远望，到近望，再到凝望，最后则是一种想望、一种信念："会当凌绝顶，一览众山小。"无论是远望时所见"青未了"的绵延不绝，还是近望时对于"钟神秀"的钦羡，对于"割昏晓"的惊奇；也无论是凝望时所见"荡胸生曾云"的云气变幻以及内心的激荡涌动，还是目送归鸟时"决眦"般的忘情、投入，都无不体现着一个青年诗人的热切的理想追求，对于人生道路的狂想。"泰山"如此灵秀、高大、神奇、幽深，如此吐云纳雾、包容万物，怎能不令人顿生"凌绝顶"的理想和决心。开元二十四年（736），24 岁的杜甫刚刚经历了科场失利。他到兖州探望父亲（其父时任兖州司马），东游齐鲁。钟灵毓秀的泰山，恰好引起了青年诗人的共鸣：实现人生的梦想，体

---

① 本案例来自安阳市第六十三中学莫俊峰老师的课堂实践，发表于《读写月报》2022 年第 27 期。

现"治平"的人生价值。虽科场失利,但青年杜甫理想的火焰却并未熄灭,反而愈加壮志凌云。杜甫生命中的泰山巍然耸立,势可参天,一如齐鲁青青,绵延不绝。"诗言志",这首《望岳》就是青年杜甫理想的写照。

而之所以能够有如此宏伟的志向,这和杜甫的身世及时代的风气不无关系。杜甫出身于世代"奉儒守官"的家庭。其十三世祖杜预是西晋名将,其祖父杜审言是初唐著名诗人。杜甫的青年时期,正是唐朝的鼎盛时期——开元盛世。家庭背景、家学渊源以及时代精神的召唤,给青年杜甫"裘马清狂"的生活提供了物质基础和精神基础,因而张扬之气在诗中也不无体现。他对自己的诗文以及仕途有高度的自信:

> 甫昔少年日,早充观国宾。
>
> 读书破万卷,下笔如有神。
>
> 赋料扬雄敌,诗看子建亲。
>
> 李邕求识面,王翰愿卜邻。
>
> 自谓颇挺出,立登要路津。
>
> 致君尧舜上,再使风俗淳。
>
> ——《奉赠韦左丞丈二十二韵》

他在《壮游》一诗中,甚至直言不讳:"饮酣视八极,俗物都茫茫。"即使在《望岳》中,他也没有隐藏自己的锋芒:"会当凌绝顶,一览众山小。"这样的"轻狂"之言或许已经预示了挫折的到来。

二、不堪中的长安

"朝扣富儿门,暮随肥马尘。残杯与冷炙,到处潜悲辛。"十年困守长安,给杜甫的理想之路蒙上了巨大的阴影。但是,对于以拯救苍生为己任的杜甫来说,打击最大的是他"陷贼"的经历。

756 年 6 月,安史叛军攻破长安城,"大索三日,民间财资尽掠之"。又放火焚城,可叹三秦拱卫的富丽繁华城阙,变成了一片废墟。安史之乱发生时,杜甫与难民一起逃亡。杜甫将家眷安顿在鄜州羌村,听说肃宗已在灵武即位,便只身投奔灵武。途中被叛军俘获,解往业已沦陷的长安。757 年 3 月,春风又绿,然而长安早已面目全非。面对此情此景,杜甫写下了不朽的《春望》:

> 国破山河在,城春草木深。
>
> 感时花溅泪,恨别鸟惊心。
>
> 烽火连三月,家书抵万金。

白头搔更短，浑欲不胜簪。

首联、颔联绘"春望"之景，即景抒情；颈联、尾联抒"春望"之情，情中有景。《温公续诗话》："山河在，明无余物矣；草木深，明无人矣；花鸟，平时可娱之物，见之而泣，闻之而悲，则时可知矣。"霍松林《唐诗精选》："'国破'而空留'山河'，'城春'而只长'草木'，其破坏之惨，人烟之少，以及由此激发的忧国情绪，都从正反相形中表现出来。""烽火连三月，家书抵万金。"战火经春不熄，亲人杳无音信，伤时忧国之意，念家思远之情，便都在这对仗中表现了出来。而"白头搔更短，浑欲不胜簪"，化用鲍照《拟行路难》诗句"年去年来自如削，白发零落不胜冠"，也暗用伍子胥过韶关一夜白头的传说，点石成金，极言其内心之愁。

寄托了杜甫追求与梦想的长安，此时给诗人的只是悲愤、愁苦与担忧；此时的诗人，已经从"一览众山小"的个人的宏伟志向，转为对国家的忧虑，对家人的担忧，对黎民百姓所遭苦难的深深同情。从某种意义上说，安史之乱造就了一个更加关注现实的人间诗人，一个赤心忧国忧民的民众诗人。

三、梦幻中的岳阳

匆匆的岁月带走了诗人的青春，频仍的战火摧残着诗人报国的壮志，转眼诗人奔走求索、悲欢离合的大幕即将落下。"武卒，崔旰等乱，甫往来梓夔间。大历中，出瞿塘，下江陵，溯沅湘以登衡山，因客耒阳。"(《新唐书·文艺传》)严武死后，杜甫在西南失去依靠，"扁舟下荆楚间，竟以寓卒，旅殡岳阳"(元稹《唐故工部员外郎杜君墓系铭并序》)。青年时期向往的岳阳，竟成了杜甫生命的归宿。能够反映杜甫晚年生活及思想情怀的是《登岳阳楼》：

昔闻洞庭水，今上岳阳楼。

吴楚东南坼，乾坤日夜浮。

亲朋无一字，老病有孤舟。

戎马关山北，凭轩涕泗流。

首联抚今追昔，已是感慨万千。单从字面看，首联表达了诗人一生对岳阳楼的向往。清仇兆鳌："喜初登也。"(《杜诗详注》)但是"昔""今"二字却饱含了深沉的感慨。昔日，大唐盛世，国力鼎盛。年轻的诗人裘马清狂，意气风发，"会当凌绝顶，一览众山小"。而经历了求仕的磨难、国家的苦难、家庭的患难之后，57岁的杜甫已"患肺病及风痹症，左臂偏枯，右耳已聋"(霍松林《唐诗精选》)。老病穷愁之际，孤苦无依之时，诗人才登上了这座江南名楼，怎能不感慨万千！这种今昔之叹，同《江南逢李龟年》中的诗句异曲同工："正是江南好风景,落花时节又逢君。"穷毕一生,铅华尽洗,尘埃落定之后,再来看青年时期的梦想,其中况味,定非言语可传。

颔联写景,是千古名联。清张谦宜《絸斋诗谈》:"十字写尽湖势,气象甚大。""吴楚"句写洞庭广阔,裂开吴楚大地。"乾坤"句写洞庭之容,吞吐日月,涵纳乾坤。此句暗用曹操《观沧海》典故:"日月之行,若出其中;星汉灿烂,若出其里。"与其说这是从想象的角度描绘阔大的景物,不如说这是一种博大的心胸,是兼济天下的情怀、进取不息的心志与自新向上的人格的流露。《易经》:"天行健,君子以自强不息。"杜甫与曹操,应该都是以"天行健"自勉吧!如果结合颈联"亲朋无一字,老病有孤舟"的凄凉的现实境况来看,就更显得诗人其志弥坚。而再读尾联"戎马关山北,凭轩涕泗流",则诗人忧叹人事苦恨、悲愤国运艰难的情态宛然在目。千载而下,诗人毕生求索、忘身报国的人生境界,"虽与日月争光可也"。从这个角度来说,岳阳成就了一个对理想而讴歌的杜甫,一个因理想而漂泊的杜甫,一个为理想而舍身的杜甫。

闻一多说过:"一切的价值都在比较上看出来。"有比较,才会有思维的深度、认识的深刻;有比较,才会有个性的彰显、规律的总结。将杜甫青年、壮年、晚年时期的三首诗放在一起,可以清晰地看到杜甫一生的追求与人生轨迹,可以读活杜甫其人,读活杜甫其志,甚至读活诗人所生活的时代。运用比较阅读的方法,还可以让学生比较三首诗形式上的相似与不同,比较立意上、结构上、技法上的匠心独运,比较语言方面的具体特色,比较情感方面的或显或微的区别,从而实现对三首诗的多个层面上的深度理解。

案例 2:抓住意象,比较阅读——柳永《雨霖铃》教学设计①

《雨霖铃(寒蝉凄切)》是北宋婉约词人柳永的代表作,其"杨柳岸,晓风残月"已成千古绝唱。细细品来,整首词的诸多意象处处饱蘸着愁绪,时而淡淡浸出,时而浓墨泼洒,然而,个中滋味学生却很难感同身受。笔者认为,品味词中具有共同文化和情感特征的意象,可以帮助学生更好地理解和品鉴这首词。笔者试图联系有关诗文,通过比较阅读引导学生解读和赏析,同时也为广大教师

---

① 陈龙斌.抓住意象,比较阅读:为《雨霖铃》教学提供的文本解读[J].语文建设,2013(2):40－42.

的教学设计提供某种参考。

一、关于情感基调，可作为课堂导入

柳永的这首词是作者离开北宋都城汴京，与情人话别时所作。这首词的情感基调，可以通过比较，给学生讲三个层次：一是江淹《别赋》中起首句："黯然销魂者，唯别而已矣"，已道出了离别的浓愁；二是秋天的离别，又有所谓"离人心上秋"，即一种"愁"的形象外化；三是在柳永敏感多情的心里，他的送别，可以说是"这次第，怎一个愁字了得"——这首写于秋天的离别歌诗，柳永始终以最平实的语言站在情感的最高层。

二、抓住意象，全词逐句赏析

（一）"寒蝉凄切，对长亭晚，骤雨初歇"

这一句中有三个意象："寒蝉""长亭""骤雨"，每一个意象都与"分别"有关，或说与"分别"的心境有关。

1. 寒蝉

初唐四杰之一骆宾王入狱时有一首《在狱咏蝉》："西陆蝉声唱，南冠客思深。"西陆：指秋天；南冠：囚犯，这里指自己；客思：家乡之思。给学生做的解读是：这秋蝉本就易引发人们悲戚的思念，更何况是"寒蝉"，一个"寒"字，更兼有鸣声凄切之意，作者用蝉鸣的凄切之声衬托了离别时心中的凄切。

2. 长亭

古人多在长亭送别，在途中设亭子供人休息，每隔五里一亭子称短亭，隔十里一亭子称长亭。

李白《菩萨蛮》这首词写旅客哀思之情，有"何处是归程？长亭更短亭"；李叔同更是在《送别》中写道："长亭外，古道边，芳草碧连天"，长亭是送别的意象，是远离的意象，也是思念的意象。

"长亭更短亭"，视觉印象是"亭亭相连，一直到路的最远方"，而其中蕴含的心理活动是"前路茫茫心茫茫，分别后会有什么景况，还会有见面的机会吗"。作者写长亭，既是眼前实景，点出送别之事，又是心事所指，意含离别之伤。

3. 雨

"雨"在这里也是送别的意象，最为人熟知的就是王昌龄的《芙蓉楼送辛渐》和王维的《送元二使安西》。前者写道："寒雨连江夜入吴，平明送客楚山孤。洛阳亲友如相问，一片冰心在玉壶"，后者写道："渭城朝雨浥轻尘，客舍青青柳色新。劝君更尽一杯酒，西出阳关无故人"，并且，这雨都是带了心情的，恰如李清照的"梧桐更兼细雨,到黄昏点点滴滴"。这雨下在离别时候,助长了人们心中的哀怨。柳永的情感则更深入,直接由"雨"表达心情,体现在这"雨歇"上:"骤雨"形容雨来得密急而猛烈,然而"初歇"则意味着"雨停了,必须起程了,必须分别了"——就踏着这秋天的失意和凄凉,从此天各一方,怎不叫人柔肠寸断呢?

（二）"都门帐饮无绪,留恋处,兰舟催发"

1. 饮酒

大凡作别,不可无酒。白居易《琵琶行》写"浔阳江头夜送客",其中也提到"主人下马客在船,举酒欲饮无管弦";还有上文提到的"一片冰心在玉壶","劝君更尽一杯酒",李叔同的"一壶浊酒尽余欢,今宵别梦寒",全都有酒,也都与分别有关。

而酒又与心情有关,不是说"抽刀断水水更流,举杯消愁愁更愁"吗?

同样是饮酒,这里柳永却有别样滋味:"都门帐饮无绪。""无绪",没有心思。"举杯消愁"应是愁思满怀了,却言"无绪",这强烈的对比,其实正反衬出作者百感交集、痛苦无言以对的心情。

2. 兰舟

舟船是古代作品中时常出现的远行的重要交通工具。"李白乘舟将欲行,忽闻岸上踏歌声。桃花潭水深千尺,不及汪伦送我情","故人西辞黄鹤楼,烟花三月下扬州。孤帆远影碧空尽,唯见长江天际流",都是乘舟而辞行。

于是,舟船就承载了许多的离愁,也承载了许多难舍难分缱绻缠绵的情意。而柳永心中更是痛苦万分,这体现在"留恋"与"催发"的两相对比上:小舟啊小舟,本载不动许多愁,可是难分难舍之时,却偏又催人乘舟离去,也难怪要"无语凝噎"了!

（三）"执手相看泪眼,竟无语凝噎"

这两句直接写他们分别的细节,可以联系苏轼《江城子》（十年生死两茫茫）中所写的:"相顾无言,唯有泪千行。"柳永的"相看"与"相顾"又有不同,是"执手"看。"执手",就意味着要"分手",也意味着不忍分手。"竟无语凝噎",竟,"竟然",或说"以至"——以至喉咙哽住,说不出话来了。这句诗是一个静的画面,作者离泪零落,相顾无言,其实心中有千言万语,如大河奔流无法静止,这是口中无声心中有声。

这静与动的搭配,这无声与有声的结合,使词中人物鲜活的生命和真挚的情感如同发生在我们眼前,怎能不传神,怎能不扣动我们的心弦,引起我们的共鸣呢?

到这里,词的上阕部分更多的是叙事和写实,通过相关具有共同文化和情感内涵的意象,情景交融,景中见情,这是这首词展示给我们的第一个境界。

接下来,这首词展示给我们的第二个境界,即时空精神,同样也有与之相对应的文化意象。对这个"时空精神"的理解是:

(1)人的生命是有限的,而人的情感却希望超越生命追求永恒(时)。

(2)人是渺小微茫的,而人生存的天地却是旷远博大的(空)。

这样的两个矛盾,体现的一个情感还是"伤愁"。前面讲"竟无语凝噎",那么,心中想的是什么呢? 接下来品味第四句。

(四)"念去去,千里烟波,暮霭沉沉楚天阔"

"念去去",想到往前走了又走。这一方面是与"留恋""执手""长亭"这样依依不舍的送别相照应,一方面是展望行程和未来,将会分别得很远很远。远到什么程度呢? 诗人说"千里烟波",就是烟波浩渺,一片迷蒙。而"暮霭沉沉楚天阔",是说傍晚的云气厚重深沉,楚地的天空多么辽阔,离去的人儿消失其中。这样一个苍茫天空下目送情人渐去渐远直至不见的画面,就是个具有丰富情感和文化内涵的意象,是渺小的人在广袤的空间里无助的感叹,也是词人心中愁苦的反映。我们可以比较欧阳修《踏莎行》中所写:"离愁渐远渐无穷,迢迢不断如春水",还可以举《古诗十九首》第一首起始四句,帮助学生理解空间概念上所反映的词人的心境。诗是这么写的:"行行重行行,与君生别离。相去万余里,各在天一涯。""行行重行行",走了又走,犹如说"念去去"。"相去万余里,各在天一涯",也是一个空间概念,它相对于柳永的诗句比较直白,但与"念去去"这一句的情感是一致的,也正好是对柳永这一句蕴含的情感的解释:两相分离,天各一方。

(五)"多情自古伤离别,更那堪,冷落清秋节"

这正对应了上文提到的"黯然销魂者,唯别而已矣"和"离人心上秋"这两种送别的情愫。"清秋"送别,更增加了别离的愁苦。在这里,"清秋"这个意象是一个时间概念。

(六)"今宵酒醒何处,杨柳岸,晓风残月"

这句话有两层意味:

(1)在何处我的酒会醒呢?

（2）今宵酒醒，你我又会身在何处呢？

"杨柳岸，晓风残月"作为意象，具有空间的典型性，从这个角度，我们也可以说明为什么这句会成为这首词的标志，成为脍炙人口的不朽名句。我们来品味这几个意象：

1. 杨柳岸

古人有折柳送别之俗，李白在《春夜洛城闻笛》中写道："谁家玉笛暗飞声，散入春风满洛城。此夜曲中闻《折柳》，何人不起故园情。"《折柳》即《折杨柳》，是古代伤离别的曲子。柳永以"杨柳岸"的典型空间概念，带给我们丰富的联想和情感内涵。

2. 晓风残月

极言酒醒之后，已是清晨，晓风凉浸入骨。回首昨夜宴别，作者已是孤身一人，似梦非梦，只有天边的一钩残月相陪。月圆人不圆，以此反衬，勾人相思，范仲淹有诗句"明月楼高休独倚，酒入愁肠，化作相思泪"。而月缺人亦缺，以此正衬，残月孤人，可堪比较！这样的相思不仅仅是愁，更浸透了一种难言的痛。

全句不著一"人"字，却使一个在杨柳依依的岸边独自徘徊、黯然销魂的人的形象更加鲜明；全句不著一"别"字，却以折柳的离别旧俗，以残月勾勒的别后心伤创造了这经典的一幕。全句三个意象不是简单的罗列，若不是情感、形象在其中贯串涌动，绝没有这样悲凉至极撼人心魄的艺术魅力。

（七）"此去经年，应是良辰美景虚设"

这句又是一个时间概念。这里说的"经年"即一年，但其慨叹的实际是来年，是以后的每一年。"应是"的解释是"可以想象是"，这句话是说，以后的每一年，可以想象的是，即便逢着美好的时辰、有着美好的景物也是形同虚设。

那么，原因是什么呢？请看最后一句。

（八）"便纵有千种风情，更与何人说"

全词到这里，发出了最深的感慨："怎一个愁字了得！"这句话的解释是：纵然有千种深情蜜意，又能和谁去说啊！细细品来，它有两层意味：

（1）人不相见。即陆游所说的"山盟虽在，锦书难托"。

（2）无法言传。即李商隐所说的"此情可待成追忆，只是当时已惘然"。

从"念去去"句开始，作品展现的时空精神，也可以说是中国古代文学和文人的一种普遍的文化精神，这包含在时空精神之中，是一种对人事、感情和宇宙的感动，作者希望的是：时间上，"但愿人长久"；空间上，"千里共婵娟"。然而现实中无法做到,而是产生"人的生命的有限与情爱的永恒之间的矛盾","人的个体的渺小与天地的旷远博大之间的矛盾",这两种矛盾使人慨叹、伤愁。我们可以用李清照的一句词概括这种伤愁:"物是人非事事休,欲语泪先流。"同样,我们也可以在中国古诗中找出类似的慨叹,如:①黄鹤一去不复返,白云千载空悠悠;②人世几回伤往事,山形依旧枕寒流;③人生代代无穷已,江月年年只相似;④青山依旧在,几度夕阳红。

三、总结收束全文

总结可以考虑概括以下几个内容:一是词中丰富的意象,二是比较阅读的方法,三是通过解读作品意象中富含的内容,概括这首词的主题和情感。

笔者的教学设计,即围绕这样的比较赏析。在实际教学中,教学角度新颖,容量丰富,能够在拓展中运用共同的文化和情感特征进行比较,相互映衬,既创设了教学情景,帮助学生产生共鸣,也让学生尝试了一种新的赏析方法,使这篇课文的教学成为学生深刻的记忆和独特的情感体验。

❖ ❖ 案例反思:

诗歌鉴赏历来是教学难点,大多数教师在教学实践中,都力求把每一首诗讲透,但对于整体把握诗人还存在不足。同一个诗人,随着他所处的时代背景的变化、诗人年龄与心境的变化,作品的风格与思想感情也会发生变化。将同一个诗人不同时期的作品进行比较阅读教学,可以引领学生体会诗人不同的心境与情感,窥视诗人的思想变化轨迹。

第一篇教学设计中的三首诗仿佛是杜甫人生的三个横截面,展现了他从年轻时意气风发到垂暮时老病孤舟、充满坎坷波折的一生。如何比较这三首诗?必须找准一个切入点。三首诗均是借景抒怀之作,抓住了"景语皆情语"这个切入点,因为《望岳》与《春望》的标题中都有"望"字,《登岳阳楼》虽然标题中没有"望"字,但通过品析诗歌会发现登高望远是必不可少的,诗人必须通过所见不同之景来透视他内心的感情。通过比较,学生在《望岳》中读到了一个年轻气盛、意气风发、胸襟开阔、有一腔理想与抱负的杜甫;在《春望》中读出了一个焦灼忧虑、忧国思家的杜甫;在《登岳阳楼》中读出了一个孤独悲伤的杜甫,他衰老多病的身躯里仍然跳动着一颗忧国忧民的赤诚之心。只有在比较阅读教学中,学生才能清晰明了地感受到诗人从年轻时的意气风发到垂暮之年的低沉悲愤的心境变化。但自始至终未变的是,他将自己对时局的忧虑透过字里行间流泻而出,使得学生对杜甫一生有了更深入的了解,这样也更容易感受到"诗圣"的伟大。

　　第二篇教学设计从意象的比较出发来理解诗歌,《雨霖铃(寒蝉凄切)》是一首经典宋词,其中的一些意象极富有代表性,通过对多首诗歌中相同意象的比较,学生就容易把握这些典型意象,进而更深入理解古代诗歌。

　　通过比较阅读,能丰富学生的文学积累、扩大他们的审美视野、培养他们的思辨能力,而且使我们的课堂更有内涵、诗歌教学更为有趣、课堂效率更高。

第九章　基于学习任务群的高中真实文体写作

　　"学习任务群"是《普通高中语文课程标准(2017 年版)》提出的一个新术语、新理念,也是语文课程新的组织方式。什么是"学习任务群"? 王宁教授在《普通高中语文课程标准(2017 年版)解读》一书的"前言"里这样阐释:"学习任务群是在真实情境下确定相关的人文主题,这些主题涵盖学生生活、学习和日后工作需要的各种语言活动类型,体现社会主义核心价值观,以学生自主学习为中心,让学生通过真实情境的自主语文活动,自己去体验,完成任务,发展个性,增长思维能力,形成理解。课程标准将高中阶段的语文课程组织为 18 个任务群,并将其视为高中语文课堂教学的顶层设计,具有完整的结构。学习任务群目标突出,与语文素养生成、发展、提升的明确目的紧密结合。"①

　　那么,实施学习任务群最基本的底线是什么? 王宁教授在 2019 年接受《语文建设》编辑部采访时这样回答:

　　　　第一,学习任务群的本质是学生自主学习,是不是以学生为主体,有没有学生学习的真实情境,这是衡量学习任务群实施是否到位的首要标准。第二,教学必须符合语文课程的特质,也就是要做到语言文字运用,在任务驱动下把"阅读与鉴赏""表达与交流""梳理与探究"这三个语文活动综合起来,实现实践性、综合性。我想,这两点做到了,单个的学习任务群的基本精神就能够体现了。对整个教学来说,学习任务群之间要有组织的结构化,搭建出一个实现高中语文总目标的平台,这也是很重要的。②

---

　　① 王宁,巢宗祺.普通高中语文课程标准(2017 年版)解读[M].北京:高等教育出版社,2018:2 - 3.
　　② 王宁.语文学习任务群的"是"与"非"[J].语文建设,2019(1):6.

　　新课标的 18 个学习任务群是这样划分的:必修课程包含 7 个,选择性必修课程与选修课程均包含 9 个。其中"整本书阅读与研讨""当代文化参与""跨媒介阅读与交流"这 3 个学习任务群为必修、选择性必修和选修课程所共有,而"语言积累、梳理与探究"这 1 个学习任务群则为必修与选择性必修课程所共有。

　　学习任务群的出现,意味着长期以来阅读与写作分而治之的局面被彻底打破了,代之以高度融合的读写结合。这是新课标提出的一个新理念,也是统编版教材强调内容整合的一个新举措。不仅如此,我们研读每一个学习任务群所包含的写作内容就不难发现,新课标彻底颠覆了传统的写作教学,给写作教学带来了从概念到内容、从类型到体系的全方位、深层次的改革。例如,新课标规定了常用真实文体的写作就是一个巨大的变化。这些改革理念之新、范围之广、力度之大、要求之高,在我国教育史上可谓是空前的。

　　在这样的背景下,高中写作教学在新课标颁布以后将多以"学习任务群"的形式呈现,而且由于课程标准强调学生的自主学习,"写作教学"其实是"写作导学"。作为一线教师,我们必须明确基于学习任务群的高中真实文体写作的主要目标、主要内容和导学模式及其基本路径等,为迎接由新课标引发的这场新课改而做好必要的准备。

第一节　基于学习任务群的高中真实文体写作"为何教"

一、重新定位高中写作教育的基本目标

　　指导学生写作,首先要明确教学的基本目标或主要目的。高中阶段是学生接受基础教育的最后一个阶段,就写作教学而言,也是学生能够接受写作系统训练的最后一个阶段,因为有相当一部分学生进入高校后已经不再系统学习写作课程。因此,这一阶段的写作教学的质量好坏对学生一生的写作水平来说是具有决定意义的。

　　关于基础写作教育的基本目标,老一辈著名教育家早就有精辟的论述。这里我们不妨列举若干例子:

　　朱自清认为,"写作是基本的训练,是生活技术的训练——说是做人的训练

也无不可"。①

在 20 世纪 40 年代,叶圣陶在《论写作教学》中说:"国文科写作教学的目的,在养成学生两种习惯:(一)有所积蓄,须尽量用文字发表;(二)每逢用文字发表,须尽力在技术上用工夫。这并不存在着奢望,要学生个个成为著作家、文学家。"②以后他又强调:"在咱们的日常生活里,写作几乎像吃饭喝水一样,是不能缺少的事项。记日记、写信、提意见、打报告、订计划、做总结……哪一项不需要动笔? 既然经常要动笔,就必须学习写作,养成良好的习惯,做到用笔说话跟用嘴说话同样地自由自在。"③

张志公也谈了类似的观点:"总起来说,中学语文教学所要培养的,是一个青年在工作、学习和生活中必须具备的一般的写作能力,也就是内容正确、文从字顺、条理清楚、明晰确切,能够如实地表达自己的有用的知识见闻、健康的思想感情的能力,而不是专门从事写作的文学家的文艺创作能力。"④

在语文教学层面,吕叔湘的论述可谓一针见血。他从哲学的高度探讨了语文学习过程的本质:"语文的使用是一种技能,一种习惯,只有通过正确的模仿和反复的实践才能养成。"⑤其论述也涵盖了写作教学目标。

我们发现,上述老一辈教育家对于基础写作教育的基本目标或目的之论述所见略同,颇有远见。其实,在我国现当代写作教育史上,这样的探索一直没有停止过,一些有识之士也提出了真知灼见。例如,著名特级教师黄厚江就这样定位中学写作教学的总目标:"培养学生写作的基本能力,训练学生掌握常见文体的写作,让学生能够写好平常文章。"然后,他做了这样的解释:

> 所谓写作的基本能力,就是能够根据具体要求完成写作任务,能够清晰地表达自己的想法,能够围绕文章的中心组织材料,能够条理清楚地组织文章内容。或者说,就是必须明白要求写什么,自己想写什么,用什么形式写比较适宜,能把自己要写的写清楚。所谓掌握常见文体的写作,就是

① 朱自清.朱自清全集:第 2 卷[M].南京:江苏教育出版社,1988:26.
② 叶圣陶.叶圣陶教育文集:第 3 卷[M].北京:人民教育出版社,1994:370.
③ 叶圣陶.叶圣陶教育文集:第 3 卷[M].北京:人民教育出版社,1994:422.
④ 全国中语会.叶圣陶吕叔湘张志公语文教育论文选[C].北京:开明出版社,1995:164.
⑤ 全国中语会.叶圣陶吕叔湘张志公语文教育论文选[C].北京:开明出版社,1995:115.

能够根据具体要求和具体材料选择适当的文体,能够体现不同文体的基本特征,能够根据需要比较熟练地叙事、说理、说明和抒情。所谓写好平常的文章,就是只求切合要求,不求见解独到;只求文从字顺,不求语言文采;只求言之有物,不求立意深刻;只求形式适宜,不求形式新颖。这样的定位,才是绝大多数学生能够达到的,也是大多数教师能够有所作为的。①

遗憾的是,近百年来,由于夏丏尊、陈望道等老一辈教育家好心炮制了"记叙文""说明文""议论文"等教学文体而将写作教育带离了真实文体的轨道。潘新和教授说:"'这三大文体'原本似乎各自是作为一类文体的统称,如记叙文,指的是新闻、通讯、叙事散文等一类叙事性的文体;议论文,指评论、社论、论文、杂文等一类议论性的文体。然而,事实上它们渐渐演变为纯粹的'习作性'文体。"②例如,1963年颁布的《全日制中学语文教学大纲(草案)》在"教学内容"中就明确规定:"初中阶段,要求能写记叙文、应用文和简单的说明文、议论文。高中阶段,要求能写比较复杂的记叙文、应用文和一般的说明文、议论文。"③因此,长期以来,让学生会写这些生活中并不存在的"教学文体"居然成为我们写作教学的主要目标,而上述教育名家的观点并没有造成长久深刻的影响。

《普通高中语文课程标准(2017年版2020年修订)》从语文学科核心素养出发,构建了素养型的目标体系,确定了高中生通过学习应该达到的具体目标,让我们看到了新的希望。新课标对普通高中语文课程目标有一个总体要求:"学生通过阅读与鉴赏、表达与交流、梳理与探究等语文学习活动,在语言建构与运用、思维发展与提升、审美鉴赏与创造、文化传承与理解几个方面都获得进一步的发展;坚定文化自信,自觉弘扬社会主义核心价值观,树立积极向上的人生理想,为全面发展和终身发展奠定基础。"这些从路径、内容、结果等维度对课程整体目标的最新界定,是对2003年语文素养型目标的新发展。2003年的课程标准从"积累·整合""感受·鉴赏""思考·领悟""应用·拓展""发现·创新"五个方面对课程总目标做了阐述,而新课标则从"语言建构与运用""思维发展与提升""审美鉴赏与创造""文化传承与理解"

---

① 黄厚江.我们能教学生写出什么样的文章:作文教学基本定位再思考[J].语文学习,2011(5):56.

② 潘新和."文体""教学文体"及其他[J].中学语文教学,2007(12):4.

③ 张鸿苓,等.新中国中学语文教育大典[M].北京:语文出版社,2001:404.

四个方面更加清晰地阐释了"语文学科核心素养",在新课标第二部分(学科核心素养与课程目标)有 12 条具体的目标与之对应。这 12 条课程目标之间存在着这样的逻辑关系:"语言运用贯穿始终",目标之间"相互关联""相互映照""相互渗透"。①

严格地说,这 12 条具体的目标与写作教学都有着千丝万缕的联系,都是指导写作导学的原则性意见;当然,"语言建构与运用"是语文学科所独有的素养,与写作的关系自然最为密切,与之对应的前 4 条目标我们更需要高度关注:

(1)语言积累与建构。积累较为丰富的语言材料和言语活动经验,形成良好的语感;在已经积累的语言材料间建立起有机的联系,在探究中理解、掌握祖国语言文字运用的基本规律。

(2)语言表达与交流。能凭借语感和对语言运用规律的把握,根据具体的语言情境和不同的对象,运用口头和书面语言文明得体地进行表达与交流;能将具体的语言文字作品置于特定的交际情境和历史文化情境中理解、分析和评价。

(3)语言梳理与整合。通过梳理和整合,将积累的语言材料和学习的语文知识结构化,将言语活动经验逐渐转化为具体的学习方法和策略,并能在语言实践中自觉地运用。

(4)增强形象思维能力。获得对语言和文学形象的直觉体验;在阅读与鉴赏、表达与交流、梳理与探究活动中运用联想和想象,丰富自己对现实生活和文学形象的感受与理解,丰富自己的经验与语言表达。

新课标颁布后,不少名家对其中的写作导学新目标、新任务与新要求等都及时做了个性化的解读,带给我们不少启迪帮助。

首先看第一位名家的宏观解读:

课程性质部分提道:"语文课程应引导学生在真实的语言运用情境中,通过自主的语言实践活动,积累言语经验,把握祖国语言文字的特点和运用规律,加深对祖国语言文字的理解与热爱,培养运用祖国语言文字的能力;同时,发展思辨能力,提升思维品质。"这些表述既涉及写作作为语文课程内容本身的目标和价值,也涉及写作作为学习工具、交际工具、思维训练

---

① 王宁,巢宗祺.普通高中语文课程标准(2017 年版)解读[M].北京:高等教育出版社,2018:79.

及思想价值教育的目标和功能。……课标在语言表达与交流方面的要求是"能凭借语感和对语言运用规律的把握，根据具体的语言情境和不同对象，运用口语和书面语文明得体地进行表达与交流"。这可以看作语言表达的总纲领。①

再看第二位名家对基于学习任务群的写作新特点的微观解读，认为这种写作是在真实情境中自主而整合地进行的："学生在特定情境中主动积极地学习，阅读与鉴赏、表达与交流、梳理与探究有机结合，思维与情感深度参与，效果自然不同。"并以"文学阅读与写作"学习任务群为例，进一步解释说，如需要培养做读书笔记的好习惯，"可选用杂感、随笔、评论、研究论文等方式，写出自己的阅读感受和见解，与他人分享，积累、丰富、提升文学鉴赏经验"。②

应该说，由于课程标准没有将写作导学的基本目标剥离出来，给一线教师的理解与践行带来了空前的难度与挑战，上述名家的解读对一线教师来说无疑是指明了理解与践行的方向；然而，这些解读一般是侧重于宏观的、学理上的诠释，如何将其理念进一步落实到课堂教学中，尚需从微观的、实践的角度再做进一步的解读。

我们认为，对高中语文新课标中写作导学的目标的解读，应该吸纳当下最新的研究成果，并结合实践需要做出多维度、多层次、立体化的细致分类与重新定位，力争达到让一线教师"一看就懂，拿来就用"的最接地气的效果，具体的细化内容尚需做艰辛漫长的探索研究与反复有效的实践检验，我们现在只能提一个值得期待的大概方向：

显性的写作导学目标：

（1）从写作导学的内容看：能够写课程标准规定的常见的规范的真实文体。

（2）从写作导学的类型看：能够熟练掌握学习性写作、文学创意写作、批判性写作、实用写作、新媒体写作、研究性写作、学术性写作等类型，进而掌握这些大类的写作范式。

隐性的写作导学目标：

（1）从写作导学的结果看：在具备必备的写作知识、技能与相关策略等前提

① 荣维东. 重建写作课程的概念、类型与内容体系：基于《普通高中语文课程标准（2017年版）》写作内容的解读［J］. 语文教学通讯,2019(6):4 - 5.
② 陆志平. 语文学习任务群的特点［J］. 语文学习,2018(3):8.

下,具备新课标规定的常见文体所需要的写作关键能力与必备良好品格。

（2）从写作导学的属性看：以科学写作的良好习惯做保障（如重视积累素材、拟写提纲、追求支架写作、认真书写、二度修改等）；具有跨学科、多模态、跨媒介写作等显著特色；定稿的文章具备真情境、真任务、真读者、真主体等真实写作的基本特质。

二、我国基础写作教育的基本目标难见成效的根本原因①

近百年来，我国的中小学写作课基本上都围绕着"记叙文""议论文"和"说明文"这虚拟的"三大文体"来教学，结果是教学质量每况愈下，写作教学越来越偏离科学的轨道，当今不少学校与班级像样的写作课名存实亡。原因何在？客观地说，课标研制、教材编写、高考命题和教师教学等每个环节都有一定的责任，但是追根求源，最主要的原因恐怕还是教学大纲或课程标准没有制定科学合理的"课程内容"。

为了把讨论引向深入，这里有必要先探讨一下"课程内容"的基本内涵。王荣生先生是这样界定的：

"语文课程内容"是语文课程具体形态层面的概念，它主要面对"教什么"的问题——为了有效地达成语文课程标准所设定的语文素养目标，语文课程研制者建议"一般应该教什么"。语文课程内容，从大的方面看，主要包括两点：一是构成人文素养确切所指的文学文化经典作品（定篇）及其对它们的阐释，二是包括事实、概念、原理、技能、策略、态度在内的语文知识。②

至于写作"课程内容"，课程专家认为，一般应包括以下三个方面，一是构成人文素养、符合学生认知特点并可供学生模仿的作品；二是包括事实、概念、原理、技能、策略、态度等方面的写作知识；三是具有课程意义的写作实践活动。③当然，最核心的自然是第二个方面。

然而，遗憾的是，这样具体完整的"课程内容"在2003年4月出版的《普通高中语文课程标准（实验）》中很难找到。该课标在第二部分"课程目标"中对

① 王尔楷.也论高中写作"课程内容"阙如之问题[J].语文教学通讯,2014(12):20－23.

② 王荣生.新课标与"语文教学内容"[M].南宁:广西教育出版社,2004:20.

③ 倪文锦.关于写作教学有效性的思考[J].课程·教材·教法,2009(3):24－26.

写作教学做了如下规定：

（1）学会多角度地观察生活，丰富生活经历和情感体验，对自然、社会和人生有自己的感受和思考。

（2）能考虑不同的目的要求，以负责的态度陈述自己的看法，表达真情实感，培育科学理性精神。

（3）书面表达要观点明确，内容充实，感情真实健康；思路清晰连贯，能围绕中心选取材料，合理安排结构。在表达实践中发展形象思维和逻辑思维，发展创造性思维。

（4）力求有个性、有创意的表达，根据个人特长和兴趣自主写作。在生活和学习中多方面地积累素材，多想多写，做到有感而发。

（5）进一步提高记叙、说明、描写、议论、抒情等基本表达能力，并努力学习运用多种表达方式。能调动自己的语言积累，推敲、锤炼语言，表达力求准确、鲜明、生动。

（6）能独立修改自己的文章，结合所学语文知识，多写多改，养成切磋交流的习惯。乐于相互展示和评价写作成果。45 分钟能写 600 字左右的文章。课外练笔不少于 2 万字。

（7）增强人际交往能力，在口语交际中树立自信，尊重他人，说话文明，仪态大方，善于倾听，敏捷应对。

（8）注意口语的特点，能根据不同的交际场合和交际目的，恰当地进行表达。借助语调和语气、表情和手势，增强口语交际的效果。

（9）学会演讲，做到观点鲜明，材料充分、生动，有说服力和感染力，力求有个性和风度。在讨论或辩论中积极主动地发言，恰当地应对和辩驳。朗诵文学作品，能准确把握作品内容，传达作品的思想内涵和感情倾向，具有一定的感染力。

在第三部分"实施建议"中对写作教学提出了这样的建议：

写作是运用语言文字进行书面表达和交流的重要方式，是认识世界、认识自我、进行创造性表述的过程。写作教学应着重培养学生的观察能力、想象能力和表达能力，重视发展学生的思维能力，发展创造性思维。鼓励学生自由地表达、有个性地表达、有创意地表达，尽可能减少对写作的束缚，为学生提供广阔的写作空间。

在写作教学中，教师应鼓励学生积极参与生活，体验人生，关注社会热点,激发写作欲望。引导学生表达真情实感,不说假话、空话、套话,避免为文造情。指导学生根据写作需要搜集素材,可以采用走访、考察、座谈、问卷等方式进行社会调查,通过图书、报刊、文件、网络、音像等途径获得有用信息。应鼓励学生将自己或同学的文章加以整理,按照要求进行加工,汇编成册,回顾和交流学习成果。还可采用现代信息技术演示自己的文稿,学习用计算机进行文稿编辑、版面设计,用电子邮件进行交流。

应该承认,2003 年的课程标准较以前的教学大纲有不少新的突破[1],在作文教学理念上也有突破[2]。但是经过近几年的实践检验,我们不得不指出,这个课标还不成熟。就写作教学而言,暴露出的问题还是不少,择要概述如下:

(1)上述写作教学目标制定的指导思想比较陈旧,基本上是建立在以感性体验为特征的认识论基础上的。"语文新课程改革学科专业机构及学科专家的缺位"(马正平语)导致制定的目标似乎只有行为目标,只有写作技能,内容空乏,大而化之。

(2)从写作知识看,"阅读与鉴赏"部分的文本分类与"选修课程"的文体分类不一致:前者将文本分为"论述类、实用类、文学类"等类别,后者则将文体分为诗歌、散文、小说、戏剧、新闻、传记等,给指导教学带来了困难。没有明确提出很有价值的写作学方面的概念术语,也没有明确提出高中三年应该学习哪些文体。只是过分强调了"体验"的作用,没有彻底消除多年来高中写作一直围绕"记叙文""议论文""说明文"这些虚拟文体教学的暗示,使写作教学远离真实的常见文体。

写作教学的重点自然是文体写作。经过比较就会发现,就文体写作教学的类别与数量而言,我国与发达国家相比差距较大。

请看英国《英格兰和威尔士地区国家英语教学大纲修正案》"第三、四阶段学习大纲"中规定的文体:

    提供机会指导学生针对特别读者群、广泛未知的读者群自己进行写作训练。鼓励学生:进行有美学意义和富有想象力的写作;进行说明性、解释性、辩证性、叙述性、报告性、描述性、劝说性和释义性的写作来传达思想;通过评述、分析、假设、回顾和概括的写作方式开发思维;学生的写

---

① 温泽远.解读课程标准:访巢宗祺、顾振彪、郑桂华[J].语文学习,2002(1):4.
② 韩向东.作文教学理念的五大突破:新课标的解读[J].语文建设,2003(1):12-14.

作范围应该广泛,如便条、日记、私人信件、正式信函、时间顺序性写作、报告、小册子、评述、散文、广告、报刊文章、传记、自传、诗歌、故事、剧本、电影剧本。[①]

(3)写作技能看上去似乎较周全,但是有不少与义务教育课标(实验稿)的规定相似,没有兼顾多种真实文体写作的需要,而且也没有设计训练的梯度或等级。至于写作策略,仅仅能在"实施建议"里找到几条,数量过少,作用不大。

我们也不妨横向比较一下发达国家制定的课程标准是如何规定写作技能的。请看美国《马萨诸塞州的英语语言艺术课程标准和学习技能标准》规定的写作技能:

> 作文连贯,中心思想明确,细节充分,段落发展合理,能够评价用于寻找和组织写作思路的策略;
>
> 使用有效的修辞策略,表现在完成表达性、劝说性、信息性或文学性写作任务时对语篇要素(目的、说话人、听众、形式)的理解;
>
> 通过检查写作目的、文章读者和体裁等问题,修改作文用词、句型以及意义的微妙差别;
>
> 运用标准英语的所有知识修改作文(运用句子结构、语法、标点符号、大小写、拼写等标准英语规则的知识修改作文语言);
>
> 用提问、笔记、摘要和提纲等方法融合各学科内容的学习;
>
> 提出开放式问题,研究感兴趣的话题,设计和完成研究,并从研究问题的合理性、资料、研究方法和资料记录等方面评价研究论文的质量;
>
> 确定和使用自己的标准评价学业,在运用这些标准前解释它们重要的原因。[②]

不难发现,美国课标中的写作技能基本都是写作时经常用到的,而且表述清楚,要求适当,有内在的逻辑性和操作性,比较实用。

当然,我国中小学写作教学的模式、方法或路径等方面也存在不少问题。这将在第三节中详细讨论。

总之,我国基础写作教育的基本目标难见成效的根本原因有二:"一是课堂

---

① 柳士镇,洪宗礼.中外母语课程标准译编[M].南京:江苏教育出版社,2000:241.

② 洪宗礼,柳士镇,倪文锦.母语教材研究[M].南京:江苏教育出版社,2007:122-124.

上我们教的东西不一定科学有效";"二是我们当下的教学模式是有问题的,正如王荣生先生所说:'中小学语文课几乎没有写作教学','以往的写作教学基本上没有用……学生在长期的实践中感觉到学写作或不学写作差不多'"。[①]

三、高中新课标写作导学目标与"学习任务群"之关系的解读

正如上文所述,高中阶段包括写作导学目标与内容在内的高中课程都是以"学习任务群"的学习新方式呈现的。那么,这18个学习任务群又是怎样做出细致规定的,在参考荣维东等专家研究成果的基础上,我们对这些学习任务群所包含的写作真实文体及其写作类型做一个简单的梳理(表9-1)。

表9-1 2017年版高中语文课标各学习任务群对写作真实文体及其类型的规定

课程类型	学习任务群名称	规定或涉及的主要真实文体	相关写作类型
必修	整本书阅读与研讨	全书梗概或提要、读书笔记与作品评介	学习性写作、塑造性写作
	当代文化参与	调查报告、人物访谈、事件通讯、专题研究小论文等	学习性写作、研究性写作
	跨媒介阅读与交流	新闻评论、新闻特写、研究报告等	新媒体写作、跨媒体写作
	语言积累、梳理与探究	科学小品文、文艺小评论等	学习性写作
	文学阅读与写作	诗歌、散文、小说、小剧本、杂感、随笔、评论、研究论文等	学习性写作、文学创意写作
	思辨性阅读与表达	时事评论(新闻评论)、反驳	批判性写作或基于证据的写作
	实用性阅读与交流	会谈、谈判、讨论及其纪要,活动策划书、演讲、致辞,新闻、通讯、调查、访谈、述评,网络新文体等	实用类写作、新媒体写作

---

① 王尔楷.三维背景下高中真实写作内容与模式的初步构建[J].语文教学通讯,2019(1):53.

续表

课程类型	学习任务群名称	规定或涉及的主要真实文体	相关写作类型
选择性必修	中华传统文化经典研习	内容提要、文艺评论	研究性写作学习性写作应用类写作学术性写作
	中国革命传统作品研习	新闻、通讯、报告、演讲、访谈、述评等	
	中国现当代作家作品研习	读书笔记、作品评论	
	外国作家作品研习	读书笔记、作品评论	
	科学与文化论著研习	内容提要、读书笔记	
选修	汉字汉语专题研讨	读书笔记、调查报告、小论文等	
	中华传统文化专题研讨	研究小论文	
	中国革命传统作品专题研讨	专题研究报告、文学评论、读书笔记等	
	中国现当代作家作品专题研讨	文学评论、读书笔记等	
	跨文化专题研讨	专题研究报告	
	学术论著专题研讨	学术小论文	

　　这里简单罗列的只是每一个学习任务群"规定或涉及的主要真实文体",不可能穷尽。应该说,一个母语课标在写作部分强调学习的全部是真实文体,而且列举(或涉及)得如此详尽,在百年来的课标中是十分罕见的。这是对写作教学本来面目的一个极有力度的恢复,是返璞归真的一个伟大举措。然而,这是

一项规模浩大、任务繁重的系统工程,以后怎样逐步完善和有效落实,尚有大量的工作要做,有一个痛苦漫长的探索适应过程。我们要记住王宁教授的提醒:"我们的确应该明确一个基本标准,也就是首先要看是不是做对了,然后再慢慢做到优质和精彩。"①

那么,怎样正确认识"学习任务群"与"写作导学目标"之间的辩证关系?在"学习任务群"的背景下又如何改革写作教学呢? 这里,结合有关名家的解读谈几点管见:

1.“学习任务群”整合了“写作导学目标”

这主要体现在与之匹配的统编版高中语文新教材编写的特点上:以人文主题和学习任务群双线组织单元;重视课程目标、学科素养、课程资源、课程实践的“整合”;以任务为核心,突出真实情境下的语文自主实践活动;重视写作教学的相对独立性等。长期以来,我们对所有文体与单项写作一般都采用“碎片化”“单一化”的教学形式。实践证明,这样做既违背了当今写作教学求实用、重整合的基本趋向,也不完全符合真实环境下言语习得的客观规律,从而导致写作教学走向低效。当然,新课标并没有完全否定传统的单项写作训练模式,其倡导整合教学,意在强调写作的真实状态与原有样式,进而突出写作的综合效应与整体功能。②

2.“学习任务群”衍生了“写作导学目标”

一直以来,我们的写作教学往往只有单一目标,即为了教学某种文体。新课标要求以“大单元”为教学单位,将写作糅合在其他的教学内容与活动中,这样的写作也就衍生出附带的功能,如促进阅读、检测反馈、巩固理解等。当然,新课标并不要求取消传统的专项写作课。对于学术性写作、研究性写作这些要求高、仿写难的写作类型来说,还是进行单独教学更为适宜。因此,为了防止将写作演变成阅读的附庸,2019 年出版的统编版《普通高中教科书教师教学用书·语文》必修上册在“编写说明”里特别提醒:“重视写作教学的相对独立性……教材虽然将写作任务融入‘单元学习任务’中,但仍有一个相对独立的写作序列。”

---

① 王宁.语文学习任务群的“是”与“非”[J].语文建设,2019(1):6.

② 吕洋,王尔楷.高中写作导学路径探究:以人教版现代咏物诗教学为例[J].中学语文教学参考,2019(12):56 – 57.

3."学习任务群"强化了"写作导学目标"

"整合"是学习任务群的基本特征,涉及课程内容、课程设计、教学评价等方面。这里重点谈"课程设计",因为它与一线教师关系最密切。"学习任务群"强调的整合设计,"整合首先是学习情境上的","其次是学习内容的整合","再次是学习方式方法的整合","最后是学习资源的整合"。① 整合教学具有明显的优势:有具体的真实情境与任务做驱动,有利于激发学生的写作热情;丰富的内容、恰当的方法,是学生写作的兴奋剂与催化剂;充足的学习资源,又是写作灵感必不可少的源头活水。因此,有效的整合是能够强化导学目标的。

参与由王宁、巢宗祺主编的《普通高中语文课程标准(2017年版)解读》一书编写工作的陆志平先生,给我们提供了如何整合写作教学的指导意见:

> 比如"文学阅读与写作"任务群按照这样的思路设计:(1)精读古今中外优秀的文学作品,感受作品中的艺术形象,理解欣赏作品的语言表达,把握作品的内涵,理解作者的创作意图。结合自己的生活经验和阅读写作经历,发挥想象,加深对作品的理解,力求有自己的发现。(2)根据诗歌、散文、小说、剧本不同的艺术表现方式,从语言、构思、形象、意蕴、情感等多个角度欣赏作品,获得审美体验,认识作品的美学价值,发现作者独特的艺术创造。(3)结合所阅读的作品,了解诗歌、散文、小说、剧本写作的一般规律。捕捉创作灵感,用自己喜欢的文体样式和表达方式写作,与同学交流写作体会。尝试续写或改写文学作品。(4)养成写读书提要和笔记的习惯。根据需要,可选用杂感、随笔、评论、研究论文等方式,写出自己的阅读感受和见解,与他人分享,积累、丰富、提升文学鉴赏经验。②

2019年6月,江苏凤凰文艺出版社出版了根据2017版新课标编写的《新课标整本书思辨读写任务设计(高中卷)》,为一线教师提供了读写整合的宏观示范,有一定的参考价值。

---

① 王宁,巢宗祺.普通高中语文课程标准(2017年版)解读[M].北京:高等教育出版社,2018:191-193.

② 陆志平.语文学习任务群的特点[J].语文学习,2018(3):8.

第二节　基于学习任务群的高中真实文体写作"教什么"

一、内容起始点：中小学写作教学的传统内容

这一节将讨论基于学习任务群的高中真实文体(形态)写作"教什么"这一话题。为了保证讨论的质量，首先我们需要明确：当下我国基础教育的写作课一直在教什么？有何后果？等等。

我们知道，"教什么"的问题说得专业一点就是"教学内容"。这是一个比较复杂的概念，课程专家根据其不同的表现形态与功能将之分为"课程内容""教材内容"和"教学内容"三个类型。根据王荣生教授的研究，它们是有本质区别的①：

"语文课程内容"是语文课程具体形态层面的概念，它主要面对"教什么"的问题——为了有效地达成语文课程标准所设定的语文素养目标，语文课程研制者建议"一般应该教什么"。语文课程内容从大的方面看，主要包括两点：一是构成人文素养确切所指的文学文化经典作品(定篇)及其对它们的阐释，二是包括事实、概念、原理、技能、策略、态度在内的语文知识。

"语文教材内容"是语文教材具体形态层面的概念，它主要面对"用什么去教"的问题——为了使广大的学生较好地掌握既定的课程内容，语文教材编制者提供"通常可以用什么去教"的建议。理想的情况是，语文教材内容应该做到"课程内容教材化""教材内容教学化"：一方面，课程内容要通过种种资源的运用使之具体地显现；另一方面，教材要形成可操作的教学设计，使学生在师生、生生的互动中走进经典的世界，从而建构语文能力。

"语文教学内容"是语文教学层面的概念，它同时面对两个问题：第一，针对具体情境中的这一班学生乃至一组、一个学生，为使学生更有效地达成既定的课程目标，"实际上需要教什么"。第二，为使具体情境中的这一班学生乃至一组、一个学生能更好地掌握既定的课程内容，"实际上最好用什么去教"。语文教学内容既包括教师在教学中对现成教材内容的沿用，也包括教师对教材内容的"重构"——处理、加工、改编乃至增删、更换；既包括对课程内容的执行，也包

---

① 王荣生.新课标与"语文教学内容"[M].南宁：广西教育出版社,2004:20-21.

括在课程实施中教师对课程内容的创生。"教学内容是在教学过程中创造的"，它逻辑地蕴含着教师参与课程研制、用教材教和教学为学生服务等理念。

王荣生认为，上述三个概念与"课程目标"之间的关系，可用图9-1表示：

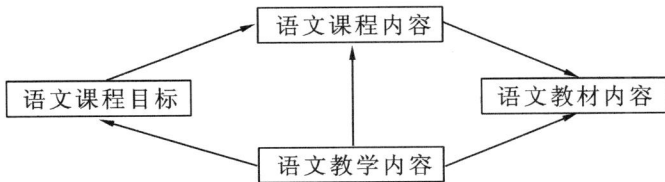

图9-1 三层次"教学内容"与课程目标之间的关系

由上图可知，"课程目标"是教学设计的核心依据，它决定了"课程内容"的设定，"课程内容"对"教材内容"又起到约束与规定的作用；而"教学内容"的确定依据有三，由主到次依次是"课程目标""课程内容"和"教材内容"。

"教学内容"既然包括"应该教什么""用什么来教"和"实际上教了什么"三个层面的内容，那么讨论"教学内容"就应该从"课程层面""教材层面"和"教学层面"三个维度入手。然而，我国2017年前中小学阶段的语文课标或大纲基本上没有规定"课程层面"的写作内容，而近10年的语文教材一般只是规定写作题目与要求，也基本上缺乏"教材层面"的写作内容，因此，前两个维度没有讨论的必要，这样"教学内容"就仅指"教学层面"的写作内容了。

经过多年观察和调查发现，目前大多数一线高中教师在课堂教学层面实际教的主要有四类东西：①高考应试技巧，这是绝大部分内容；②教材规定的记叙文、议论文两类"教学文体"的写作知识与技巧（说明文因不常考早被打入"冷宫"）；③满分作文、竞赛获奖作文、杂志上的美文等"范文"的鉴赏与模仿技巧；④修改或升格文章的知识与技巧。

二、内容落脚点：基于写作核心素养的课堂"教学内容"之初步重构

在本节第一部分，我们讨论了中小学写作教学的传统内容。那么，我们需要进一步讨论：基于学习任务群的高中真实文体（形态）写作导学在课堂教学层面应该教什么？其确定的依据主要是什么？

从前面的讨论我们知道，确定"教学内容"应该从"课程层面""教材层面"和"教学层面"三个维度入手。

最新课标规定了教学的真实文体,规定了教学目标,这是一个了不起的进步。但是,严格意义上的"课程内容"还是缺乏的,因为写作"课程内容"一般应包括以下三个方面:一是培养人文素养、符合学生认知特点并可供学生模仿的作品,二是包括事实、概念、原理、技能、策略、态度等方面的写作知识,三是具有课程意义的写作实践活动。① 关于写作设计,新课标一般只是笼统提出要求写作什么,偶尔也提一点活动建议,至于每一个年级具体的目标要求是什么,需要哪些必备的写作知识和可供学生模仿的作品,似乎语焉不详。

我们再看已经在全国 6 省市试行的统编版高中语文新教材。在参考统编版《普通高中教科书教师教学用书·语文》"编写说明"的基础上,对必修教材上下册的编排情况做一个简单扫描(表 9 - 2、表 9 - 3)。

表 9 - 2 2019 年版统编高中语文必修教材上册整体框架设计

单元	学习任务群	人文主题	语文素养	课文(或学习活动)	写作	教材资源
第一单元	文学阅读与写作	青春激扬……	1. 理解诗词运用意象抒发思想感情的手法…… 3. 尝试诗歌写作,增强语言表现力	1 沁园春·长沙……	学写诗歌	后附知识短文《学写诗歌》
第二单元	实用性阅读与交流	劳动光荣……	1. 学会阅读通讯、新闻评论…… 4. 写人时关注典型事例和细节,写出人物的精神	4 喜看稻菽千重浪……	写人要关注事例和细节	后附知识短文《写人要关注事例和细节》
第三单元	文学阅读与写作	生命的诗意……	1. 在反复诵读和想象中感受、欣赏古代诗歌独特的艺术魅力…… 4. 尝试写文学短评	7 短歌行……	学写文学短评	后附知识短文《学写文学短评》

① 倪文锦.关于写作教学有效性的思考[J].课程·教材·教法,2009(3):24 - 26.

续表

单元	学习任务群	人文主题	语文素养	课文（或学习活动）	写作	教材资源
第四单元	当代文化参与	我们的家园……	学习调查、访谈和实地考察……	家乡文化生活……	访谈、调查报告	后附毛泽东《调查的技术》等短文
第五单元	整本书阅读与研讨	乡土中国……	1.探索社科类整本书的阅读门径……	《乡土中国》		
第六单元	思辨性阅读与表达	学习之道……	1.借助注释和工具书，读懂古代思辨性作品…… 3.学会发现问题，从合适的角度以恰当的方式阐述自己的看法，论述合理，语言准确，以理服人	10 劝学……	议论要有针对性	后附知识短文《议论要有针对性》
第七单元	文学阅读与写作	自然情怀……	1.整体感知文学作品，涵泳品味…… 3.捕捉创作灵感，运用一定的艺术手法，用自己喜欢的文体样式写作	14 故都的秋……	如何做到情景交融	后附知识短文《如何做到情景交融》
第八单元	语言积累、梳理与探究	语言家园……	1.了解汉语词汇的构成和词语的特点……	词语积累与词语解释……		后附吕叔湘《语言的演变》等短文

表 9 - 3　2019 年版统编高中语文必修教材下册整体框架设计

单元	学习任务群	人文主题	语文素养	课文（或学习活动）	写作	教材资源
第一单元	思辨性阅读与表达	中华文明之光……	1. 整体把握经典选篇的思想内涵…… 4. 写议论性文章，学会阐述自己的观点	1 子路、曾皙、冉有、公西华侍坐……	如何阐述自己的观点	后附知识短文《如何阐述自己的观点》
第二单元	文学阅读与写作	良知与悲悯……	1. 通过阅读鉴赏、编排演出等活动深入理解戏剧作品……	4 窦娥冤（节选）……		
第三单元	实用性阅读与交流	探索与创新……	1. 学习知识性读物的阅读方法…… 4. 运用所学知识，探究实际问题，形成自己的见解，进一步学习解说事理	7 青蒿素：人类征服疾病的一小步……	如何清晰地说明事理	后附知识短文《如何清晰地说明事理》
第四单元	跨媒介阅读与交流	媒介素养……	1. 了解不同媒介的特点，学习综合运用多种媒介获取信息、表达交流……	信息时代的语文生活……		
第五单元	实用性阅读与交流	使命与抱负……	1. 通过文本细读、专题研讨等方式梳理文章内容和结构，把握其主旨…… 3. 进一步学习演讲稿的写作，阐发主张，表达立场，抒发感情	10 在《人民报》创刊纪念会上的演说……	写演讲稿	后附知识短文《写演讲稿》

续表

单元	学习任务群	人文主题	语文素养	课文（或学习活动）	写作	教材资源
第六单元	文学阅读与写作	观察与批判……	1. 了解欣赏小说的基本方法…… 3. 尝试写作小小说	12 祝福……	叙事要引人入胜	后附知识短文《叙事要引人入胜》
第七单元	整本书阅读与研讨	不朽的红楼……	1. 坚持读完一部长篇小说…… 4. 撰写故事梗概或作品提要、读书笔记，学写综述	《红楼梦》	学写综述	后附知识短文《学写综述》
第八单元	思辨性阅读与表达	责任与担当……	1. 倾听理性的声音，知人论世…… 3. 写作议论性文章，学会论证自己的观点	15 谏太宗十思疏……	如何论证	后附知识短文《如何论证》

　　根据最新课标的设计理念，该教材在写作教学的编排上做到了与语文其他内容与活动的有机整合，而且注重真实情境的设计，倡导学生自主学习，因此已经达到了基于"学习任务群"写作的基本要求。

　　同时，我们也要看到，由于多种原因，新教材对写作导学的设计还不能做到十分精细，并非"拿来即可用"。暂且不说一些名称术语没有与新课标"无缝对接"（如表9－3第三单元、第六单元的"语文素养"部分分别提到"事理说明文""复杂的记叙文"等过时的说法，我们做了适当的改动），也不说这两种写作导学设计中课标必修部分规定的有些文体的训练貌似空缺（如研究性写作、新媒体写作、批判性写作等似乎没有突出），仅看单元后提供的知识短文就感到比较遗憾了——知识短文中并没有提供足够的必备写作知识、技能与策略，而只是一些静态的概念与要求。究其原因，编者大概是从传统的语言学、文章学等角度出发的，突出了"积句成篇""直接谋篇"这些静态训练，而忽视了写作过程的指导与写作功能的不同，因此我们需要从语用学、功能文体学等新的角度去发现或开发动态的指向写作功能的写作新知识与新策略。① 这里,我们不妨研读一下附在统编版教材必修上册第一单元后的知识短文《学写诗歌》:

诗歌是情感的艺术。激发诗情和灵感,需要生活的体验和积累,需要把握时代的脉搏。毛泽东的《沁园春·长沙》作于反帝反封建斗争风起云涌、工农运动蓬勃发展的时代,至今都能让人感受到诗人炽热的情感、豪迈的气概。如果我们平时多关注现实,注重对生活的观察和领悟,诗情就会不期而至,也就能从中提炼出抒情的主题。

诗歌需要形象。思想感情与具体形象相结合,就形成意象。通过意象抒发自己的诗情和意趣,诗歌就会产生特有的艺术感染力。在闻一多的《红烛》中,诗人通过对红烛这一核心意象的层层渲染和开掘,赋予它丰富的内涵和情感。昌耀的《峨日朵雪峰之侧》一诗中,诗人情感的变化和对人生的思考是通过几个意象的组合实现的。雪莱的《致云雀》以云雀为中心组成密集的意象群,表达诗人奔放的激情和坚定的理想。写作诗歌时,最好不要直接说出你想表达的思想感情,而要通过具体的形象,运用比喻、象征等方式来暗示。总之,要婉转曲折地表达才能耐咀嚼,有诗味。

诗歌富于音乐性。这种音乐性来自诗歌的韵律和节奏。诗歌写作要安排好韵律和节奏,以适合所要表达的情感意蕴,否则作品就会缺少韵味。郭沫若《立在地球边上放号》的雄奇奔放、雪莱《致云雀》的浪漫激情,与作品的韵律节奏是协调一致的。在写作时,韵律和节奏的安排要与情感的表达相统一。写好后还要反复朗读,边读边改,以期取得理想的表达效果。

情感、意象、韵律等都要落实到语言上。诗歌的语言必须凝练、含蓄,给人以联想和想象的空间,达到言有尽而意无穷的效果。一首诗中,如果有一些词句能让人眼前一亮,自然能给人留下深刻印象。

这篇短文对于指导诗歌写作来说,必备的写作知识是缺乏的:没有从功用的角度给诗歌分类,没有提供动态的必备知识,举例一般都是"定篇"②,作为示范之用不甚恰当③。例如王尔楷老师指导学生学写现代咏物诗时,带领学生开

---

① 魏小娜.真实写作教学研究[M].北京:人民出版社,2017:152-237.
② 王荣生.语文科课程论基础[M].2版.上海:上海教育出版社,2005:261-311.
③ 王尔楷.学生真正需要什么样的"范文"[J].语文教学通讯,2011(1):37-38.

发以下教学资源(表9-4)①:

表9-4　咏物诗写作导学需要开发的教学资源

资源类型	资源内容
写作知识	咏物诗 现代诗 意象 意境 情景交融
写作技巧	观察景物的技巧
	构思景物的技巧
写作策略	表达策略:个性化 本质化 飞跃化

需要强调的是,对于某种文体或某项写作技巧的教学,教师要尝试开发相关的写作关键能力。王老师还参照北京师范大学近年的研究成果,尝试开发出咏物诗写作的"关键能力"指标框架(表9-5)(我们认为,这种能力至少要开发到二级水平才有一定的实用价值):

表9-5　咏物诗写作关键能力及其构成要素及内容

能力层级	构成要素及内容
一级能力	观察→构思→表达
二级能力	观察技巧:一般属性 本质属性 社会属性
	立意技巧:由点到面 由表及里 由此及彼
	表达策略:纪实象征 情景交融 由物及人

因此,我们得出的结论是:最新的高中语文新课标、新教材,对于课程层面和教材层面的"教学内容"还是阙如的,课堂层面的"教学内容"主要是依靠一线教师自己去开发设计。

那么,开发"教学内容"的主要目标或抓手是什么?当然首要的是写作核心素养。根据荣维东教授最新的研究成果,写作核心素养可能是由"任务情境+过程能力+语篇结果"三个维度构成的(图9-2)。

---

① 吕洋,王尔楷.高中写作导学路径探究:以人教版现代咏物诗教学为例[J].中学语文教学参考,2019(12):54-57.

图 9-2 写作核心素养指标框架立体示意图

他解释说："这三个维度中，'任务情境'维度需要清楚界定'为谁写、为什么目的写、以什么角色写、在什么情形或条件下写'等各种写作任务类型；'过程能力'维度回答完成上述写作任务'所需要的必备知识和技能、态度、策略'等，主要解决'怎么写'的问题；'语篇结果'维度主要回答'写成什么样的文章'的问题。这样一种框架，全面回答了写作课程所面临的核心问题，就有可能是一个科学合理的写作核心素养框架。"①

其实，关于课堂层面写作导学课"应该教什么"，我们 10 年前就开始探索研究。由于 2019 年版统编新教材才试教了一轮，因此这里暂且呈现我们阶段性的研究成果。

我们规划的高中阶段重点教学的文体(主要按用途分类)有：

描述(含虚构与抒情)类：通讯、回忆录、游记、新闻特写、报告文学、小小说、科幻故事、戏剧剧本、童话、寓言、诗歌、散文、随笔等。

阐释类：解说词、科学小品文等。

论辩类：科学小论文、时事评论、文艺评论、杂文等。

交际(含劝说)类：演讲稿、建议书、倡议书、信函、电子写作(微博跟帖)等。

报告类：实验报告、调查报告、考察报告、游学报告等。

试验几年后，我们确定了高中三年重点教学的 10 多种真实文体，按照由易到难的顺序编排，把重要文体的教学安排两次或三次，以实现学生写作核心素养的螺旋式上升。我们的安排如下②：

高一年级：回忆录、游学报告、新闻特写、诗歌、读后感、新闻访谈、科学小论

① 荣维东.写作核心素养范式发展与框架构建[J].语文建设,2020(5):7.
② 王尔楷.三维背景下高中真实写作内容与模式的初步构建[J].语文教学通讯,2019(1):53-55.

文、人物小传。

高二年级:小小说、杂文、调查报告(实验报告)、科学小论文、读后感、时事评论、文学评论、诗歌。

高三年级:新闻特写、小小说、调查报告(实验报告)、时事评论、杂文、文学评论、微写作(含新媒体写作)、读后感。

当然,三年中不仅仅教学上述真实文体,还要带领学生学习必要的写作单项能力、写作技能、写作策略、文体知识等。①

三、内容取舍点:课堂层面"教学内容"确定的主要依据

在本节前两部分我们分别讨论了写作导学课堂层面不应该教什么和应该教什么的问题,第三部分我们将进一步讨论确定教与不教的依据是什么。

由于写作导学在课程层面、教材层面和课堂层面都面临着"没的教"的困惑,所以"找米下锅"是当务之急。根据王荣生的观点,课堂层面的"教学内容"取决于"课程目标""课程内容"和"教材内容"。现在,"课程内容"和"教材内容"已经不能依靠,仅有一个"课程目标",岂不是"独木难支"? 因此,一线教师就面临一个巨大的新挑战:到底如何选择写作导学的教学内容? 取舍的依据又是什么?

我们的意见和做法是,首先要保证大的方向不错。这里,可以借用最新关于"语文学科核心素养要素"的研究成果,从中可能受到一些启发。

要界定语文学科核心素养要素,需要明确之所以选择这些要素的学理依据。一般说来,语文学科性质、目标、内容、宗旨等的确定需要考虑三个方面的内容,即社会需要、学生发展、学科知识状况。换句话说,学科核心素养要素要受到上述三个方面的制约(图9-3)。②

其次,我们要提炼出一些有用的教学策略。

"学科核心素养"是一切教学活动的出发点与落脚点,也是确定教学内容最根本的依据与核心,因此其构成要素"社会需要""学生发展"和"学科知识状况"自然也就是确定写作导学课堂层面"教学内容"的主要宏观依据。

---

① 王尔楷.略谈课堂写作"教学内容"的初步构建[J].语文教学通讯,2015(2):28-31.
② 荣维东.语文核心素养构成要素与模型建构初探[J].语文教学通讯,2017(13):8-13.

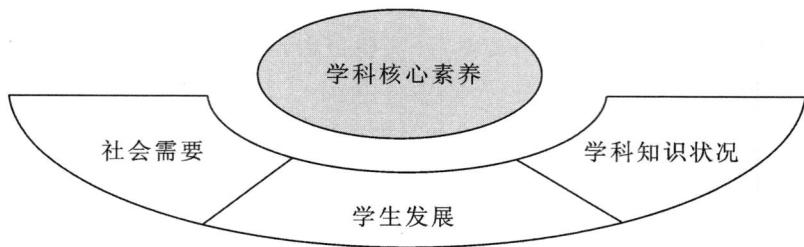

图 9 – 3 学科核心素养要素分析模型

据此,我们总结出一个确定课堂层面"教学内容"的主要策略:根据学理,围绕学科核心素养三要素"社会需要""学生发展"和"学科知识状况"做出取舍。下面我们列举一些参考依据:

第一,有关学科的基本学理。最主要的有认知心理学的知识与学习结果分类理论、传播学中传播效果的构成理论、写作心理学中三维作文心理操作模式、思维加工型作文心理模型理论等,它们都是确立"教学内容"的权威依据。请看最后两种理论(图 9 – 4、图 9 – 5)①:

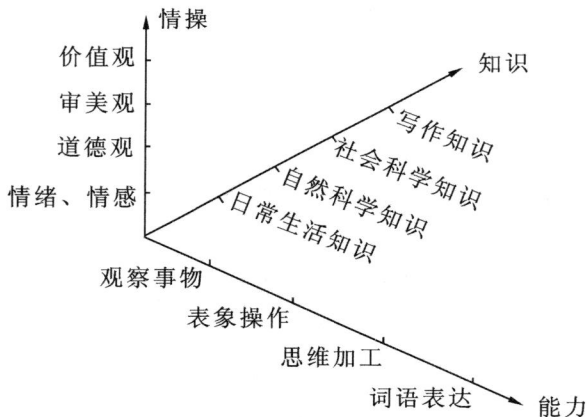

图 9 – 4 作文的三维素质模型

思维加工模型研究的意义在于,为大语文教育观提供了理论依据,为作文教学模式与作文教学评价体系的建立提供了理论依据。

---

① 刘淼.作文心理学[M].北京:高等教育出版社,2001:25.

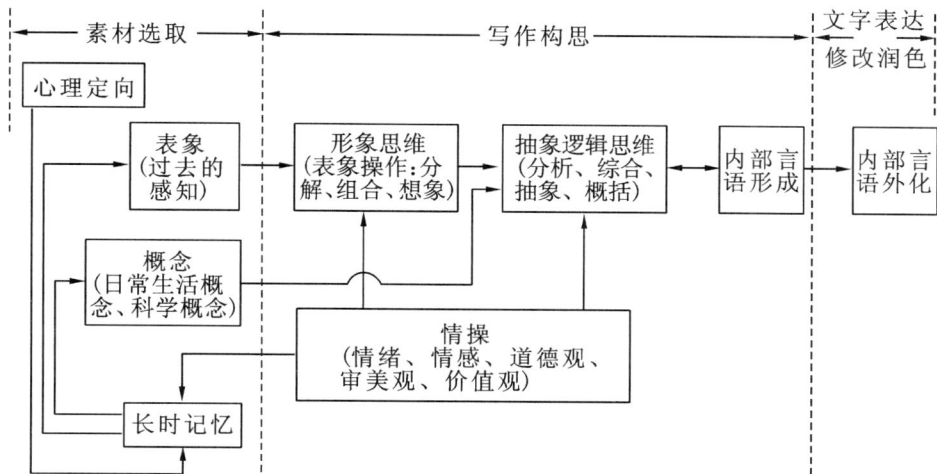

图9-5　思维加工型作文心理模型

学生写作心理过程十分复杂。目前,写作心理学的研究成果已经成功破解了这个神秘的"黑箱"。何克抗等人提出了综合考虑知识、能力与情操等三方面影响因素的命题作文心理过程模型,这是有里程碑意义的研究成果。

第二,基于社会需要的国际流行的写作教学理念与做法。目前国际上高中作文教学流行的新内容主要包括①:

(1)单项能力:①注重引导学生互改互评作文;②合理利用参考资料;③利用跨学科知识写作;④写作具有读者意识、任务意识;⑤想象写作;⑥注重片段性写作(如作品阐释或梗概)。

(2)常见的文体:随笔、新闻、小说、诗歌、戏剧、文学评论、研究小论文、读者来信、专题性报告、人物传记等。

(3)这些教学内容的分类主要有:①按写作功能,分为实用写作和文学写作;②按写作内容的真实性,分为虚构写作和非虚构写作;③按写作的目的,分为自我表达写作和为他人写作;④按写作的训练方式,分为规范性写作、塑造性写作和创造性写作。

当然,随着有关学养的增加与实践经验的积累,一些老教师,尤其是长期从事写作导学研究的老专家,也可以依靠自己的经验"跟着感觉走"。这是我们提

---

① 王尔楷.略谈课堂写作"教学内容"的初步构建[J].语文教学通讯,2015(2):28-31.

炼出的取舍课堂层面"教学内容"的又一个策略。①

例如马正平教授说到的国外关于写作教学方法论改革的发展趋势②,即"三原则趋势",涉及教学内容与方法等,也是决定"教学内容"取舍的参考依据。这些原则是:①"动力学原则",即注重对学生作文心理动力的培养,变"要我写"为"我要写";②"过程化原则",即重视对整个写作过程的全程指导;③"教练化原则",即教师在指导写作时不仅提供"下水文",而且还要给学生讲解写作全过程的经验,演示写作过程。

再如"民族传统",即我国母语写作教育的优良传统也是"教学内容"取舍的一个常用而有效的参考项。研究发现,我国写作教育有关教学内容的传统大致可以分为主流的、官方的传统与支流的、民间的传统两大类。前者在古代以教学应试类文体为主,在现代以教学虚拟文体为主;后者自古迄今则以教学生活实用类文章、心灵需要类作品(即文学作品)为主。③ 因此,可以说我国的民间写作教育自古以来一直就有重视常用真实文体教学的优良传统,到了现代则有朱公振提倡解剖范文脉络、于在春主张全程指导等优良传统。

基于上述的阐述,我们认为新课标、新教材实施以来,关于课堂层面"教学内容"的取舍这一最棘手的"老大难"问题,目前中学语文学术界存在着一些认识和实践上的明显误区,这里仅举两例:

一是写作导学注重与所学其他内容的整合,采用"复合式"写作形式,符合新课标精神;但是,没有兼顾写作教学的相对独立性,缺乏必要的知识、技能与策略的教学或训练,不能保证写作的有效性。有关对策是:留足课时,弥补导学中的不足,追求有机衔接与相对独立的统一。郑桂华教授对此做出婉转的批评:"复合式学习涉及的因素较多,把握学习重点、突出活动主线对学习成效有重要影响。设计时如果抓不住重点,而是在不同活动上平均用力,教学中就会很容易在很多内容上浅尝辄止甚至顾此失彼,这是需要注意的。"

二是机械追求"读写一体",把课文简单当作范文,读什么就写什么,把写作当作阅读的附庸,不但降低了写作教学应有的地位与功用,而且低效无功。应

---

① 王尔楷.三维背景下高中真实写作内容与模式的初步构建[J].语文教学通讯,2019(1):53-55.

② 马正平.中学写作教学新思维[M].北京:人民大学出版社,2003:125.

③ 王尔楷.论母语写作教育传统对探究高中写作四大难题的启示[J].语文教学通讯,2017(6):51-54.

对的策略是:把课文分为定篇、例文、样本和用件四类,根据本单元的教学目标和课文难易度与功用性质,决定写作的形式与内容。

典型课例是《探索发现之光——统编高中语文必修下册第三单元专题学习设计》(《语文教学通讯》2020 年第 4 期)。要求学生在复习课文后,从生物世界、天文地理、节日文化等领域中选材,完成"我的探索与发现"的说明文写作。我们认为,统编版高中语文必修下册第三单元文体不是单一的,有介绍青蒿素、中国建筑特征的科学小品,有介绍科学家教育历程的小传,有介绍古诗中"木叶"的文艺随笔或小论文。这四篇虽属于例文、样本类文章,但篇幅长、难度大,不宜仿写;这样的"说明文写作"在初中很常见,更适合写作专题研究小论文或读书笔记。

第三节　基于学习任务群的高中真实文体写作"怎么教"

一、明确基于学习任务群的高中写作导学的新要求

我们知道,始于 2001 年的第八次"新课程改革",是新中国成立以来规模最大、影响最深的一次课程改革。2010 年以来,本次新课程改革从实验阶段走向了全面深化阶段,其标志性的事件主要有:2014 年,对加强高考内容改革做出顶层设计的《国务院关于深化考试招生制度改革的实施意见》出台;2017 年,《普通高中语文课程标准(2017 年版)》颁发;2019 年,为了全面贯彻上一年全国教育大会精神,教育部明确提出了要立足全面发展的育人目标,构建了包括"核心价值、学科素养、关键能力、必备知识"在内的高考考查内容体系,并淘汰了每年修订一次的《普通高等学校招生全国统一考试大纲的说明》,而代之以同年由教育部考试中心制定出台的、作为高考命题及其评价以及教改依据的又一个纲领性指导文件——《中国高考评价体系》及其辅助文件《中国高考评价体系说明》;2019 年,与最新课标匹配的统编版高中语文新教材正式出版,并在全国 6 个省市率先使用;2020 年,教育部对《普通高中语文课程标准(2017 年版)》进行修订,颁发了《普通高中语文课程标准(2017 年版 2020 年修订)》。

应该强调,在这样的背景下以学习任务群为突出标志的高中新课标、新课程的先后实施,对包括高中写作导学在内的高中语文教学、教研及其检测评价产生了全方位、深层次、长久性的深刻影响,至少应包括以下几方面:①引起写

作教育观念上的根本转变;②引起基础写作教育实践,尤其是高中写作教育实践内容、形式、手段与检测评价等的本质性变革;③给师范院校的学生和一线教师带来空前的巨大挑战;④引起高考、中考写作命题与评价的颠覆性改变;⑤引领中小学语文教育研究的全新变革。

囿于篇幅,这里只谈前两点的变革。首先,讨论最新高中语文课标给写作导学带来的观念上的主要变化:

(1)在语文素养的基础上,"凝练和明确了语文学科的核心素养,主要包括语言建构与运用、思维发展与提升、审美鉴赏与创造、文化传承与理解四个方面",明确了"立德树人总目标"。①

(2)进一步明确语文课程的特质:"语文课程是一门学习祖国语言文字运用的综合性、实践性课程。工具性与人文性的统一,是语文课程的基本特点。"②

(3)"以学生素养发展为指向,重构学科内容标准及其呈现方式,突出了大观念下学科知识技能的结构化和学科实践,确立学科与跨学科整体育人观念。"③

(4)提倡"真实语文生活情境中的深度学习","让学习发生在真实的语文生活之中","突出语言文字运用的创造性学习","思维与情感的深度参与"。④

(5)"基于核心素养的教学,……是强调个体怎样学会学习,在问题解决的过程中,完成知识与技能、过程与方法、情感态度与价值观的整合。"⑤

其次,需要讨论最新高中语文课标给写作导学带来的实践上的新要求:

(1)"以人文主题和学习任务群双线组织单元";重视课程目标、学科素养、课程资源、课程实践的"整合";"以任务为核心,突出真实情境下的语文自主实践活动";"重视写作教学的相对独立性"。⑥

---

① 王宁,巢宗祺.普通高中语文课程标准(2017 年版)解读[M].北京:高等教育出版社,2018:54.

② 中华人民共和国教育部.普通高中语文课程标准(2017 年版2020 年修订)[S].北京:人民教育出版社,2020:1.

③ 王意如,叶丽新,郑桂华,等.普通高中课程标准(2017 年版)教师指导·语文[M].上海:上海教育出版社,2019:12.

④ 陆志平.语文学习任务群的特点[J].语文学习,2018(3):6-7.

⑤ 蔡可.学科核心素养与课堂转型[J].语文学习,2018(3):10.

⑥ 杨九俊,朱于国,韩涵,等.普通高中教科书教师教学用书·语文(必修上册)[M].北京:人民教育出版社,2019:85.

（2）"进一步强调了以学生为主的理念和学生的自主学习活动"，"提出了语文课程的组织方式——学习任务群"。①

（3）如何确定一个学期的大单元？确定大单元至少要考虑以下三个问题：一是研读本学期相关教材的逻辑与内容结构，厘清课程标准的相关要求，分析学生的认知准备与心理准备，利用可得到的课程资源等，按照规定的课时，确定本学期本学科的单元数。二是依据学科核心素养的相关要求，厘清本学期的大单元逻辑以及单元名称，如到底是以大任务或大项目来统率，还是以大观念或大问题来统率？按照一种逻辑还是几种不同的逻辑？三是一个单元至少要对接一个学科核心素养，依据某个核心素养的要求，结合具体的教材，按某种大任务（或观念、项目、问题）的逻辑，将相关知识或内容结构化。②

（4）如何设计一个大单元的学习？按大单元设计的学习方案要把六个问题说清楚：一是单元名称与课时，即为何要花几课时的时间学习此单元；二是单元目标，即此单元要解决什么问题，期望学生学会什么；三是评价任务，即何以知道学生已经学会了；四是学习过程，即要经历怎样的过程才能够学会；五是作业与检测，即学生真的学会了吗；六是学后反思，即通过怎样的反思让学生管理自己的学习。③

（5）"探索指向核心素养的考试命题和评价方式，从内涵上改革高考，破解评价瓶颈。"④

（6）"2017年版课标中传统写作概念和类型已经发生了根本性变化，正由'应试写作'向'学习性写作''认知写作''应用性写作''思辨性写作''学术性写作'转变。"⑤

（7）高中统编版语文教材以项目学习替代原有知识内容学习，目的在于知识学习的实践化，也就是强化陈述性知识向程序性知识与策略性知识的转化，

①　王宁，巢宗祺.普通高中语文课程标准（2017年版）解读[M].北京：高等教育出版社，2018：189-190.

②　崔允漷.学科核心素养呼唤大单元教学设计[J].上海教育科研，2019（4）：1.

③　崔允漷.学科核心素养呼唤大单元教学设计[J].上海教育科研，2019（4）：1.

④　王意如，叶丽新，郑桂华，等.普通高中课程标准（2017年版）教师指导·语文[M].上海：上海教育出版社，2019：21.

⑤　荣维东.重建写作课程的概念、类型与内容体系：基于《普通高中语文课程标准（2017年版）》写作内容的解读[J].语文教学通讯，2019（6）：8.

使学生具有自觉而明确的语言学习内需,在语言运用项目活动中寻找知识、依靠知识,对知识进行二次甚至多次编码,完成知识的牢固存储与便捷提取。①

(8)《普通高中语文课程标准(2017 年版 2020 年修订)》以学习任务群组织学习内容,提高了语文课程的整合性,但学习任务群内部和不同学习任务群之间因缺乏时间序列的规定性,会给教学实施带来一定的困难。学程设计则将相对笼统的学习任务群转化为语文学习过程所需要的明晰的、线性的时间序列。一个学习任务群可以设计若干个相对独立并有选择性的学程,一个学程也可以跨越不同学习任务群或连接课内外资源。在教学实施中,有的学程可以由学习者集体完成,有的则可以由小组合作或学生独立完成,形成一种有主有次、有分有合的语文课程学习时序。②

(9)新课标背景下高中写作导学路径有:①变革教学方式:倡导整合教学,兼顾单项写作实践。②升级写作内容:立足新课标,开发教学资源。③优化导学过程:转变身份,升级导学模式。③

(10)高中写作教学的新模式有:第一,围绕目的追求"五种真实"(写作任务、环境、成果、对象和主体的真实)。第二,提供充足支架,追求全程指导。第三,师生共生教学策略,让学生掌握各种文体写作的图式。第四,重新界定范文,在教学中提供恰当而有用的范文,指导学生两次修改作文,并推荐优秀作文发表。④

二、探索基于学习任务群的高中写作导学的新模式

在新课标、新教材背景下,基于学习任务群的高中写作导学课怎么上,近年来不少同仁都做了积极的探索与及时的总结,也有人做了超前的扎实研究,取得了可喜的阶段性成果。下面我们介绍三种导学模式及相应的课例:

---

① 马志英,王飞.知识内嵌,读写一体:统编高中语文教材解读与使用[J].语文建设,2020(9):23 – 27.

② 郑桂华.学程设计与学习时序建设:任务群教学的突破口[J].中国教育学刊,2020(2):59 – 64.

③ 吕洋,王尔楷.高中写作导学路径探究:以人教版现代咏物诗教学为例[J].中学语文教学参考,2019(12):54 – 57.

④ 王尔楷.三维背景下高中真实写作内容与模式的初步构建[J].语文教学通讯,2019(1):53 – 55.

（一）导学模式一：整合型写作导学

（1）以任务为导向，以学习项目为载体，整合学习情境、学习内容、学习方法和学习资源，引导学生在运用语言的过程中将写作知识结构化，将写作的经验体会转化为具体的写作策略，从而提高写作的核心素养。"摆脱以教师为中心的观念，尊重学生作为学习者应有的权力，尤其是在实践中赋予学生一定程度的决策权和选择权。"①

（2）追求逆向教学设计，其过程分为三个阶段：①确定预期结果；②确定合适的评估证据；③设计学习体验和教学。②

（3）倡导深度学习。"深度学习"就是"'真实的学习'，包含两层意思：第一，学习内容肯定要超越学生现有的知识范围……。第二，这个学习内容又必须在学生的'最近发展区'"③。

此种整合型写作导学模式的课例如下：

2019年版统编高中语文新教材必修上册第二单元教学设计（简案）

【教材简析】

（1）2019年版统编高中语文新教材必修上册第二单元是以劳动的意义价值为人文主题来编排的，收入了三篇报道当代杰出劳动人物事迹的人物通讯，一篇赞美劳动的新闻评论，还有两首描写劳动的古代诗歌。从内容与题材看，属于"实用性阅读与交流"学习任务群。

（2）2019年版统编高中语文新教材必修上册第二单元规定了这样的教学目标与内容——学习本单元，通过专题研讨等活动，深入体会"劳动最光荣、劳动最崇高、劳动最伟大、劳动最美丽"的思想，形成正确的劳动观念。学会分析通讯的报道角度，理解事实与观点的关系，抓住典型事件，把握人物精神；了解新闻评论的观点，学习阐述观点的方法；辨析和把握新闻的报道立场，提升媒介素养。

【学情简析】

（1）根据笔者调查，学生在义务教育阶段没有学习过新闻评论，因此这

---

① 王宁，巢宗祺.普通高中语文课程标准（2017年版）解读[M].北京：高等教育出版社，2018：36.

② 威金斯，麦克泰格.追求理解的教学设计[M].上海：华东师范大学出版社，2017：19.

③ 李海林.语文学科如何"深刻地学习"[J].中学语文教学，2019（1）：11.

是一种全新的文体。这节课导学的核心任务是新闻评论的识别与阅读。

(2)学生在义务教育阶段学过一个单元的新闻(含消息、通讯和新闻特写),在本单元又学了三篇人物通讯,也学过若干读后感。因此,拟将新闻评论与读后感在写法上做一些比较。

【第二单元导学任务】

任务一:认识劳动的意义与价值,能对劳动做出正确的评价。

任务二:学习三篇人物通讯,能够概括人物事迹与精神,进而简析人物形象;学习三篇通讯在选材(典型事例与细节)、叙事视角、立意方式、布局结构等方面的特色与写法。

任务三:学习新闻评论的识别与阅读的一般策略与路径,能够概括其写作特点、内容要点,解决实际问题。

(1)知识目标:主要理解新闻评论、新闻评论的布局范式、新闻评论与读后感的区别。

(2)技能目标:①初步学会从内容、时效与主旨等几方面识别并阅读新闻评论;②初步学会正确朗读七言律诗与四言诗,练习鉴赏诗歌的思想感情;③初步学会抓住新闻事件的意义与本质来做口头评价,力求以说促写,读写互助,为将来写作新闻评论奠定必要的基础。

(3)策略目标:①初步学会从内容、时效、主旨与读者四个维度识别新闻评论;②结合文章初步概括并运用新闻评论的读写策略,做到科学高效地阅读。

(4)品格与情感目标:①进一步养成理解劳动、尊重劳动、热爱劳动与赞美劳动的情感态度,大力培养高效劳动的意识与习惯;②正确评价工匠精神,能概括文章阐述的"工匠精神"之内涵与文章的写作主旨。

任务四:其一(基本目标),初步学会人物通讯的写作:能够选择典型事例、细节与常见结构,运用常用写人手法与叙事角度刻画人物形象,反映主人公具有时代特征的崇高精神,表达健康正确的情感态度;培养经常观察与积累的习惯,培养实事求是地描述人物的品格。其二(较高目标),能够写规范而感人的人物通讯:能够选择丰富的典型事迹、多个感人的细节和合理的结构,运用多种写人手法与合理的叙事角度刻画丰满鲜明的人物形象,借主人公的精神品德反映时代的主旋律,表达出能够引领舆论导向的情感态度;初步培养勤于观察、科学积累的写作习惯与"不虚美,不隐恶"的实录品格。

【课前准备】

课前发动学生调查访问身边的各界名人,搜集他们的感人事迹,然后让他们自由写作,一周后上交草稿。

【导学流程】

一、准备一

用任何一种文体写作都需要学习必备的知识、技能与写作策略,进而形成关键能力。在此前提下,当我们掌握了足够的素材,就可以完成写作任务了。写作人物通讯,要从选材、布局、立意和叙事视角四个方面入手,解决好这四个方面的问题。统编版高中语文新教材必修上册第二单元有两篇经典的人物通讯,我们可以从中获得写作的灵感与启迪。上新课前让学生填写下表。

篇目	选材特点	布局特点	立意特点	叙事视角
《喜看稻菽千重浪——记首届国家最高科技奖获得者袁隆平》	选用典型事件与典型细节（全真实）	横式结构（小标题反映多方面事迹与精神）	通过议论等方式抒情	有限视角（作者亲身见闻）
《"探界者"钟扬》	选用典型事件与典型细节（全真实）	纵式结构（小标题中人物身份代表时间变化）	通过叙事等方式抒情	全知视角（便于描述主人公一生经历）

二、准备二

从学生预写的草稿中精心挑选出一篇较有代表性的学生例文《"新时代的创业者"王泽春》。这节写作指导课就是以带领学生修改并升级这篇文章为抓手,引导学生针对上述四个关键方面存在的主要问题展开探讨并做修改,然后总结出升格策略。

(一)探讨选材问题及改进建议

基础文:于是他借钱买了辆二手自行车,开始到处采购原材料。东奔西跑好不容易弄到材料后,他请了三四个人帮忙做小食品,然后自己骑上自行车亲自送往一些小卖部、街边摊点卖。

修改目标:换成更典型的事迹或细节。

升格文:烈日炎炎,当别人坐在家中吹着凉风,吃着他家生产的美味点心时,他仍要踏着自行车,到处给人送货。汗珠在烈日下不断滴落,他瞥见路边商店里的冰水,舔了舔干渴的嘴唇,摸摸口袋里被揉得发皱的纸币,终究不舍得多花一分钱。

选材策略:最具时代烙印的;最能表现人物的;最能打动读者的……

(二)探讨结构方式问题及改进建议

人物通讯的常见结构有以下两种:一是纵式结构,这是一种按照事物发展的时间顺序,或者按照作者观察、认识事物的逻辑顺序来组织材料、安排内容的布局方式,其优点是条理清晰,层次分明,比如课文《"探界者"钟扬》。一是横式结构,这是一种运用空间转换的方式,或者采用并列铺排的方式来组织材料、安排内容的布局方式,追求多视角、多侧面扩展,其优点是中心突出,涉及面广,比如课文《喜看稻菽千重浪——记首届国家最高科技奖获得者袁隆平》。

基础文:采用的基本上是纵式结构,并运用了"初入江湖,白手起家""企业创新,市场制胜""不骄不躁,砥砺前行"这三个小标题,全文只描述他的创业过程。内容单一,人物形象比较普通。

修改目标:让文章结构更加规范明确,让人物形象更加丰满动人。

升格文:一般来说,采用纵式结构的人物通讯要采用全知视角的叙事方式;但本文是个例外,修改后有几处增加了对叙事视角的交代,在第三部分精简了创业的内容,增加了主人公报答社会之情怀的描述,同时使用"白手起家""创新制胜"和"砥砺前行"三个更加简洁的小标题做了替换。这样,不仅让叙述线索更加清晰规范,而且在交代主人公艰苦创业历程的同时,也突出了其思想境界一次次的飞跃,让一个新时代又红又专的创业者形象栩栩如生地呈现在读者面前。

结构方式的使用策略:由于生活阅历与文字表达等多种因素的限制,对中学生而言,无论采用纵式结构还是横式结构,都提倡运用有限视角;结构方式的不同需要在小标题与过渡句等方面加以体现,如纵式结构多用时间词做小标题,横式结构多用空间词做小标题等。

（三）探讨叙事视角问题及改进建议

基础文：当夜晚笼罩整个马鞍山市，春盛渔府内一片灯火通明，觥筹交错。作为春盛公司旗下的一家分店，这里每晚生意红火，客人们纷至沓来，在此饮酒聚会，大办宴席。

春盛公司成立于1998年，是一家集餐饮、旅游、住宿、酒店管理、农产品种植（养殖）及加工、园林绿化、古建装潢为一体的大型综合性企业。

修改目标：需要增加"我"的采访介绍，增加通讯的真实性和可信性。

升格文：夜幕降临，春盛渔府内一片灯火通明，觥筹交错。作为春盛公司旗下的一家分店，这里每晚生意红火，客人们纷至沓来，在此饮酒聚会，大办宴席。

我端详着坐在我对面的一位穿着朴素的伯伯，不敢相信这位和蔼可亲的长辈就是建立庞大企业、坐拥惊人财富的集团董事长——王泽春。

年纪轻轻便白手起家，一步步登上现在的高峰，这其中的辛酸与不易，没有人比王泽春自己更清楚。

叙事视角及其使用策略：人物通讯叙事视角一般分为限制视角、全知视角、纯客观视角三种。这里推荐中学生重点学会限制视角，其使用策略是对报道的新闻人物做全程采访，文章只写自己采访得到的人物材料。

限制视角，又叫内焦点叙事，即作者在写作新闻事件时是以新闻事件当中某一人物的角度写作的，其所知道和了解的内容与新闻事件当中人物所知道的信息是一模一样的。

（四）探讨立意方式问题及改进建议

基础文：不仅如此，王泽春还是安徽省马鞍山市政协委员，他积极参与政治生活，行使公民权利，为城市建设发展献计献策。"我年轻时只想着怎么赚钱，让家人过上好日子，现在倒想尽自己的绵薄之力为社会多做点什么了。"王泽春望着繁华的城市感慨道。

修改目标：适当增加社会舆论或作者的客观评价。

升格文：不仅如此，王泽春还当选为马鞍山市政协委员，他积极参与政治生活，为城市建设发展献计献策。"我年轻时只想着怎么赚钱，尽早过上好日子，现在倒想尽自己的绵薄之力为社会多做点什么了。"王泽春望着繁华的城市感慨道。

脚踏实地却不乏创新精神，事业有成却不忘奉献社会，王泽春用实际行动,向我们诠释了何为新时代的创业者!

立意方式及使用策略:直接抒情(议论)和间接抒情(议论)相结合,表达或强烈或含蓄的情感。

总结:

我们分别从选材、布局、叙事视角和立意等四方面探讨了人物通讯写作的若干要领。需要强调的是,这些只是写好这类文体的宏观指导。倘若要进一步写好这类文体,我们还要学会运用多种写人的方法,如聚焦、对比、衬托、悬念、误会等,还要学会运用环境描写烘托人物等技巧。因此,请同学们继续努力。祝愿大家都能写出形象丰满感人的人物通讯!

【佳作展示】

"新时代的创业者"王泽春

丁美欣　林宏艺

夜幕降临,春盛渔府内一片灯火通明,觥筹交错。作为春盛公司旗下的一家分店,这里每晚生意红火,客人们纷至沓来,在此饮酒聚会,大办宴席。

我端详着坐在我对面的一位穿着朴素的伯伯,不敢相信这位和蔼可亲的长辈就是建立庞大企业、坐拥惊人财富的集团董事长——王泽春。

年纪轻轻便白手起家,一步步登上现在的高峰,这其中的辛酸与不易,没有人比王泽春自己更清楚。

白 手 起 家

经过采访得知,18岁那年,来自马鞍山市慈湖乡的王泽春初涉尘世,开始他艰辛的创业之路。他请了三四个人帮忙做小食品,在自家院子里开设作坊。

可他刚开始创业,毫无经验,根本没有小贩愿意买他的东西。他顶着巨大的压力,借钱买了一辆二手自行车,亲自骑车到小卖部和摊点兜售。终于,有些小贩犹豫着答应帮他试卖。当时王泽春该是多么激动啊!他更加热情地投入到劳动中。

烈日炎炎,当别人坐在家中吹着凉风,吃他家生产的美味点心时,他还得踏上自行车,到处给人送货。汗珠在烈日下不断滴落,他瞥见路边商店里的冰水,舔了舔干裂的嘴唇,摸摸口袋里被揉得发皱的纸币,终究不舍得花一分钱。

尽管难熬,王泽春始终没有喊过一句苦,因为他的生活有盼头,他始终盼着能靠自己的努力过上好日子。

创 新 制 胜

22岁那年,王泽春将作坊的工作交给员工,自己发展起批发事业来。凭借薄利多销的经营模式,质量优胜的宗旨,他的生意越做越大。

时代在不断变迁,王泽春超前意识很强,紧跟时代步伐,创办了自己的公司。

春盛餐馆内,一个新来的员工失手打碎了盘子,经理生气地批评了他。另一个老员工惊奇地指着犯错的员工说:"这不是我们董事长吗?"经理面色苍白,连忙要给他道歉。

王泽春却说:"不,错误在我,我理应接受批评。"

这件事很快在员工们中传开,他们深受震撼,从此更加严于律己,公司风气日渐好转。

砥 砺 前 行

经过十几年的努力,春盛公司迄今已发展成拥有资产数亿、人才云集的大型集团企业。

都说人一有钱就学坏,如今王泽春资产已有上亿,却不骄奢淫逸。相反,他每年都会给残联资助一大笔钱,还亲自去一些福利机构慰问。他帮助了大量失业人员重新就业,对员工也极其体恤。

"我一直以为董事长都是那种严肃的形象,谁知道他私下里是个幽默又体贴的人。"春盛公司的一位员工这么评价王泽春。

不仅如此,王泽春还是安徽省马鞍山市政协委员,他积极参与政治生活,为城市建设发展献计献策。"我年轻时只想着怎么赚钱,尽早过上好日子,现在倒想尽自己的绵薄之力为社会多做点什么了。"王泽春望着繁华的城市感慨道。

脚踏实地却不乏创新精神,事业有成却不忘奉献社会。王泽春用实际行动,向我们诠释了何为新时代的创业者!

(二)导学模式二:真实写作导学

(1)追求"四种真实",确保写作结果有用。李海林认为"真实的作文"就是"写作行为的真实性,即写作任务、写作环境、写作成果、写作对象(读者)的真实性"。荣维东也强调,"交际语境写作就是在真实或拟真的语境下的书面表达和交流"。

(2)做到全程指导,力图写作指导有效。过程写作早已成为西方基础写作教学的范式,但目前我国的写作教学普遍缺乏过程指导。为此,笔者吸纳了最新的研究成果,尤其是荣维东先生的"交际语境写作"理论,如利用语篇图式、写作支架理论、交际语境理论,并自创新做法。首先,选择过程写作的各种要素和策略作为教学内容,如文体知识、选材建议、行文建议都涉及"写什么""怎么写",与过程密不可分。其次,"构建写作学习的支架系统"①:有概念支架(如对"新闻特写"的介绍)、程序支架(如提供范文,先读后写)、策略支架(如行文策略)和元认知支架(如美国学者选材的建议)。最后,将原稿与修改稿对照,让学生描述写作过程,演示文章的升级流程与技法,交流师生共同写作的经验,这是学生写好本篇文章的根本保证。

(3)强化交流功能,务求交际对象有人。这次写作要求以"我与家乡"为主题,反映我市建市 60 年来各个方面的发展成就,展示全市人民改革创新、锐意进取的精神风貌,也就是说本次写作的目的是面向全国(甚至是全球)的读者宣传我市建市 60 年取得的成就。为此,在教学中笔者有三次强化:第一次是强调本次写作的读者是"面向全社会",并非教师一个人;第二次是在指导选材时,要求范围必须限定在反映我市 60 年建设成就上,并且列举了三个方面的例子;第三次是在修改参考文时,增加了写作背景与情感表达,进一步明确了文章的写作意图。

此导学模式的课例为《追求真实写作教学的三种方略——以学写叙事类新闻特写为例》②,原文从略。

(三)导学模式三:有效的全程指导

(1)全程指导不仅包括定稿前的审题立意、选材布局、修改交流等关键环节,还应该包括预写、素材采集、文章讲评后的升格与交流等重要步骤。

"预写"似乎是个新名词,目前在我们的作文指导课中难见其踪影,然而它并不是新生事物。预写指导,就是教师布置写作任务,对文体做简要说明,提示学生如何准备素材,如何选题等。它是一次写作及其全程指导不可或缺的"序

---

① 倪文锦.文化强国与语文教材改革[M].北京:语文出版社,2015:164.
② 王尔楷.追求真实写作教学的三种方略:以学写叙事类新闻特写为例[J].语文学习,2017(5):62-66.

幕",对教学目标、教学重难点,甚至整个教学流程的确定具有不可替代的先导性作用。以这节课为例,倘若没有预写这一环节,教师就不可能了解学生的"通病",即学生对游学报告、写景游记在写法上的根本区别不清楚,不知怎样探究,不会熟练运用"科学观察"与"文学观察"这两种写作技能等。

同样重要的还有讲评后的作文升格与交流。一种新文体的写作,往往不是一学就会的。如果教师只是指出学生习作存在的问题,而不去矫正和升格,这个问题就一直存在;教师只有及时指导学生再度修正,并对优秀的或进步明显的文章给予充分表扬,甚至推荐发表,学生写作的兴趣与热情才会不断被激发,他们才会不断进步。

(2)全程指导离不开教师的全程示范:不仅要示范文章写作的完整过程,而且要示范关键之方法与技能的运用。我们知道,写作必须有一定的技能与策略,且要学会运用。以这节课为例,笔者不仅教学了游学报告与写景游记写法的区别以及文学观察与科学观察的区别这些知识技能,而且以这些理论指导学生分析一篇习作,还以笔者自己一篇"下水文"为例,演示了运用这些写作策略如何选题、如何探究、如何布局,而这三个"如何"正是学生写作游学报告感到最重要、最困难的地方。

(3)教师在全程指导中给学生提供的教学支架,应具有铺垫、生成、完善等不同的作用,教学时应分出主次,区别对待。学生现有的实际发展水平(动机、经验、表达)与"这一次写作"所需要的发展水平(动机、经验、表达)之间,常常会有一定的落差。因此,根据维果斯基的"最近发展区理论",必须给学生提供写作的学习支架。学习支架根据表现形式可以分为范例、问题、建议、向导、图表等类型;依据功能标准,国外有人将其"分为程序支架、概念支架、策略支架与元认知支架等四种类型"①。

此导学模式的课例为《努力实现写作指导的全程化——以小型游学报告写作指导为例》②,原文从略。

三、练就基于学习任务群的高中写作导学的新功夫

面对新课标、新教材,要顺利完成基于学习任务群的高中真实文体写作导

---

① 倪文锦.文化强国与语文教材改革[M].北京:语文出版社,2015:164-166.
② 王尔楷.努力实现写作指导的全程化:以小型游学报告写作指导为例[J].中学语文教学,2017(8):39-43.

学任务,我们要练就新的功夫,当然首先要具有必备的基础。《中学教师专业标准(试行)》对中学教师专业知识与专业能力提出了明确的要求。以"专业知识"为例,要求掌握"学科知识""学科教学知识"和"通识性知识"三大类,详见表9-6。这些知识师范院校在读的学生一般都能学到,执教多年的一线教师也可以通过教育部门组织的有关培训或购买图书自学等途径来更新自己的知识。

表9-6 《中学教师专业标准(试行)》对"专业知识"的规定

维度	领域	基本要求
专业知识	学科知识	理解所教学科的知识体系、基本思想与方法 掌握所教学科内容的基本知识、基本原理与技能 了解所教学科与其他学科的联系 了解所教学科与社会实践的联系
	学科教学知识	掌握所教学科课程标准 掌握所教学科课程资源开发的主要方法与策略 了解中学生在学习具体学科内容时的认知特点 掌握针对具体学科内容进行教学的方法与策略
	通识性知识	具有相应的自然科学和人文社会科学知识 了解中国教育基本情况 具有相应的艺术欣赏与表现知识 具有适应教育内容、教学手段和方法现代化的信息技术知识

但是,要尽快胜任高中写作导学的工作,仅有上述的专业知识与能力还是不够的,从我们工作数十年的经验感受来看,至少还要具备以下几种能力:一是能够分析高考试题中包含的写作关键能力,为学会有效复习奠基;二是学会分析高考试题的特点,在此基础上学会有针对性地复习应考;三是初步学会开发必备写作知识的能力,否则指导教学寸步难行。因为上文已阐述,最新课标与教材都没有提供够用的必备写作知识。

(一)学会探究高考试题中包含的写作关键能力

近年来,北京师范大学对中学各科学科能力的构成要素与内容的研究取得令人瞩目的阶段性成果,以高中语文学科为例,郑国民领衔撰写的《基于学生核心素养的语文学科能力研究》的出版就是一个标志。我们在参照"语文学科能力构成要素及内容"（表9-7）等成果的基础上①,抓住高考作文试题中题型、语境、要求、交际者、文体等关键要素,尝试分析其蕴含的写作关键能力,为有的放矢地复习打下必要的基础。

需要说明的是,今天我们研究的"写作关键能力"是以"学习任务群"为背景,以整合学习（即在任务驱动下把"阅读与鉴赏""表达与交流""梳理与探究"综合起来）、真实情境写作和程序性知识为主,以写作具有实际的表达或交流功能的各类真实文体为前提的。这与过去过分强调和线性训练单一的某项写作技能、认为写作关键能力就是各项写作能力的简单相加的理念与做法是有本质区别的。

表9-7　语文学科能力构成要素及内容

观察注意 （A-1）	观察文本情境,注意人物特征、事件过程或文本特点 观察生活情境,注意交流的不同场合特点及交流对象特征
记忆 （A-2）	认识常用汉字3500个,其中会写2500个以上 熟读成诵至少240篇（段）优秀诗文 识记课内外阅读和生活中常用的成语典故、名言警句等语言材料 记忆所学课文和所读经典名著涉及的重要文学文化常识
信息提取 （A-3）	提取基本要素、重要细节和关键语句,排除干扰性信息 从话语、文本中捕捉重要的信息或隐私信息,做到信息提取真实、准确、完整
分析概括 （A-4）	区分各类作品,概括常见文体的基本特征 从所积累的语言材料中分析概括出一定的规律和特点 分析概括文本的主要内容、思想感情和写作特点
领会理解 （A-5）	体味重要词句的含义及其在语言环境中的作用 理解重要语段的内容及其在文中的作用 理解作品的内容、深层含义,体悟作品所蕴含的文学文化内涵 理解领悟谈话对象的真实观点和意图

---

① 郑国民.基于学生核心素养的语文学科能力研究[M].北京:北京师范大学出版社,2017:25-26.

应用交际 （B-1）	针对讨论的焦点发表自己的意见，做到清楚、连贯、不偏离话题，注意表情和语气 根据情境，准确、清晰地讲述见闻或复述、转述 根据对象和场合，能文明、得体地进行日常交流 流畅地与他人分享阅读感受，交流阅读心得 考虑不同的目的和对象，选择恰当的内容和表达方式，语言正确、规范；修改自己的作文，做到文从字顺、书写规范、整洁 格式正确，标点或称谓等使用正确
解释推断 （B-2）	借助词句积累和文学文化常识解释现象背后的文化内涵 分析文本或生活中的观点与材料的逻辑联系，合理推断事件现象因果关系等 解释运用某种表达方式进行写作的原因
解决问题 （B-3）	针对具体情境，就相关问题提出合理可行的解决方法或方案 根据文本信息，联系现实生活，解决生活中的具体问题
策略应用 （B-4）	熟练使用各种工具书，合理运用图书馆和网络资源，查找和引用资料，借助注释理解文本 广泛阅读各类读物，养成分类积累、做阅读笔记的习惯，丰富阅读经验
发散创新 （C-1）	在阅读材料和实际生活经验之间建立联想和联系 举一反三，运用汉语言文学的规律丰富积累、拓展运用 创造性地解释、化用，尝试扩写、改写或创作
批判赏析 （C-2）	对所积累的内容有自己的感受、领悟和评价 批判赏析课内外文本的思想内容、结构安排和语言表达 批判赏析文本中蕴含的民族心理和时代精神，加深对人类社会生活和情感世界的认识和思考 批判赏析传统文化和多元文化
内化完善 （C-3）	理解吸收古今中外优秀文化，提高思想文化修养，促进自身精神成长；有自己的情感体验，从中获得对自然、社会、人生的有益启示 学习他人口头和书面语言的表达技巧，及时总结表达策略的经验，探索适合自己的表达方式

在语文学科能力研究的基础上,我们探讨一下 2019 年高考全国 I 卷的作文试题考查了哪些"关键能力",具体试题如下:

阅读下面的材料,根据要求写作。(60 分)

"民生在勤,勤则不匮",劳动是财富的源泉,也是幸福的源泉。"夙兴夜寐,洒扫庭内",热爱劳动是中华民族的优秀传统,绵延至今。可是现实生活中,也有一些同学不理解劳动,不愿意劳动。有的说:"我们学习这么忙,劳动太占时间了!"有的说:"科技进步这么快,劳动的事,以后可以交给人工智能啊!"也有的说:"劳动这么苦,这么累,干吗非得自己干? 花点钱让别人去做好了!"此外,我们身边也还有着一些不尊重劳动的现象。

这引起了人们的深思。

请结合材料内容,面向本校(统称"复兴中学")同学写一篇演讲稿,倡议大家"热爱劳动,从我做起",体现你的认识与思考,并提出希望与建议。要求:自拟标题,自选角度,确定立意;不要套作,不得抄袭;不得泄露个人信息;不少于 800 字。

高中语文最新课标将"核心素养"解释为"学生通过学科学习而逐步形成的正确价值观念、必备品格和关键能力"。应该强调,这里的"必备品格"不仅包含道德层面,也包括对母语的情感与认识的觉悟层面,还有使用母语习惯的行为层面等。关于"关键能力",我们首先要了解其构成。国内学界的最新研究表明,语文学科能力分为学习理解、实践应用和创新迁移三大方面,每一方面又可以分为若干必备的构成要素。要完成好上述高考作文试题,考生至少要具备以下四类必备能力:

(1)信息整合能力。包括试题信息的提取、分析与概括能力,能读懂试题的内容要求,明白试题说了什么,即用名句交代写作背景(关乎民族传统),用三种说法引出话题,然后规定写作文体、对象、主旨、内容与要求。

(2)领会理解能力。就是在判断试题类型的基础上能够理解领会命题人在试题中所表现的意思与意图,简言之,就是在读懂试题的前提下,准确判断试题类型,明确写作任务与所有的规定要求:这是一道升级版的任务驱动型作文试题,要求以"热爱劳动,从我做起"为主旨,以弘扬民族传统、纠正错误劳动观为目的,面向本校同学,按考试要求写一篇演讲稿,谈谈自己对劳动的正确认识,对当前轻视劳动的问题提出改进的建议。

(3)应用交际能力。针对考场写作来说,就是"怎么写"的能力,包括看读者、选文体、选材布局、运用格式等能力,表现为能够写一篇面向本校同学的格式规范的合乎考试规定的演讲稿。

(4)内化完善能力。我们知道,高考写作是面对特定的任务环境将作者积累的主要由人文素养、生活体验、读写知识等构成的长时记忆转化为个性化篇章的过程与结果,这里的"个性化"就是"内化完善能力"。如谈对"劳动"的认识,就不能照搬教科书现成的结论,而必须打上个人的烙印;再如虽然学生已经学过若干篇"演讲稿",了解了其格式与写作要求,但写出来的演讲稿又是千差万别的。

(二)学会分析高考作文试题的特点

怎样分析高考作文试题的特点? 怎样做好有针对性的应考复习? 这里,主要从宏观上做一些提示:我们的一般做法是及时了解国家教育改革与高考改革的方针政策,在着眼于"立德树人"和为学生终身发展奠基的前提下,把握高考命题选拔人才、指导教学、引领改革等独特功能,从课标及其相关文件的有关规定和国家政策变化以及试题特点的改变等角度来决定复习的对策。

需要强调的是,自从 2014 年《国务院关于深化考试招生制度改革的实施意见》颁布以来,高考作文命题已经渐次彰显一系列新精神、新理念、新创意、新动向;然而,近年来翻阅有关高考作文命题评价和写作点拨的文章,我们发现有相当数量的点评显得空泛含糊,不得要领。因此,为了帮助广大一线教师提高理论水平与评价能力,语文报社刘远社长特邀国内相关专家,领衔主编的《新时代中国高考作文改革档案(2020:创意制胜)》一书已于 2020 年 3 月在广西教育出版社出版发行,国内多家知名媒体争相报道,值得一读。

下面以 2020 年高考全国 I 卷试题为例,探讨高考作文试题的特点,具体试题如下:

阅读下面的材料,根据要求写作。(60 分)

春秋时期,齐国的公子纠与公子小白争夺君位,管仲和鲍叔分别辅佐他们。管仲带兵阻击小白,用箭射中他的衣带钩,小白装死逃脱。后来小白即位为君,史称齐桓公。鲍叔对桓公说,要想成就霸王之业,非管仲不可。于是桓公重用管仲,鲍叔甘居其下,终成一代霸业。后人称颂齐桓公九合诸侯、一匡天下,为"春秋五霸"之首。孔子说:"桓公九合诸侯,不以兵车,管仲之力也。"司马迁说:"天下不多(称赞)管仲之贤而多鲍叔能知人也。"

班级计划举行读书会,围绕上述材料展开讨论。齐桓公、管仲和鲍叔三人,你对哪个感触最深?请结合你的感受和思考写一篇发言稿。

要求:结合材料,选好角度,确定立意,明确文体,自拟标题;不要套作,不得抄袭;不得泄露个人信息;不少于800字。

1. 命题解密

从题型看,2020年高考全国Ⅰ卷作文题是一道文学故事类材料作文试题。其故事源自《史记·管晏列传》。要求考生面对本班师生,挑选出对故事中管仲、鲍叔和齐桓公三人感触最深的一人做出评价,用发言稿形式谈谈自己阅读后的感受和思考。

2020年的高考作文试题是在第八次"新课程改革"的背景下命制的,其考查意图和价值导向具有鲜明的时代烙印,尤其是及时而深刻地反映了《中国高考评价体系》中的最新理念、操作标准与具体要求等。这主要体现在以下几方面:

(1)落实立德树人,突出育人功能。温儒敏在《语文建设》2019年第7期撰写的《坚持立德树人,立足核心素养——用好统编本语文教材的两个前提》中强调:"'立德树人'不是贴标签,……这个构思到了高中,就更明确了,可简单归纳为三个词——'理想信念''文化自信''责任担当'。"这道作文试题很好地体现了这种理念。所提供的材料可以做多维度、多角度的解读:我们可以发现管仲审时度势、讲究信义的美德,发现齐桓公不计前嫌、知人善任的风度,发现鲍叔顾全大局、甘做人梯的胸襟……当考生在做个性化的解读演绎时,考场作文中自然流露的观点态度价值观往往就是其思想道德情操的真实表现。

(2)聚焦关键能力,强化选才标准。《中国高考评价体系》将"关键能力"分为"知识获取能力群""实践操作能力群"和"思维认知能力群"三种类别。就本道试题而言,首先,需要具备"知识获取能力",主要包括语言解码能力、信息搜集能力与信息整理能力等,表现为能够读懂题目,明确写作的内容、文体与要求等,从而激活平时积累的写作方面与生活、阅读等方面的知识;其次,还要具备"实践操作能力",主要包括数据转化能力、信息整合能力、文体驾驭能力、语言表达能力等,表现为能够根据试题要求选择恰当的角度,运用自己擅长的文体,表达自己独特的见解;最后,还要具备"思维认知能力",主要包括归纳概括能力、演绎推理能力、批判思维能力和辩证思维能力等,表现为能够根据材料提炼出故事中人物的思想品质,并联系自己的生活、阅读之积累提炼出自己的独立评价,能够具备去粗取精、去伪存真、由此及彼、由表及里的发现提炼能力。只有当一名考生同时具备了上述能力,才能完成进入高校后需要进一步学习与研究的各项任务,才能具备合格的思想道德与必备的学习能力。这才是高校选拔人才最起码的标准。

(3)吸纳学术成果,引领教改方向。近20年来,我国基础写作教育的理论研究与实践改革均取得了可喜的成就,这道试题的命制考查也借用了一些比较成熟的前沿成果:例如交际语境写作强调"真实情境"("班级计划举行读书会"模拟的是真实的情境),真实写作强调真实文体、真实任务、真实读者、真实主体等要素,新课标则倡导读写整合写作、跨学科写作等新的形式,提升语言建构能力(如对材料的裁剪能力)……所有这些都能够在试题中找到充分的根据,这也给当下的中小学写作教育的改革指明了正确的方向。

(4)强调阅读本位,体现母语本质。长期以来,母语教学严重存在着做题训练多、读书思考少的痼疾,语文学习一直处在釜底抽薪、本末倒置的尴尬境地。出版不久的、与最新课标匹配的统编版高中语文新教材在"专治"读书少这一流弊上做出了很大的改进。温儒敏在《北京教育(普教版)》2019年第11期发表的《统编高中语文教材的特色与使用建议》一文中呼吁:"使用新教材千头万绪,只要抓住多读书、培养兴趣这个'牛鼻子',很多问题就会迎刃而解。……我们提倡的是'少做题,多读书',把'刷题'的时间匀出来,读书的时间不也就有了?再说,光靠'刷题',肯定应对不了未来的高考,还得多读书,回到语文教学的本质。"2020年作文高考试题从《史记》中选择写作的素材,这是对当下语文教学重视阅读积累等新动态的回应,应该引起广大师生的高度重视。经过比照研读,不难发现,凡是认真通读《史记·管晏列传》的考生,他们在材料解读的深度、广度和个性化等方面比没有通读的考生一般都要高出一筹。

本题目审题要求不是很高,故事中主角只有齐桓公、管仲和鲍叔三人,要求考生重点围绕"感触最深"的一位来谈自己的感受与思考,这样立意的角度只有三种,即分别从齐桓公、管仲和鲍叔的角度来立意。由于故事中的三位主角都有可圈可点之处,而核心内容又是"齐桓公九合诸侯、一匡天下",因此,考生对试题的审题切入自然是对三位主角感人事迹与可贵品质或崇高精神的挖掘提炼,也就是说,根据试题要求本文重点谈的是故事中某一位主角的事迹与思想品质给自己带来的启迪与教育。

本试题的立意角度大致有三种,示例如下:

角度一:评管仲之贤。立意示例:观点一,管仲之贤表现为能够审时度势,顺势而为。我们应该向他学习,要学会认清形势,胸怀天下,做一名建设祖国的合格人才。观点二,管仲之贤还表现为讲究信义,崇尚智慧,追求共赢。中学生要培养大局意识,养成合作意识与双赢意识,将来才能有所作为。

角度二:齐桓公"九合诸侯"秘诀小考。立意示例:观点一,不计前嫌,善假于物。观点二,知人善任,人尽其才。观点三,善于纳谏,广揽人才。……

角度三:如何看待鲍叔"能知人"。立意示例:观点一,宽厚仁慈,不计名利。观点二,公而忘私,顾全大局。观点三,知人善任,甘做人梯。观点四,赤胆忠心,同心同德。……

当然,考虑到读者等因素,上述角度一与角度三的立意可能更容易受到学生的欢迎。

2. 审题误区

(1)没有突出写作主体"我"。主要表现在将"我"与"我们"混为一谈,或者文章使用的是隐性的"我们"。其原因是对"齐桓公、管仲和鲍叔三人,你对哪个感触最深? 请结合你的感受和思考写一篇发言稿"这两句话缺乏足够的推敲:根据题意,文章写作的主体只能是"你"(考生本人),而不是"我们"。其实,只要在文中多次使用第一人称"我",并联系自己的成长经历或思想历程来谈故事中某一位主角给自己带来的启示或熏陶,这个问题就能迎刃而解。

(2)忽视了真实情境的限制。试题中"班级计划举行读书会"这句话不仅交代了本试题写作所模拟的"真实情境",暗示了考生必须采用的交流形式与内容都与"读书会"有关,而且"班级"一词又提示了明确的读者,即本班师生(以学生为主)。然而,不少考生却对此视而不见,忽视了这些隐性的要求,表现为整篇文章都没有联系"读书"这个关键词,而是完全抛开这些限制写一篇普通的读后感。同时,由于读者意识不强,有相当的考生写作时没有做到"到什么山,唱什么歌",结果导致所谈的内容不一定是适合学生聆听的。如有的考生大谈齐桓公如何治理国家,这对十几岁的中学生来说,显然是没有多少兴趣的,自然很难引起共鸣。如果在审题时,能够想到"读书会"这一场景,面对的读者(听众)是本班学生,就应该从学会读书的角度,并以一名中学生的口吻去评价故事中感触最深的人物,这样写出的内容就更加具有针对性了。

(3)降低了文体要求。表现在两方面:一是发言稿的格式不够规范完整。

一份规范的发言稿在格式上一般都包含"题目""称呼""问候""正文""祝颂语"和"致谢语"。有的考场作文缺少题目、称呼、祝颂语。这就提醒我们,高三学生在高考前需要把常见的应用文格式系统有效地复习一下。二是发言稿"正文"部分文体样式模糊,随意性强。我们知道,普通书信的正文部分根据需要可以运用多种不同的文体样式;同样,发言稿的正文部分也可以采用多种文体形式,如根据本道试题写出的发言稿正文部分可以是读后感,也可以是杂文、随笔、文艺小论文等。究其原因,多年来,中小学写作教学一直主张"淡化文体",而且远离真实文体;因此,真实文体的写作教学应该从娃娃抓起。

3.应考攻略

新课标、新教材对高考提出了新要求,我们的复习也应该随之做出相应的改变:

(1)更加重视阅读,拓宽写作素材积累的主渠道。我们要继续重视参加社会实践活动,读好"社会"这本"无字书",积累丰富的社会生活经验,这是积累写作素材的一个重要渠道。按照新课标、新教材的要求,现在更加重视语文的课外阅读,要求我们除了研读规定的文化名著、文学名著,中学生也应该主动扩大一点阅读量。提倡研读经典著作,最好边读边做摘要或笔记。这样,两方面积累多了,高考写作就不怕"无米下锅"了。

(2)学会常见真实文体写作(含应用文写作),熟练运用写作表达的新样式。新课标、新教材都倡导真实文体的写作,高中生应该将复习写作的重点放在学习常用真实文体的写作上(含常用应用文)。

(3)夯实必备的基本功,使文章符合高考作文写作的新要求。这些新要求包括要有真实的读者、真实的主体、真实的任务等,其也是新课标、新教材提出的新要求。当然,练就这些基本功,不仅是高考的需要,而且还是终身学习与工作的需要。

(三)学会开发写作导学的必备知识

写作必备知识,也可以称作"核心知识"。"核心知识是指面对这一次写作任务,这一个班级的学生所需的写作陈述性知识(概念、原理)、程序性知识(技能、策略、方法)、元认知知识等。它应该联系上位的一个比较严密的写作内容标准体系,但是由于我国目前写作课程内容缺失,这一环节的任务暂时需要由一线教师和教学专家(教研员)去完成。"①

下面以《追求真实写作教学的三种方略——以学写叙事类新闻特写为例》课例为例,在研读有关论文与专著,了解真实写作、"交际语境写作"理论、语篇图式、写作支架理论的前提下,略谈开发必备知识的路径与策略:

其一,对于"新闻特写"文体知识,在写作教材中寻找摘录。

其二,对于叙事类新闻特写的选材,采用"借鸡生蛋"策略。即先在别人的研究论文中找到美国学者朱利安·哈瑞斯关于新闻选材的建议,然后师生互动,加以提炼改造。请与卡片一做对比:

美国学者朱利安·哈瑞斯关于新闻选材的建议:(1)不平常的情况。如奇怪的事、反常现象、巧合、特殊人物等等。(2)平常的事情。众人熟悉的人物、场所、事情,里程碑性的历史事件、纪念日。(3)带有戏剧性的情景。如突然变富的暴发户、大笔奖金的获得者、被遗弃的婴儿、英勇抢险行为或震撼人心的险情等等。②

★卡片一:叙事类新闻特写的选材策略

【选材宗旨】追求新闻作品的新闻价值最大化

【方法路径】

● 不同寻常的事　▲【示例】自行车接新娘,结婚费捐灾区——表哥婚礼侧记

● 意义特殊的事　▲【示例】免费供餐孤寡老人,公益餐馆奉献大爱

● 有戏剧性的事　▲【示例】耄耋老人学电脑,老有所为显风采

其三,通过师生对比研读,推荐《为什么2元钱的"救命药"没有人做?》《别了,不列颠尼亚》等课内外优秀的新闻特写,提炼出写作新闻特写的行文策略(卡片二)。

★卡片二:叙事类新闻特写的行文策略

● 开头描述最重要、最精彩的情节——突出高潮

● 多角度、形象化描写人物与场景——追求形象

● 把突出的人物与场景放大、放慢描述,甚至定格描述——突出细节

● 末尾增加背景解说与抒情句或观点句——帮助理解

① 荣维东.写作教学的关键要素与基本环节[J].语文建设,2018(6):23.
② 刘金凤.新闻特写的写作技巧[J].军事记者,2012(10):19.

此外，还可以在名家名作、名师经典写作教学课例、著名作家的创作经验中，从教师与学生的获奖、竞赛和发表的优秀作品中寻找有用的"必备知识"。

我国古代就有这样的著作，值得一读。例如清代李扶九选编的《古文笔法百篇》，多取唐宋以来典范性的名家名篇，评介了有用的写作技巧。

需要强调的是，开发写作的必备知识，一般不是照搬照抄，而是需要在师生互动的前提下，根据学生的阅读经验、写作体验与生活积累等因素以及文体写作的独特需要加以改造提炼，变为学生自己的写作体验与写作智慧，进而转化为写作能力。

参 考 文 献

[1]中华人民共和国教育部.普通高中语文课程标准(2017年版2020年修订)[S].北京:人民教育出版社,2020.

[2]叶圣陶.叶圣陶教育文集[M].北京:人民教育出版社,1994.

[3]朱自清.朱自清全集[M].南京:江苏教育出版社,1988.

[4]朱自清.朱自清论语文教育[M].郑州:河南教育出版社,1985.

[5]朱绍禹.中学语文课程与教学论[M].北京:高等教育出版社,2005.

[6]郑国民.基于学生核心素养的语文学科能力研究[M].北京:北京师范大学出版社,2017.

[7]倪文锦.文化强国与语文教材改革[M].北京:语文出版社,2015.

[8]倪文锦.高中语文新课程教学法[M].北京:高等教育出版社,2004.

[9]张华.课程与教学论[M].上海:上海教育出版社,2000.

[10]王尚文.语感论[M].3版.上海:上海教育出版社,2006.

[11]王尚文.语文教学对话论[M].杭州:浙江教育出版社,2004.

[12]王荣生.新课标与"语文教学内容"[M].南宁:广西教育出版社,2004.

[13]王荣生,等.语文教学内容重构[M].上海:上海教育出版社,2007.

[14]王荣生.语文科课程论基础[M].2版.上海:上海教育出版社,2005.

[15]王荣生,宋冬生.语文学科知识与教学能力[M].北京:高等教育出版社,2012.

[16]刘淼.作文心理学[M].北京:高等教育出版社,2001.

[17]陈琦,刘儒德.当代教育心理学[M].北京:北京师范大学出版社,2007.

[18]余映潮.余映潮的中学语文教学主张[M].北京:中国轻工业出版社,2012.

[19]潘庆玉.语文教育发展论[M].青岛:青岛海洋大学出版社,2001.

[20]孙杰远.信息技术与课程整合[M].北京:北京大学出版社,2002.

[21]林宪生.多元智能理论在教学中的运用[M].北京:开明出版社,2003.

[22]曹明海.文学解读学导论[M].北京:人民文学出版社,1997.

[23]魏国良.高中语文教材主要文本类型教学设计[M].上海:上海教育出版社,2007.

[24]金生鈜.理解与教育:走向哲学解释学的教育哲学导论[M].北京:教育科学出版社,1997.

[25]韦志成.语文学科教育学[M].武汉:华中师范大学出版社,2002.

[26]李雁冰.课程评价论[M].上海:上海教育出版社,2002.

[27]区培民.语文课程与教学论[M].杭州:浙江教育出版社,2003.

[28]哈特.真实性评价:教师指导手册[M].国家基础教育课程改革"促进教师发展与学生成长的评价研究"项目组,译.北京:中国轻工业出版社,2004.

[29]周庆元.语文教学设计论[M].南宁:广西教育出版社,1996.

[30]王林发.新课程语文教材教法[M].广州:暨南大学出版社,2010.

[31]杜威.民主主义与教育[M].王承绪,译.北京:人民教育出版社,2001.

[32]多尔.后现代课程观[M].王红宇,译.北京:教育科学出版社,2000.

[33]芬斯特马赫,索尔蒂斯.教学的方法[M].胡咏梅,译.4版.北京:教育科学出版社,2008.

[34]美国巴克教育研究所.项目学习教师指南:21世纪的中学教学法[M].任伟,译.2版.北京:教育科学出版社,2008.

[35]达克沃斯."多多益善":倾听学习者解释[M].张华,译.北京:高等教育出版社,2004.

[36]加德纳.多元智能[M].沈致隆,译.北京:新华出版社,1999.

[37]王宁,巢宗祺.普通高中语文课程标准(2017年版)解读[M].北京:高等教育出版社,2018.

[38]张林.高中语文学习任务群教学实践举隅[M].上海:上海交通大学出版社,2018.

[39]陆志平.普通高中语文学习任务群教学指南[M].北京:北京师范大学出版社,2020.

[40] 李吉林. 小学语文情境教学: 李吉林与青年教师的谈话[M]. 北京: 人民教育出版社, 2003.

[41] 韦志成. 语文教学情境论[M]. 南宁: 广西教育出版社, 1996.

[42] 冯卫东. 情境教学操作全手册[M]. 南京: 江苏教育出版社, 2010.

[43] 罗日叶. 为了整合学业获得: 情景的设计和开发[M]. 汪凌, 译. 上海: 华东师范大学出版社, 2010.

[44] 于泽元, 王雁玲, 石潇. 群文阅读的理论与实践[M]. 重庆: 西南师范大学出版社, 2018.

[45] 蒋军晶. 让学生学会阅读: 群文阅读这样做[M]. 北京: 中国人民大学出版社, 2016.

[46] 罗少茜. 任务型语言教学[M]. 北京: 高等教育出版社, 2011.

[47] 王意如, 叶丽新, 郑桂华, 等. 普通高中课程标准 (2017 年版) 教师指导·语文[M]. 上海: 上海教育出版社, 2019.

[48] 周平安. 中学语文学科项目化教学策略实践研究·高中卷[M]. 北京: 首都师范大学出版社, 2019.

[49] 夏雪梅. 项目化学习设计: 学习素养视角下的国际与本土实践[M]. 北京: 教育科学出版社, 2018.

[50] 陈劲松. 高中语文选修课专题教学探索研究[M]. 北京: 中央民族大学出版社, 2013.

[51] 威金斯, 麦克泰格. 追求理解的教学设计[M]. 上海: 华东师范大学出版社, 2017.

[52] 教育部考试中心. 中国高考评价体系[M]. 北京: 人民教育出版社, 2019.

[53] 吕洋. 基于核心素养提升的语文智慧课堂[M]. 西安: 陕西师范大学出版总社, 2019.

[54] 王荣生. 写作教学教什么[M]. 上海: 华东师范大学出版社, 2014.

[55] 魏小娜. 真实写作教学研究[M]. 北京: 人民出版社, 2017.

[56] 马正平. 中学写作教学新思维[M]. 北京: 人民大学出版社, 2003.

[57] 全国中语会. 叶圣陶吕叔湘张志公语文教育论文选[C]. 北京: 开明出版社, 1995.

[58] 王宁. 走进新时代的语文课程改革: 访普通高中语文课程标准修订组

负责人王宁[J].基础教育课程,2018(1):21-26.

[59]王宁.语文学习任务群的"是"与"非"[J].语文建设,2019(1):4-7.

[60]温儒敏.统编高中语文教材的特色与使用建议[J].课程·教材·教法,2019(10):4-9,18.

[61]温儒敏."部编本"语文教材的编写理念、特色与使用建议[J].课程·教材·教法,2016(11):3-11.

[62]郑桂华.学程设计与学习时序建设:任务群教学的突破口[J].中国教育学刊,2020(2):59-64.

[63]郑桂华.高中语文学习任务群的教学建议[J].中学语文教学,2017(3):9-12.

[64]徐林祥.关于语文学习任务群的思考[J].学语文,2020(3):3-6.

[65]倪文锦.语文核心素养视野中的群文阅读[J].课程·教材·教法,2017(6):44-48.

[66]黄厚江.让学习任务群走进课堂[J].语文建设,2020(6):31-35.

[67]徐鹏.语文学习任务群的实施路径[J].语文建设,2018(9):13-15,33.

[68]蒋保华.项目化学习:教师即设计师[J].江苏教育,2019(22):6.

[69]胡昕.学习导师:项目化学习中教师的角色[J].江苏教育,2019(22):19-22.

[70]李凌云.项目化学习:整本书阅读策略探寻——以《北上》为例[J].中学语文教学,2020(5):21-23.

[71]沈致隆.多元智能理论的产生、发展和前景初探[J].江苏教育研究,2009(3):17-26.

[72]钟志贤.多元智能理论与教育技术[J].电化教育研究,2004(3):7-11.

[73]林崇德.学生发展核心素养[J].中国教育学刊,2016(6):1-2.

[74]陆志平.语文学习任务群的特点[J].语文学习,2018(3):4-9.

[75]刘宇新,亓东军.高中语文选修课专题式教学的实施分析[J].课程·教材·教法,2011(3):39-43.

[76]朱俊阳.语文专题教学的本质[J].语文教学通讯,2017(11):5-8.

[77]刘志江,赵宁宁.我的家乡我的根:统编高中语文必修上册第四、五单

元专题学习设计[J].语文教学通讯,2019(10):31-33.

[78]王忠亚,刘志江,张秋玲.基于学习任务群的语文专题学习设计思路[J].语文教学通讯,2018(7/8):14-17.

[79]马志英.从单元到专题:高中语文教学形态的跃迁[J].语文建设,2018(10):16-19.

[80]彭玲.浅谈选修教材诗歌教学策略:以杜甫诗歌整合教学为例[J].语文天地,2014(11):44-47.

[81]姜峰.有机整合的专题型阅读教学:李煜晖《从〈祝福〉到〈彷徨〉中的女性诉求》课例品读[J].语文教学通讯,2019(4):43-45.

[82]褚树荣.基于教材,对接课标:高中语文微专题开发[J].天津师范大学学报(基础教育版),2020(1):7-13.

[83]黄勇智,赵宁宁.学习之道:统编高中语文必修上册第六单元专题学习设计[J].语文教学通讯,2019(11):27-30.

[84]岳峰,于大鹏.浅谈"学习任务群"视域下的高中语文专题教学[J].盐城师范学院学报(人文社会科学版),2019(4):103-107.

[85]刘飞.基于学习任务群的语文专题教学设计[J].江苏教育研究,2019(11):8-13.

[86]何立新,王雁玲.基于问题解决的群文阅读教学实践尝试[J].语文建设,2017(2):27-30.

[87]陈旭强.基于"学习任务群"的群文阅读教学[J].江苏教育研究,2018(5):33-35.

[88]鲁金会.高中语文群文阅读教学探索[J].语文教学通讯,2018(4):45-47.

[89]赵福楼.语文学习任务群教学的现实选择:构建单篇阅读与群文阅读复合教学模式[J].天津师范大学学报(基础教育版),2019(1):8-13.

[90]傅振宏.基于学习任务群的高中语文群文阅读教学研究[J].成才之路,2019(4):27.

[91]方东流,段增勇,王雁玲,等.学习任务群下群文阅读教学规程:且以设计"战国四君子评说"教学为例[J].教育科学论坛,2019(5):49-58.

[92]陈兴才.语文"学习任务群"解疑[J].教育研究与评论(中学教育教

学),2019(3):7－12.

[93]胡红杏.项目式学习:培养学生核心素养的课堂教学活动[J].兰州大学学报(社会科学版),2017(6):165－172.

[94]肖家芸."语文'活动式'教学"简介[J].语文教学通讯,2003(3):52－53.

[95]杨芝明.从中国现代两篇同题散文谈起[J].学语文,2015(4):57.

[96]马宁,杜蕾,张燕玲.基于互联网的家校协同项目式学习[J].中小学数字化教学,2020(5):29－32.

[97]谢幼如,伍文燕,倪妙珊.PLS提升大学生网络学习自我效能感的行为模式研究[J].电化教育研究,2015(6):31－36.

[98]荣维东.写作教学的关键要素与基本环节[J].语文建设,2018(16):21－25,43.

[99]黄厚江.我们能教学生写出什么样的文章:作文教学基本定位再思考[J].语文学习,2011(5):53－56.

[100]潘新和."文体""教学文体"及其他[J].中学语文教学,2007(12):3－6.

[101]荣维东.重建写作课程的概念、类型与内容体系:基于《普通高中语文课程标准(2017年版)》写作内容的解读[J].语文教学通讯,2019(6):4－8.

[102]温泽远.解读课程标准:访巢宗祺、顾振彪、郑桂华[J].语文学习,2002(1):4－9.

[103]倪文锦.关于写作教学有效性的思考[J].课程·教材·教法,2009(3):24－27.

[104]韩向东.作文教学理念的五大突破:新课标的解读[J].语文建设,2003(1):12－14.

[105]王尔楷.三维背景下高中真实写作内容与模式的初步构建[J].语文教学通讯,2019(1):53－55.

[106]潘新和.高考"伪写作"导向可以休矣:2012年高考作文题浅论[J].中学语文教学,2012(7):63－67.

[107]王尔楷.学生真正需要什么样的"范文"[J].语文教学通讯,2011(1):37－38.

[108]吕洋,王尔楷.高中写作导学路径探究:以人教版现代咏物诗教学为例[J].中学语文教学参考,2019(12):54－57.

[109]荣维东.写作核心素养范式发展与框架构建[J].语文建设,2020(5):4－8.

[110]荣维东.语文核心素养构成要素与模型建构初探[J].语文教学通讯,2017(13):8－13.

[111]王尔楷.略谈课堂写作"教学内容"的初步构建[J].语文教学通讯,2015(2):28－31.

[112]王尔楷.论母语写作教育传统对探究高中写作四大难题的启示[J].语文教学通讯,2017(6):51－54.

[113]蔡可.学科核心素养与课堂转型[J].语文学习,2018(3):9－13.

[114]崔允漷.学科核心素养呼唤大单元教学设计[J].上海教育科研,2019(4):1.

[115]马志英,王飞.知识内嵌,读写一体:统编高中语文教材解读与使用[J].语文建设,2020(9):23－27.

[116]李海林.语文学科如何"深刻地学习"[J].中学语文教学,2019(1):8－11.

后　记

　　《基于学习任务群的高中语文教学探索》是在陕西师范大学文学院一流学科建设项目的支持下,结合文学院汉语言文学专业公费师范生课堂教学的实际需求,由高等师范院校教师及中学优秀语文教师合作编写的一本教材。党的二十大报告明确提出"深化教育领域综合改革,加强教材建设和管理",我们深刻领会这一重大部署对新时代教材工作的新判断新要求,坚持改革创新,凝聚各方面的资源和力量,提升教材质量。

　　本教材以高等师范院校汉语言文学专业公费师范生、教育硕士及中学语文教师为读者对象,以《普通高中语文课程标准(2017年版2020年修订)》为依据,对语文学习任务群的设计与实施进行探索。"学习任务群"是新课标提出的一种新的语文教学理念,标志着高中语文课程内容研究进入一个新的发展阶段。语文学习任务群的设计,是将以前的学习目标、学习内容通过学习任务的形式实现学科内的整体联动,由此引发学习的情境、内容、方法、资源及评价等要素在基于学习任务完成情况下的应然整合。在高中语文教学中,基于语文学习任务群开展专题阅读、群文阅读、语文项目学习、情境教学、主题阅读、比较阅读及真实文体写作等实践探索,对语文教学改革具有较强的指导意义。

　　这本教材是全体编写人员辛勤努力的成果,是集体智慧的结晶。在本教材的编写过程中,来自陕西师范大学文学院、西北工业大学附属中学、西安高新第一中学、西安市铁一中学、陕西师范大学附属中学、西安交通大学附属中学、西安铁一中滨河高级中学、西安市曲江第二中学及安徽省马鞍山市第二中学等学校的教师,精心编撰,数易其稿,倾注了大量的时间和精力。编写分工具体如下:

　　第一章:吕洋(陕西师范大学文学院)

　　第二章:孔令元(西北工业大学附属中学)

第三章:彭玲(西安市曲江第二中学)

第四章:李琳(西安交通大学附属中学)

第五章:马宁(西安市铁一中学)

第六章:吴艳超(西安铁一中滨河高级中学)

第七章:高阿超 王建(西安高新第一中学)

第八章:王磊(陕西师范大学附属中学)

第九章:王尔楷(安徽省马鞍山市第二中学)

衷心感谢陕西师范大学文学院的相关领导及老师对我们的大力支持和指导,感谢陕西师范大学出版总社编辑邱水鱼老师为本教材的出版所付出的艰辛劳动。在成书过程中,参阅了一些教育专家及一线教师公开发表的研究资料,在此向他们表示感谢!

由于经验与学识所限,本书难免有许多缺憾,敬请方家同仁批评指正,我们将不断提高编写质量,更好地服务于中学语文教育。

吕洋

2023 年 7 月